xueer

学而书坊 —— 学而时习之 不亦说乎

守护 教育的良心

厉佳旭 著

宁波出版社

图书在版编目（CIP）数据

守护教育的良心/厉佳旭著. — 宁波：宁波出版社，2017.3（2020.5 重印）

ISBN 978-7-5526-2774-9

Ⅰ.①守… Ⅱ.①厉… Ⅲ.①教育—文集 Ⅳ.① G4-53

中国版本图书馆 CIP 数据核字（2016）第 305969 号

守护教育的良心
SHOUHU JIAOYU DE LIANGXIN

厉佳旭　著

出版发行	宁波出版社
	（宁波市甬江大道 1 号宁波书城 8 号楼 6 楼　315040）
联系电话	0574-87259609（编辑部）　0574-87242865（发行部）
策划编辑	陈　静
责任编辑	方　妍　陈　静
责任校对	尤佳敏　李　强
印　　刷	宁波白云印刷有限公司
开　　本	710 毫米 × 1000 毫米　1/16
印　　张	21.5
字　　数	250 千
版　　次	2017 年 3 月第 1 版
印　　次	2020 年 5 月第 3 次印刷
书　　号	ISBN 978-7-5526-2774-9
定　　价	36.00 元

>> **序**
守护教育的良心

五月的一天。

收到王飞老师写的文章《孩子,学校给你的不仅仅是分数》——

一位学生不肯来校读书。王飞和班主任决定去试一试,到学生家家访。

学生见到老师就说:"读书没意思,学校没意思。"

王老师灵机一动,说:"来学校又不是为了读书的。"

"什么?到学校不为读书,那为什么?"

"为了生活,为了做人,为了交朋友,为了锻炼身体,为了做些自己喜欢做的事情,为了学点对自己有用的本事啊。读书,考试,只是很小的一部分。你看,一个人在家里,什么都不做,就是玩游戏、看电视,能够学到什么?时间一久,身体不好了,心情也不好了,朋友也没了,什么本领也学不到。在学校呢,每天有体育课,可以锻炼身体;每天和同学们一起吃饭聊天,可以交朋友;每天可以看点喜欢的书,参加喜欢的兴趣小组,学点东西。这不是很快乐吗?……"

这位同学居然被打动了,第二天就回到了学校。

王老师颇有感触地说:"虽然我们花了周末大半天时间去做工作,虽然这个学生的学习成绩并不好,虽然他对学校的教学质量毫无贡献,虽然我们可以不去做这个工作,但是,我还是觉得很有意义。"

"是的,这就是教育良心。我们多做些和分数无关的事情,多做些在别人看来毫无意义的事情,恰恰是在守护着自己的教育良知,恰恰证明我们在努力做着真教育。"

王飞是学校的政教主任,我们经常进行这样的对话。

2016年6月21日下午,在宁波市政府召开的中小学德育工作会议上,作为仅有的三所学校的代表之一,我有幸能够登台发言。在介绍了学校德育工作经验后,我谈了三点体会:

第一,重视是前提。对德育的重视程度和德育工作的实际高度,往往决定了一所学校的办学品位和办学品质。

第二,虔诚很重要。德育的成效就在学生日常生活中,但它常常躲在光鲜的成绩背后,甚至远离成绩的地方。我们必须怀有一颗单纯而虔诚的心。

第三,垂范是关键。教师出现的地方,就该是教育发生的地方。学生更相信他看见的成人世界,而不是他听说的道德世界。

最后,我用一句话做总结:教育的使命是立德树人。或许,当我们对分数背后的东西关注更多,对分数以外的东西关心更多的时候,离教育的目的和本质就更近了。

我的这次发言,得到了与会领导和同行的认同和肯定。某位市领导,多次在讲话中引用我的观点和原话,他认为我们对育人工作的认识是到位的。

其实,在我看来,要做到上面三点,最关键的就是教育良心。

有教育良心,就会真正重视育人工作,不会把分数当作自己的唯一追求；有教育良心，就会虔诚地重视每一个学生的健康成长，不会用分数来衡量学生的优劣；有教育良心，就会明白，做教师，就要严于律己，行胜于言，时时表率，处处垂范，勇于自纠，善于自省，常常自励，而不是知行脱节、言行不一。

什么是良心？

良心，按传统文化的说法指的是人与生俱来的道德感，是人类辨别是非对错的能力。良心也是人之为人的本质特征，是被现实社会普遍认可并被自己所认同的行为规范和价值标准。

良心是人格道德的内核。一个人如果具备了良心，即便没有外在的约束和监督，也会"从心所欲不逾矩"。所以卢梭认为"良心是灵魂之声"，苏霍姆林斯基视良心为"使人做自己行为举止的最严厉的评判者的力量"，是"行为和理智的捍卫者"。

什么是教育的良心？

教育良心，是良心在教育工作中的具体体现和要求，是教育者应该具备的职业道德感和专业抉择能力。具体地说，是教育者对教育事业的那份忠诚，对教育原则的那份坚守，对教育对象的那份关爱，对教育责任的那份担当，对教育质量的那份承诺，对教育效率的那份追求。

教育是良心活儿。

因为教育具有迟效性，不像许多工作那样立竿见影，你今天所做的教育努力，可能在明年甚至数十年后，才能显现出效果来。

因为教育具有复杂性，学生的成长，不仅来自教师个人的努力，还来自学生个人、家长以及社会各界的共同努力，谁都可以把责任轻易地推给别人。

因为教育具有潜隐性，教育的好坏，常常深深地隐藏在学生的内心深处，它不是工厂的流水线，可以简单测量产品合不合格。你带给学生的是心灵的成长，还是精神的沉沦，任何高明的工具和量表，都难以准确测量。

教师工作具有极大的随意性和主观性。要做好教育，是世界上最困难的事情；要做坏教育，是世界上最容易的事情。要做一位卓越的教师，是人世间最艰难的挑战；要做一个平庸的教师，则是人世间最简单的选择。

看到学生萎靡不振，你可以张口批评，也可以视而不见，还可以草草过问，当然也可以做深入细致的调查、沟通，说不定，这里面，就有一个令你吃惊的故事。

这就是教育的良心。

对学生的作业本，你可以匆匆写个日期，可以简单打个对错，可以再打个等级，还可以根据你对学生的了解认真写几句批语。当然，还可以找每个学生来，面对面，一一做细致而耐心的指导。

这就是教育的良心。

面对一节课，你可以拿着课本直接进课堂，让学生自己学，你自己跟着临时"备课"；你可以下载个课件，生搬硬套，照本宣科；你可以拿着过去的教案，和学生一年一年重复着"阿毛的故事"；你可以深入钻研教材，查阅大量资料，花大半天、一个周末甚至许多天的时间来备一节课。你可以给学生云里雾里、不知所云的迷惘，也可以给学生如沐春风、豁然开朗的愉悦，更可以给学生醍醐灌顶、更上层楼的惊喜。

这就是教育的良心。

在你功成名就之后，领导和同事对你不吝溢美，你可以躺在荣誉上恃才傲物；你也可以重新出发，开始更高远的探索之旅。

这就是教育的良心。

在你行将退休之际，同事和学生对你敬重有加，你可以依靠资历得过且过；你也可以永葆初心，珍惜在校的每一个日子，勤勤恳恳，善始善终。

这就是教育的良心。

在你遭受不公之时，领导和家长对你批评指责，你可以放任自己敷衍塞责；你也可以任劳任怨，一如既往地兢兢业业、恪尽职守，努力关爱和帮助每一个学生。

这就是教育的良心。

总之，教育是让人成为人的事业，当以培育和守护人的良心为己任。教育是良心活儿，教师是特别倚重良心的职业，是最需要良心作为保障的职业。良心既是教育之根基，也是教育之灵魂。

当前，以片面追求升学率为主要特征的教育功利化和短视化现象依然十分严重；全球性的社会问题，如诚信缺失、真理模糊、物欲横流、享乐至上等，轻而易举地入侵校园，影响教育，校园内层出不穷地出现心理失衡、价值失偏、理想失却、道德失守、行为失范等现象，令人深以为忧。

朱清时院士曾说过："一个社会要有希望，一定要有净土，这个净土就是学校。"学校理当成为一片净土，一方道德高地，自觉承担起并切实履行好服务和改造社会的伟大使命。只有守护住教育的良心，我们的学校才是真正的学校，我们的教师才是真正的教师，我们的教育才是真正的教育，我们的孩子们也才能够更好地传承和守护住我们人类的真善美，才能生活在更美好的未来社会之中，并为未来社会和文明之进步做出自己应有的贡献。

总之，好的学校应当这样：走在校园里的都是有良心的人，而从校园里走出去的人，都是能够坚守良心的人。

无论社会如何复杂，无论世界如何变幻，无论生活如何凶险，无论命运如何无常，作为教育者，我们应当始终坚守自己的教育良心——我们好了，教育才会好起来；教育好了，孩子们才会好起来；孩子好了，世界才会好起来。

是为序。

厉佳旭

2016年10月25日

目 录
CONTENTS

序：守护教育的良心 _ 001

常怀愧怍，就因为我是老师

常怀愧怍，就因为我是老师 _ 003
不能反思，何以为师？_ 008
仗义执言，还是文过饰非 _ 013
什么样的老教师更令人敬重？_ 018
无过便是功和无功便是过 _ 025
师德真的没有问题？_ 030
老师，你能接受批评吗？_ 035
食堂里的样子 _ 039
也说教师不读书 _ 043

你会评价别人吗？_048

老师，你还愿意去家访吗？_052

除了分数，你关心过什么？_058

学生不是人质

学生不是人质 _065

没有差生，要我们教师干什么？_070

每一个孩子都是独特的 _076

只是需要你静静地陪伴 _082

学生不学习，谁之过？_086

接地气，才能蓬勃起来！_090

有所进步，还是原地踏步 _096

分内分外如何分得清？_099

平凡中的坚守 _103

仅仅有选择是不够的 _107

扫的是心田 _111

该为什么而读书？_116

好学校是条流动的河

好学校是条流动的河 _125

警惕校园"乡原"之祸 _130

下任校长在哪里？_ 134

司令台上的雨篷 _ 139

那些被异化的权力 _ 144

可以空前,不要绝后 _ 148

教育改革真的不允许失败？_ 152

学校规模能否再小一点？_ 161

母校的母性在哪里？_ 166

谁来终结"天价"教育？_ 171

教师的愤怒 _ 177

甘为教育受委屈 _ 184

人的自觉是第一位的

人的自觉是第一位的 _ 193

不必惧怕孤独 _ 198

以谦卑的姿态做教师 _ 203

我们都可以是李林森 _ 208

重要的还是常态课 _ 214

是教师,不是"教授" _ 220

从认识抱怨开始 _ 225

公平感来自公平而有远见的心 _ 230

每个人都该是一面旗帜 _ 236

不要害怕麻烦 _ 240

问题即进步的机会 _ 245

我们的奔头在哪里？_ 249

那些被数字掩盖了的

那些被数字掩盖了的 _ 257

中等"师"同样不可忽视 _ 263

叩问教育的保质期 _ 267

专业尊严来自哪里？_ 273

有一种误区叫"敬业" _ 279

校长考评不该缺了谁？_ 286

什么样的人适合当老师？_ 292

除了成绩,你还有什么？_ 296

莫让安全囚禁了教育 _ 300

正视教育者自身的疮疤 _ 305

教室里的真相 _ 311

真经未必都在名校 _ 317

后记:写一本有痛感的书 _ 322

常怀愧怍，就因为我是老师

常怀愧怍,就因为我是老师

那是个雨后转晴的傍晚。

匆匆忙忙送儿子去补习班,一路狂奔。不慎开错车道,只好盘算着临时插进右侧直行车道。

后面的车子急摁喇叭,堵住了我的路。他显然反感我这种不厚道的做法。

细看驾驶员,大为尴尬。

竟是我的一位同行。他也送孩子去补习班。

赶紧向他道歉并作解释。

但这依然没有消除我内心的尴尬 —— 叫"愧怍"其实更为准确 —— 我的所作所为,实在和我的教师身份格格不入。

这不是我第一次在熟人面前"丢脸"。

有一回,下班回家,趁着暮色,照例将车开得飞快。当我嗖地超越了一辆小车,在红灯前迅速刹住时,另一车道上,一辆白色车内探出一张青春的脸来:"师傅,你开车好猛啊。"

我心下大惭。在年轻的同事面前丢脸了,这位同事还是我的徒弟呢。

平时，我也算规规矩矩、老老实实，凡事不敢偷懒，也不敢敷衍，但在一些细节方面，显得粗枝大叶。从小在农村长大，在田地间打打闹闹，让我有了一些野性和陋习。它们侵入我的骨髓，即使时隔多年，依然不能完全根除。稍不经意，就会在这里、在那里，腾地窜出来。

我时常为此感到愧怍。

这主要是因为：我是老师。

"老师"两个字的分量，在我心里是很重的。

老师意味着为人师表，意味着学问深厚，意味着文质彬彬，意味着处处垂范——不仅是学问之师，更是人格之范；不仅是学生之师，更是成人之范。

第斯多惠认为，"教师本人是学校里最重要的师表，是最直观有教益的模范，是学生最活生生的榜样"。

尽管教师的经济地位与社会地位至今还没有和人们对这个职业的期待与要求真正匹配，但这绝不能成为教师降低自我要求的理由。

教师需要时时提醒自己师者的身份。师者不是一本教师资格证书就能代表的，它意味着你要努力做一个克己复礼的模范。

所以，当我一不小心爆出粗口的时候，我感到愧怍，因为我是老师；当我心里产生不当想法的时候，我感到愧怍，因为我是老师；当我惰于学习、不思进取的时候，我感到愧怍，因为我是老师；当我见到他人有难，别人先我挺身而出的时候，我感到愧怍，因为我是老师；当我看见学生向我问好而我竟然一时没有及时回礼的时候，我感到愧怍，因为我是老师；当我草草备课，在课堂中看见学生依然迷惘的眼神的时候，我感到愧怍，因为我是老师；当我课上讲错了却寻找借口的时候，我感到愧怍，因为我是老师……

就因为我是老师。我时常感到羞愧——为自己在为人或工作上的失误与缺陷而陷入深深的懊悔与自责。我的校园生活乃至全部教育生活充满了缺失与遗憾,因而充满了自责与惭愧。

老师不是圣人,也没有义务做圣人;老师不是完人,也没有能力做完人。但老师一定要努力成为一个有教养的人,一定要努力成为能够慎独和自律、值得他人敬重和信任的人。这是社会赋予这个职业的特定的期待与要求。如同要求军人,在最危险的时候,要冲锋在前、不怕牺牲。如同要求护士,再苦再累,也要耐着性子,带着笑容,以天使般的爱心善待每一个病人。

没有人天生完美,也没有人已经完美。每个人都在不断地学习和完善,都是未完成的人。老师,因为是帮助别人进步和成长的人,所以,更应当学会自我反思和自我完善,而愧怍之心,是这一切的源头。

老师和工人是不同的。工厂的工人下班了,离开了工作场所,就可以不必是"工人"。教师,即使离开了校园,在大自然中,在人群中,在黑暗处,在任何地方与任何时刻,一言一行仍被寄予厚望——为人师表。一旦瑕疵屡现,不加克服,又将会影响到在校园里、在学生面前、在家长和社会心目中的形象和地位,更会直接影响教育效果。

这就是老师。

不管是幸还是不幸,既然作为教师,我们不得不更加苛刻地要求自己,更加勤勉地检点自己。

以为下班了,走出校门了,在酒桌上,在牌桌上,在KTV中,可以像其他职业的人一样随心所欲,快乐就好。这种想法不但简单,而且可怕。

我时常怀着愧怍之心,还因为我是一个正常人,一个普通人,我在修养和学养等方面都还不够。我一不小心就会犯许多错误。这些错误在他人看来或许情有可原，但如果用"老师"这面放大镜来对照，就会变得不可接受，甚至不可饶恕。坦率地说，如果不是老师，我，或者我们，或许可以更加随性些，甚至任性些。

当老师的时间越长，对老师角色的思考越多，我就越发觉自己的胆小和心虚。我十分清楚自己的心中和身上有着太多不够美好和出色的地方，有着许多和理想中的老师角色还格格不入的地方。比如有时候我浅薄、狂妄、急躁、粗野、专断、偏激……

我越来越觉得，当老师对我而言意味着巨大的冒险和牺牲。我不得不冒着时刻被人用放大镜仔细窥照的危险，不得不像名人一样牺牲自己的许多私人空间和随心所欲地生活的自由。

老师理当是社会各群体中人格修养上的"优等生"。这种期待，将伴随着老师一生——从踏上讲台的那一刻开始。无论你愿意，还是不愿意。

主动承认和正视这一点，将有助于我们积极改善自身。

这些年，我失去了许多率性和自由的机会，却同样收获了一份涵养和成长。在跌跌撞撞、起起伏伏中，我的性情和修养都逐渐好起来。我不再像当年那样冲动，动辄和学生冲突，甚至和同事对立。我也少了一分偏激，能够更加客观地看待同事和审视自己。对学生，我更多了一分耐心与爱心，开始由衷地热爱我的学生，并认为他们是我所能碰到的世界上最纯洁美好因而是最值得信任也最值得感谢和珍惜的群体。

有的年轻同行，对课堂教学艺术的把握，对学生身心发展规律的认识，对教育的使命和责任的理解，都尚显幼稚，从业不到两年，对教育就满是抱怨；有的教师朋友，惰于学习和改进，用三十年前的老方法和老故事来糊弄现在的孩子，课堂低效、纪律松弛不说，还总责怪学生不好学、家长不懂教育。也有的教师，心胸狭隘，对学生和同事睚眦必报，对工作斤斤计较，却喜欢义正词严地要求学生对老师和同学宽容大度；也有的教师自己工作敷衍懒散，一旦学生值日被扣分，却总爱以"不负责任"的名义予以严厉责罚……

我真不明白，他们的底气，到底从何而来！

不能反思,何以为师?

反思,"回头、反过来思考"的意思。

现在的反思意为自我反省,指检查自己的思想行为、检查其中的错误。

就社会性而言,人终生都处在未成熟、未完成的状态。人终生都在进行着社会化的历程,故需要不断地进行自我完善的努力,在此过程中无限靠近完美和成熟。

在这一过程中,保持积极而经常的反思至关重要。

通过反思,人可以窥见自己每天所思所行,保持思想和行为之洁净美好。自古代的曾子到现代的陶行知到当代的魏书生、朱永新、叶澜等教育名家,以及国外的杜威、加德纳等学者、教授,都把反思作为个体学习和成长的关键品质和能力。甚至有人认为,"反躬自省是通向美德和上帝的途径"(瓦茨)。

可以这么说,人是在反思中走向完善的,而人类则正是在反思中走向文明的。

教师,是指导和帮助学生实现自我教育和自主成长的重要他人。不能自我教育的人,也不能教育别人。教师理当成为积极反思的践行者和垂范者。

遗憾的是，我们身边有许多教育者，不肯反思，不懂反思，或者不屑反思。

有位年轻教师担任班主任，他的教育教学方法简单落后，动辄训斥痛骂学生，班级混乱不堪，学生冲突不断。家长纷纷来信要求更换班主任。学校领导找他谈话，他振振有词："我们老师可没有那么大的作用，我们该说的说了，该做的做了，就好了。读书是学生自己的事情，他们不肯读，家长都没办法，甚至不在乎，我们有什么办法呢？这些学生，只要他们平平安安不出安全事故就好了……"之后，依然故我。

学校只得更换班主任，这正中其下怀，他本就巴望着摆脱班主任这副担子。问题并没有就此解决。他任教新班级后，依然喜欢照本宣科、一讲到底，而且延续了动辄厉声斥骂学生的作风。学生和他对立，不到半学期，课堂上就趴下一片，学生们都不肯学习，成绩自然一落千丈。学校派了几位优秀教师听课，帮他寻找问题。他照例一一反驳，认为自己没有错："课文的重点、难点，该讲的都讲了，学生不爱学习和思考，我也没有办法啊。"那些老师们被他批驳得无话可说，也不愿再说。

"我从来没有遇见过这样的老师，总是说学生不好，学生不行，学生不学，始终不肯承认自己教学有问题，也听不进他人的任何意见，这样的教师还会有进步的可能吗？"一位老教师对校领导摇头叹息道。

这样的老师，不仅年轻人中有，年长者中也有；不仅这所学校有，别的学校也有；不仅国内有，国外也一定有。

培训班授课时，我请老师们讲讲自己向学生道歉的故事。我以为，会反思的人，一定是懂得道歉的。其中一位说，教室里失窃，他亲自一一翻检学生的书包、书桌，后来，还是没有查出谁是"盗窃者"，他意识到了自己行为的不当之处,于是向学生道歉。又一位说,自己上课讲错知识点的时候,会勇敢地向学生道歉。更多的,则是沉默不语。他们在教育生涯中,从来没有过向学生道歉的经历。或许,在他们看来,教师根本就没有向学生道歉的必要。

我问老师们:"你们是否习惯于寻找自己教育工作中的失误?请试举出最近一周,你认为自己需要纠正或改进的地方。"

同样应者寥寥。鲜有人坦诚地站出来,直陈自己的过失。

他们或者是不愿,或者是不敢,或者是不能,甚至或者是不屑。

反思,看起来是一件多么"麻烦"而"多余"的事情。因而在校园里,道歉,也就成为一种稀缺的声音。老师听不到校长(包括副校长等)的道歉,因为校长从来不觉得自己有错;学生听不到老师的道歉,因为老师从来不觉得自己有过失。只有学生,成了最经常道歉的人,一会儿向老师认错,一会儿向学校检讨,回家后还得向父母忏悔。不管出于主动还是被迫,最是单纯美好的孩子们,反倒成了校园里最经常反思的人,而作为教育者的教师,却仿佛从来不需要反思。

痛感教师们不反思的现状,朱永新教授2002年在教育在线论坛上发布了《"朱永新成功保险公司"开业启事》的帖子,鼓励教师们每日坚持三省自身,写一篇千字教育反思文章,记录下自己的所见所闻所读所思,并"承诺":十年后持3650篇千字文(计三百六十五万字)来本公司。如投保方自感十年后未能跻身成功者之列,本公司以一赔百——即现投万元者可成百万富翁(或富婆)。

这一帖子一时间吸引了无数网友的关注,也唤醒了许多教育者的反思意识。一些人开始撰写反思录,并在短短两三年间,在专业上突飞猛进,有的甚至发表或出版了不少自己的著作。而朱永新教授,则一一为他们撰写序言,勉力提携。

反思之所以重要,在我看来,是因为它不仅可以帮你避免错误,助你走向成功,还有着多种重要的意义。

反思意味着诚实。人非圣贤,孰能无过?人每天都会犯错误,或者是说错话,或者是做错事,或者是某些举止不够优雅。只要你足够诚实,你一定会意识到自己总是存在着一些令人遗憾的过失或错误。如果你不肯反思,这意味着不够诚实。

反思意味着进取。具有进取向上之心的人,一定会主动开展反思活动。人是自我之师。反思是向过去学习、向自我学习的好方式。拒绝反思,就是拒绝进步。身体上的衰老是从停止生长开始的,而精神上的衰老,则是从不肯反思开始的。那些刚愎自用、故步自封的人,是不会有专业能力和人格修养上的进步的。相反,只会步步下降,渐渐退化。

反思意味着担当。每个人都肩负着对自己、对他人、对社会、对他所生活的世界的责任。做好了,你就有贡献;做得不好,你就有过失。成功需要总结,过错需要正视,并乐于承担责任。遇到问题、困难和失败,唯有多从自己身上找原因、想办法,才能不断提升自己的能力、改善自己的工作作风和绩效。揽功诿过、推卸责任的人,是不会愿意去做真诚的自我反思的。

反思还意味着勇气。一个人最大的困难不是来自别人,而是来自自己。"认识你自己",是每个人的终生挑战。通过反思来认识自己,改善自己,提升自己,从而战胜自己,超越自己,是需要极大勇气的。

反思本身即一种崇尚智慧和美德的选择。教师不肯反思,意味着他在学生面前呈现的是虚伪、胆怯、自我、傲慢、顽固,即对智慧和美德的无知或无视。

教师勤于反思,学生就会感受到诚实地面对自己和勇敢地完善自己的必要性,从而坚定自觉、自律、自强的信心。

孟子曰:"爱人不亲,反其仁;治人不治,反其智;礼人不答,反其敬。行有不得者,皆反求诸己。"意思是做任何事如果没有取得应有的效果,就要反过来检查一下自己究竟还有什么地方做得不够好。

作为教育者,在日常工作中,是否也同样可以反思一下:

我的课堂中为什么那么多人目光迷惘,甚至趴在桌上?

我的教学方法是否该改一改?

我和学生为什么经常容易发生冲突?

我对学生的态度是否有问题?

我的劝告和提醒甚至批评和怒斥,学生为什么总是不予理睬?

我是不是对他们不够理解和关心?

我布置的作业学生为什么总是不能完成?

我是不是布置得太多或者太难了?

我在学校里为何总是愤愤不平且牢骚满腹?

我是不是有些太自私自我,太自以为是了?

我年轻时为何深受同事和学生爱戴,现在却总感到受冷落?

我是不是心态出了问题?

……

有的老师总是抱怨说,现在的孩子不会反思,犯了错误,首先想到的就是推卸责任、指责他人,或者就是寻找理由、编织谎言来搪塞。

这该怪谁呢?

作为教师,你自己在面对众多的教育问题的时候,可曾有过真诚而坦率的反思和担当?

仗义执言,还是文过饰非

2015年5月。

上海某小学一女教师火了。

在公园里,灼热的阳光下,她戴着墨镜,傲然前行,而一个身高才刚刚到她肩膀的男孩,勉力撑着伞为她一路呵护。在另一张照片里,她怡然自得地坐在长椅上,那个孩子依然为她撑伞,不离左右。

照片引发媒体热议后,当事人受到了教育局的批评。

某知名教育专家认为这是小题大做。他挺身而出,"仗义执言",于第一时间著文声援女教师,他声称小学生给老师撑伞是发自内心的对老师尊重的表现,是亲密的师生关系的体现。他还趁机晒自己过去的经历,以自己的事例表明,这种做法不该受到指责。一时间,应者云集,教师朋友们也纷纷表示声援。后来,自然也有教育者著文反驳该专家的观点。

这件事的是非对错,现在大致已有定论,我不再啰唆。

作为教师,我们应该警惕文过饰非的毛病。应当在是非面前,多一分客观的勇气与理性的智慧。

作为教师,我知道,倘若不能够勇于自我认识和批判,在文过饰非方面,就会有天然"优势"。

上课时,你明明错了,有学生指出来,你可以脸不红心不跳地说:"你能够发现这里的错误,真不简单,看来你是在用心学习,老师留下的破绽,你能够看出来。"

学生请教你一个问题,你并不懂,你可以很自然地回答:"这个问题,你自己去思考思考,不要依赖老师,你思考过再不会,明天来问老师。"

这样,老师就为自己赢得了面子和时间。

如果学生说:"我已经思考很久了,您能告诉我吗?"老师还可以说:"说明这个问题很有价值,你再思考思考;能够自己解决的一定要自己想办法解决,不要泄气,老师相信你。"

如果学生不依不饶,还要"纠缠",教师还可以坦然地说:"我经常说,能够自己解决的自己解决,能够请教同学的请教同学,你去找同学看看,说不定行。"

假如学生说,已经请教过班上最好的几个同学了,你还可以说:"我看,这个问题没有多少价值,你没必要去钻研。实在不行,你晚上回家可以上网查查,再不行,明天我告诉你。"

你看,在学生面前,老师永远是一个"什么都知道"的智者。

再比如:

学生值日时有些粗心,你在班级里狠狠地批评某个同学,结果这个同学委屈地说:"老师,今天不是我值日。"

你可以说:"每个人都是班级的主人,班级卫生不好,你看不到?难道你没有责任?"

假如这个学生还振振有词地"回敬"你,你还可以这样说:"不是你值日,老师就不能说了?你过去值日的时候难道没有被扣过分?现在振振有词了？你其他错误犯得还少吗？"

假如这个学生是班干部，老师则更可以理直气壮地批评："你是班干部，你不感到自责吗？你还好意思感到委屈？"

……

老师真是个永远不会犯错的职业——如果决意不想承认自己的过失与缺陷，理由是可以找出一大堆来的。这种找理由的能力和方法，在一些专家嘴里通常被称为教育或教学"机智"。

在一些老师心里，自己是永远不会犯错的，也永远不必承认错误，更不应该接受任何指责和惩处，否则"师道尊严"就没有了。

这种落后、顽固的职业保护思想，其实质就是行业利己思想。

那些动辄为教师的过错申辩、声援的人，看起来是为了和上级"领导""部门"做斗争，容易赢得"正直""勇敢"的好名声；另一方面，又借着替"教师"这一职业说话，轻松赢得教师中那些同样不擅长思考特别是不善于自我反思、自我担责的群体的好感，以此获得众多拥趸。

这样的人，要么是文过饰非、强词夺理，不敢正视和承认教育者自身的问题；要么是别有用心，投机取巧，好出风头，哗众取宠——很像钱理群教授所说的"精致的利己主义者"。

这些精致的利己主义者，往往利用偷换概念、以点带面、以偏概全、移花接木等多种方式，为自己或同行的过失找借口、推责任。大一点的，则说是体制造成的，不该怪罪教师；小一点的，则说是领导的责任，特别是教育局和学校领导的责任；再小一点的，则说是家长或孩子自己的责任。在他们眼里，教师永远不该承担责任，因为教师永远不会犯错误。即使有错误，他们也会认为需要"大事化小，小事化了"，不必"小题大做"。

虽然这种现象只发生在少数教师身上，但看看一些论坛和群里，这种声音却往往最容易抓人眼球,也得人附和。这不是值得欣喜的好现象。

我曾应邀加入一个班主任群,加入后发现,里面充斥着各种牢骚、抱怨和指责,却鲜有自我反思的声音。我保持沉默,一言不发。后来,群主大概感到无趣,干脆把我"踢"了出来。还有多位名优教师也应邀加入该群,后来则是主动退出。一位说,整天发发牢骚,却还乐在其中,这到底是在为了成就群主自己的人气,还是真为了帮助班主任?奇怪的是,这样充满乖戾之气的群,还继续得以不断壮大。

教师如果连基本的是非观和责任感都不能保证,遇到问题首先想到的是推卸责任和指责他人,特别是指责学生、家长、领导或社会风气等外部环境,即便他的身上拥有众多的光环,也很难称得上是一个可以教书育人的合格教育者。

真正乐于为教师利益代言的人,一定不会文过饰非。他们一定懂得教师这个职业应有的尊严首先不是来自职业本身而是来自教师自身;一定懂得教育的进步首先不是等待外部的改善而是源自教师自身的改进;一定懂得教师只有勇于自我批判和反思才会更加接近"教师"这个称谓所代表的全部内涵。

有的教师朋友,看到官员、警察、医生被指责与攻击,或者受到严厉惩罚,或者绝望自杀,心里满是痛快,甚至觉得还不够"过瘾"。但是,一看到教师同行受到指责,就不分青红皂白,"一致对外",急急忙忙对任何舆论指责进行反击,为同行进行辩护和辩解。

这不是一个具备理性和良知的教师所应有的作为。

教师就其地位与作用而言,从某种意义上说与政府重要职能部门的从业人员相当。教师享受的是与公务员相似的待遇(尽管一些待遇尚未完全落实),教师也拥有一定的"公权"。尤其是教师在学生面前的成人优势,让教师在学生家长面前,通常具有较大的自主性和掌控权。所以有人说,教师是准公务员和准公众人物。

教师如果不能学会自我检讨和自我审视,他的一些行为就容易失控与越界。这个失控与越界,有时是指对学生做一些不该做的事,说一些不该说的话,有时也指不做一些本该做的事,漠视一些本不该漠视的东西。

只有那些真正懂得辨别是非、敢于担责的教师,才能够成为教师这个群体的代言人。那些精致而精明的利己主义者,显然不是。

什么样的老教师更令人敬重？

2016年三八妇女节前夕，哈尔滨，公交车上。

七十多岁的老人，因为一位女孩没有及时给他让座，就辱骂她，扇了她耳光。

图片上那个老人斜倚着窗户而坐的架势，哪里像个老人，活像个流氓。

这般倚老卖老、道德绑架的事早已不是新闻。

三年前，郑州，同样有位女孩因为不让座而被一位六十多岁的老人拽住头发暴打！

关于老人的负面新闻似乎多起来了。

街头碰瓷的人中有老人，受人救助反咬一口的人中有老人，动辄上访要无赖的人中也有老人，甚至在小巷或公园里找失足女的人中也有老人，在学校或居民区附近大跳广场舞扰民的人中也多见老人的身影。

网友们自然愤慨，有人不禁戏问："是老人变坏了，还是坏人变老了？"有人则激愤地宣称：如果老人自己为老不尊，又不懂得尊重他人的权益，就没有资格要求他人去尊敬他！

我不担心人们的尊老意识会因此有所弱化。

当人们对在社会上盛行已久的道德准则进行谨慎审视的时候,社会理性就容易渐渐恢复。

"卧冰求鲤""埋儿奉母""恣蚊饱血"之类愚孝的做法,早已为现代的"孝德"教育所抛弃。见义勇为,更多地被"见义智为"所替代。

任何道德,都需要兼顾各方的利益和感受,不能以一方裹挟另一方,也不能以一种道德侵害另一种道德。道德准则,只有理性而周全地做到这一点,才能为人们所接受和奉行,拥有强大的生命力和传播力。任何个人基于自身需要对他人提出的道德诉求都需建立在自己道德自律的基础上。任何时候都不能以一种不道德来替代另一种不道德。

那几位女子不及时让座,虽有失年轻人的"敬老"之礼,但老人仗老欺人、殴打他人,不仅丢弃了"仁慈""宽容""爱幼"的老人之德,且早已侵犯他人的人身权利了。

法国作家司汤达说过,"老人受尊敬,是人类精神最美好的一种特权"。老人无疑需要被尊敬,老吾老以及人之老,是美德,但老人自己也要具备自尊自重和尊人敬人这些起码的道德修养。老人,就得像个老人的样子,比如和蔼、亲切、包容、慈爱、善解人意等。否则,依靠道德绑架下的逼迫和恐吓,终究是无法令人心生敬意的。

强迫而片面的道德,形同虚设,行而不远,而且往往会导致更为严重的后果。看看那些在校园里欺侮恐吓同学、辱骂殴打教师,或在家里杀死父母的孩子;再看看社会上那些为老不尊、纵情任性的老人,就可理解为何会有这种恶果。无条件地敬老,和无条件地爱幼一样,已经让一些老人不像老人,一些孩子不像孩子了。

敬老这个话题,因为触及"老",显得严肃且敏感。谁都可以说年轻人怎么怎么不敬和不好,却不敢也不能说老人怎么怎么不慈和不检。你看,许多人写书,只能是"致青年教师""给青年朋友的忠告",从来不敢有"致老教师""给老同志的忠告"的。在常人看来,老,不仅意味着智慧,还意味着权威、触碰不得。

考察一些理念和经验较为先进、富有改革创新精神的学校时,校长们往往要问:贵校教师的平均年龄是多少岁?如果回答三十来岁,校长们就恍然大悟并羡慕不已:这么年轻,难怪,学校各项工作好推进。如果回答是四十多岁甚至五十来岁,校长们就会敬佩有加又将信将疑:真的?你们胆子真的这么大?难道老教师没反对?……

校长们大都"怕"年纪大的老教师。不是说校长们欺软怕硬,而是工作中面对老教师的时候,不得不对"敬老"两个字心生敬畏,唯恐稍有闪失,就落了个"目无尊长""品德不好"的坏名声。须知道,在一个群体中,道德话语权和其他优质资源一样,总是更多地掌握在那些年长者的手里。当然,也不是说老教师就抱残守缺、顽固不化,只是说,在学校工作中,涉及老教师的时候,可能会敏感、复杂些——而这通常也和一些人的倚老卖老之风息息相关。

某老教师,教了近三十年的书,自恃学生中不少是当地的局级领导,自己又常给领导的子女做家教辅导,在学校里无所顾忌。开教职工大会,领导或专家在台上讲,他在下面和身边的人谈笑风生,或用手机打游戏,旁若无人。主持会议的书记曾不点名指出开会中的一些不良现象,这时他就故意用手机弄出点音乐声来,惹得周围的人哄笑。升国旗的时候,他神态自若地和人谈昨晚与哪些领导一起吃饭,谈哪家饭店的菜好吃,对身边学生投过来的惊诧目光视而不见。几任校长只能忍着他、哄着他,只要他不过分让人难堪就好了。他倒愈发自我感觉良好,每天在办公室愤世嫉俗,大骂国家不行,政府不行,社会风气不行,校长不行,班级不行,家长不行，总之是"举世皆浊我独清"。这样的人，深合当下社会的浮躁心态。在相当多的教职工心中，反而深受欢迎。

还有位老教师，当年就是通过某些领导安排进来工作的，年轻时就糊里糊涂地教学生，上课草草了事，改作业拖拖拉拉，业绩马马虎虎，工作乏善可陈，学生和家长意见众多。校长让教务主任提醒提醒他，他却大怒，冲着年轻的主任说："我工作的时候，你在干什么？你还光着屁股！我教不来，你来教。"教务主任再不敢吱声，生怕自己落个"不敬老"的骂名。校长只好带着组长去听课，先是站在门口偷听，后是临时推门听课，发现教学问题实在太多。该教师不但讲课枯燥，而且动辄用粗话和方言大骂学生。校长找他沟通，他振振有词："我都教了近三十年的书了，以前的学生怎么意见没这么多？现在的学生自己不肯读，能怪我？你们领导为什么不招些好学生来让我们教？"

校长无奈，又从校外请来一位特级教师教研员——比他年长七八岁、业已退休的老教师来听课。听完课，教研员婉言指出他课堂教学中的一些缺陷，提出了几条建议。他这次倒面露羞色："啊呀，我年纪大了，书教不来了，教不过年轻人了。"

校长和他同龄，年轻时就是同事。校长私下告诉教研员，该老师年轻时就不敬畏工作，书教不好，还吊儿郎当，漫不经心，被前两任校长批得灰头土脸，气都不敢喘；虽然规矩了一段时间，但水平还是不见提高；现在年纪大了，天天嚷着就等退休了。现在是谁都说不得动不得了。这次要不是有太多家长和学生告状，他也实在不想去"惹"他。

这种倚老卖老的作风是一种代代相传的陋习，几乎每个单位都存在。据说，有位老革命有点不拘小节，每次开会，总是在门口坐着，跷二郎腿。有同志提意见，他却不以为意。周恩来总理不得不对此进行了严厉批评，说他摆老资格、自以为是，并语重心长地告诫："党龄越长，越要遵守纪律。"

我刚工作的时候，和二十多人同时走进一所学校。当时有些四五十岁的老教师，甚至一些三十来岁的教师，看我们很不顺眼，多次宣扬：这些年轻人，没规矩，没礼貌。奇怪的是，当我们这些人四五十岁的时候，有些人同样看二十来岁的年轻人不顺眼，动辄人前人后感慨一些年轻人"没规矩，不上进"。总之，用九斤老太的话说就是"真是一代不如一代"。而她有权力说这个话仅仅是因为"我活到七十九岁了，活够了"。

老，是谁都无法避免的。年纪渐大，身体日虚，需要年轻人和单位、社会予以照顾和体恤，敬老，是社会文明和进步的标志。但倚老卖老，实在不是一种文明作风，应该随着社会的进步，而主动抛弃。

首先，"老"是不必卖的。你老和不老，都写在脸上，体现在身形和脚步中，你在人群中一站，年纪大小，大家多能分辨，年轻人大都会谦恭致礼。

其次，"老"是不能卖的。老，并非个人努力之后的成果，相反，老，是人人都不愿意、不喜欢的。旷达如李白，面对"白发三千丈"都会徒生悲慨，谁还愿意自己青春逝去，容颜不再，精力衰退，生命衰竭？看看中年男人们不断焗油染发、中年妇女们频繁出入美容院，就知道，谁都惧怕"老"之将至。既然"老"对每个人来说，都不是好事儿，为什么当着别人，却以此炫耀？

当然，有一种情况，"老"是相当宝贵的。这种"老"，代表着智慧和美德。即精神上，老当益"智"，处理工作和生活中的各种矛盾时，能更加理性和艺术，凡事从容不迫，不再急躁冲动；修养上来说，老当益"善"，为人更加慈悲，待人更加亲切，宁静淡泊，胸怀坦荡，不再和他人、和世界斤斤计较,心平气和地对待生活中的一切。

这样的"老"有内涵,有分量,有美感。这样的老人,自然德高望重,令人望之油然而生敬意。正如史怀泽说:"我们应该达到的成熟,是我们不断磨砺自己,变得日益质朴、日益真诚、日益纯洁、日益平和、日益温柔、日益善良和日益富于同情感。这是我们应走的唯一道路。"[1]

孔子就是这样的老人,三十而立,四十不惑,五十知天命,六十耳顺,七十从心所欲不逾矩。他把岁月和时光当作熔炉,自我修炼,自我提升,虽然年岁渐长,气血渐亏,但精神世界和道德修养却愈加丰富和美好。这样的"老",如同陈年老酒,愈发香醇,不但令人仰视,还让人向往。

校园里,也不乏如此德高望重的老教师。我校英语组胡晓萍老师,退休前的六一节,还自己掏钱买了许多糖果和初三的学生分享,给了他们一个意外的惊喜;校办原主任钱苏鸿老师疾病缠身,事务繁忙,从来都是笑呵呵的,从不抱怨和发牢骚;原政教主任沈惠玲老师,每天精神焕发地走进校园,优雅亲切地指导年轻同事,平心静气地做好每天该做的工作。她们都永葆热情,积极向上,对工作一丝不苟,对学生关爱负责,对同事亲切友好,严以修身,宽以待人,直到离开讲台的最后一刻。他们是深受同事和学生敬重的好老师、老教师:老而好学,老而好德;老而有味,老而有功;老得可爱,老得可敬。

岁月无情,头发早已花白。加上侥幸当了个校长,路上见到年轻的同事和活泼的孩子们,总会听到他们恭敬问好。每次我都会问自己:他们为何主动向我问好?是因为我年纪大了,还是因为我是校长,还是因为我

---

[1] [法]阿尔贝特·史怀泽.敬畏生命[M].陈泽环,译.上海:社会科学出版社,1995:61.

真的值得人尊敬？

常听人说，四十五岁以上，到退休的这段时间，人最容易牢骚满腹，纵情任性。我早已迈过不惑，趋近知天命的年岁。近年来，确也发现自己渐渐放松起来，或许早已在不觉中染上"倚老卖老"这一陋习了。倘若一年年增长的只有年龄和资历，知识、能力、智慧、修养、心态和美德却江河日下，那么，我是不是该深感羞愧？

心中不免惊慌，写下此文，以供自警。

或有比我稍长者，读到此文，深以为怒，斥责我目无尊长。倘真如此，倒也好了，这可真触痛那些和我一样"倚老卖老"而不觉者的神经了。

那么，就让我们同病相助吧。

无过便是功和无功便是过

教育上，我坚持认为"无过便是功"和"无功便是过"。

功是大功，过是大过。

无过便是功。

学校教育工作包罗万象，无限丰富。

校园环境、设施设备，从学生宿舍到食堂，从教室到洗手间，从田径场到实验室，稍有差池，便会导致意想不到的突发事件的发生。教育者自身的一言一行，从见面问好到上课提问，从批评表扬到在校园里的一个不经意的动作，稍有不慎就可能对学生起到负面的暗示作用，学生的学习生活、纪律道德、文明礼貌、身心健康等等，就无法获得良好的支持和帮助。

从数百甚至上千学生迈进校门开始，教育就面临着无比复杂而多样的需求。不必说凡事引领得当，就是要应对妥帖，都不是一件轻松的事情。

对教师来说，从走进校园的那一刻起，八九个小时甚至十多个小时的时间里，你的眼神、表情、言语、举动，你所教授的知识，你所传达的思想，你所采用的方法，都必须确保正确。甚至你的情绪和着装，都要十分得体才行。

终日说许许多多的话，做许许多多的事，在许许多多的学生面前接受"学高为师，身正为范"标准的严格检验，而要做到毫无闪失，是项极富挑战性的工作——绝非那些坐在机器前操纵开关键的工作可以比拟的。

作为校长，从走进校园之前，我就提醒自己要调整好状态，预备接受全校一千多师生的"挑剔"。

进入校园后，我常要四处走走，看看学校的情况，看看教室卫生，看看学生接送车到达后下车时孩子们是否有秩序，看看先行进入教室的孩子能否及早拿起一本书朗读，并随时处理其间发现的一些问题。

然后，走进食堂，和老师们一起吃早餐，顺便询问他们工作中的困难，或者听他们讲话。之后，梳理好一天的学校工作，分清主次，列出先后，找相关人员分头落实。还要努力挤出时间到教研组走走，接受他们的批评，听听他们的意见。

更要确保对课堂的了解和熟悉。巡课或听课，对我而言，既是为了了解教学，更是为了向老师们学习。听课后，自然要和老师交流感受。

倘有老师对学校某项工作或制度不满意，我需要耐心倾听，并真诚沟通。有同事这几日身体不佳，需要主动关心，去医院看望，或者电话问候。有职工情绪不佳，需要主动采取措施，帮助他解除心结。

通常，每周都会有会议，或者是座谈会，或者是行政会议，或者是教工例会，有时还要面对各种突发性的事件，更要常常迎接各级领导来学校视察指导或检查考评。

因为工作面广、量多、事杂，一天下来，常会遭遇许多问题，发现许多漏洞，找出许多缺陷。不仅知识和能力方面自感捉襟见肘，就是在和同事、学生、领导交流的过程中，言辞妥当就是件不容易的事。

我终究是性情中人，修养远未达到"从心所欲不逾矩"之境界。故而懊悔、内疚、自责、自惭，是常有的事。倘一日下来，竟然发觉谬者寥寥，里外如意，上下和顺，凡事妥当，内心里就会充满欢喜。那种欢喜，实在是不多见的大喜，深喜，窃喜。

作为教师，自然也相似。从布置、批阅和讲评作业，到课堂中问题的设计与教学的推进，到找学生谈话，到在办公室里和同事间的交流、协作，到接听家长的电话，到在食堂里谈天说地，处处都需要洁身自好、自我检点。稍有任性纵情，就会有失分寸，有损师表，有碍师风。

如果教师每天下班回家，一番反躬自问后，发现自己慎始敬终、恪尽职守——既没有粗糙地对待课堂，徒然耗费学生的时间，也没有无视或漠视任何一个学生；既没有草率对待任何一份作业，也没有因为自己的疏漏和粗暴而伤害一个学生，没有对家长或同事说过一句有失公道的话；当然更没有因为自我和任性而损害同事与集体的利益。那么，这一天，即便没有做过任何轰轰烈烈的大事，你的教育生活已经充满了价值和意义，你已经无愧于"教师"这个称呼，这一天，你已经功德无量！

与此相反，无功便是大过。

教师是国家教育事业的工作人员，是社会这个大机构的一分子。在其位就当尽其责，不能愧对那斗米之俸。既称之为教师，就当对学生真有教益，对学生、同事和学校都当有所贡献，让他们因自己而有所增益。上课备课改作业，都需要做充分准备，珍视学生生命中的一分一秒。举手投足，当严谨自律、高雅优雅，堪作学生表率。在教研组、备课组和班级组中，应当知书达理、顾全大局、乐于助人，善为他人和团队考虑。在执行学校交给的任务时，则尽心竭力，追求圆满。

作为一名教师,每天当思考自己是否有三种贡献:我的教学是否促进了学生知识和能力的提高?我的管理和垂范,是否有助于学生幸福、成功而有道德地生活?我的努力是否有利于同事和学校的整体发展?

如果三个方面均无作为,那么,教师便当自我忏悔。这一天,你就情同吃了霸王餐,或者至少也算是滥竽充数,你当深感歉疚。

作为校长,也同样。如果一天下来,对同事、对学生、对学校,丝毫不曾做过有益有功之事,你就是尸位素餐,自当心生负罪之感,为自己愧对"校长"的身份而羞惭。

这里还涉及一个问题:成本问题。

国家投入大量资金让学生来校接受教育,这些资金包括校舍和设施建设,包括教师薪酬支出等。而学生来校,则付出他宝贵的青春时光。而家长呢,则同样投入许多时间、精力和财力,以让孩子在校接受更好的教育。这些都是有形无形的成本,如果教育者无视这些成本,随随便便地做工作,糊里糊涂地混日子,那么,我们是否形同抢劫或情同偷盗与欺诈?我们白白浪费了国家、学生和家长这么多的投入——这还不算情感上对我们的信任和尊重。

因此,在教育工作中,说无功便是过,而且是大过,甚至是大罪过,并不夸张。

因为无功便是过,所以,我们要时刻警惕做无用功;因为无过便是功,我们要努力避免做破坏功。因为教育的这种特殊性,我们不得不战战兢兢、如履薄冰。

说到战战兢兢、如履薄冰,最近这些年,常能从一些领导口中听闻。这确是一种好风气。我们的传统中,习惯以吏为师。合格的官员,并不是任何人可以当的，更非随随便便就可当好的。

其实，凡是对教师这个职业有过深入思考的人，都不难明白。战战兢兢、如履薄冰，对教师而言，更是一种常态。

假如说，官员们要对百姓负责，且要在百姓中起到表率作用，那么教师呢？何尝不该对学生负责，且需时时处处为学生着想，给学生垂范？

在越来越多的人感慨当"官"不易的时候，感慨做教育不容易，感叹当教师不容易，不但不是件坏事，反倒是件好事情。

在一段时间里，在一些教育者那里，做教育、当教师，实在是太"容易"了。或许，这正是我们这些年教育积弊深重的原因之一。

师德真的没有问题?

师德之于教师、教育的重要性不言而喻。

历届政府教育部门的工作报告和无数的教育大家,都对此再三强调。几乎所有的教师职称评审和荣誉评比,都把师德作为先决条件,师德不好一票否决。

学校每年的教师考核,总有"师德"这一项。

教师们在写总结的时候,大都泛泛而谈,爱祖国,爱教育,遵规守纪之类的,似乎从来不存在任何缺陷。学校考核组,对每一个教师"师德"栏目的考核,年年都是满分。

没有扣分,是满分!

习惯了,就出现这样的情况:一旦有人在此项上扣分,就好像是天大的事——我难道师德有问题吗?

少不了一场解释、争吵,甚至更为严重的冲突。

最后,师德考核,再也不敢扣分了。

于是,又恢复了人人满分、人人优秀的光荣传统。

……

这真是个问题。

有些教师认为,校园里有众多无法教育的"坏孩子"或"问题孩子",这主要是由他们的父母造成的,家长懂得垂范、重视家教,孩子怎么会变坏、问题迭出呢?

然而,却没有多少教师意识到,如果自身的师德真的没有任何问题,学校教育哪里还会有这么多的问题,学生的健康成长哪里还会这么艰难。

教师和学校过于自负,不肯正视自我的思想和行为,不利于教育本身的发展。

许多人没有意识到,师德是有层次、境界之区别的。哲学家冯友兰把人生境界分为四重:自然境界、功利境界、道德境界、宇宙境界(或天地境界)。

我认为教师的师德修养,也可以分为几个境界。

最低层次是守法。即模范遵守各项法律法规,这是最基本的要求。事实上,在这点上也有不少人尚未达标。比如,赌博、酒后驾车、体罚学生、向家长索贿、有偿家教等,媒体的报道中不难看到此类教师的影子。有些人即使违反法规,学校也因为担心会把事情"搞大",砸了教师的饭碗,也伤及集体声誉,所以大事化小,小事化了,师德考核依然满分。

第二层次是守纪。严格遵守学校和上级部门规定的各项规章制度,特别是学校规定的各项制度。这些制度从不同角度审视,未必全部合理,但大都是为了维护本地区教育或学校的根本和整体的利益,并立足于地区和学校实际而制定的,是当地教育和学校文化与传统的一部分。一般情况下理当自觉遵守。但也有部分人喜欢打游击、打擦边球。比如上班和上课常迟到,升旗仪式上爱讲闲话,上班期间打游戏、干私活、串门聊天等。这些问题,也从来不是师德修养问题?

第三层次是守德。具有较高的思想道德修养，为人真诚、善良，真诚地希望别人好，也努力成人之美和成人之善。教师要懂得合作，顾全大局，不能过于自我和自私。当然，更重要的是，凡事要有责任感。教师要有较强的责任自觉，明白自己对于学生、学校和家庭、社会的一份责任。不需要他人提醒就知道自己该做什么，不该做什么。在日常行动中，凡所从事的各项工作都富有主动性和明确的目的性，能积极自觉去做好职责范围内的事。能够达到这个层次的教师，自然也是多数。但也有教师批改作业草率马虎，上课备课匆匆忙忙，批评学生、同事和学校尖酸刻薄，时常贪占学校和学生家长的便宜。这些教师能够得满分，显然也不妥当。

第四层次是守礼。《礼记》云："礼之教化也微，其止邪也于未形，使人日徙善远罪而不自知也。"又云："道德仁义，非礼不成，教训正俗，非礼不备。"礼仪看似只是外在的行为修养，其实它是内在的思想道德的展现和升华。礼仪的核心是尊重，懂得真诚地尊重他人，真诚地尊重各种成文和不成文的规则。作为教师，要懂得在和学生、家长、同事、上级以及其他人的交往中，做到温、良、谦、恭、让。教师更要慎独，严于律己，勤以修身，无论何时都要力求举止得体、彬彬有礼，做到知识分子应有的高雅、优雅、儒雅。教师应当自觉学习现代礼仪，无论是接电话，还是排队购物，还是在食堂里放一个餐盘，还是在校园里向学生回礼问好，都要始终做到"为人师表"这四个字。教师应当成为学生心中谦恭礼让、嘉言懿行的标杆。从这个层次上说，言辞粗鲁、举止粗野、待人傲慢、自负自私、不修边幅、动辄红脖子或拍桌子等无礼行为，是不是也该列入师德考核扣分的范围里？

再上一层是守心。这个心，主要指的是心态。教师要有良好的心态，具有积极的思维品质。有的教师心态很不好，终日愁眉苦脸、唉声叹气或者愤世嫉俗、片面极端，这种消极心态不仅最终影响教师本人的思想道德修养，也将祸害学生的健康成长。好的教师首先是一个善于调控自己情绪的人，不感情用事，也不喜怒无常。走进校园后，教师的心情就不是一个人的事情，而是关乎教育、关乎教师职业素养的事情了。孔子在赞美颜回的时候，就把"不迁怒"作为两大美德之一。我无法想象喜怒无常的人会成为令人肃然起敬的师者。最主要的是，教师要拥有正确的人生观、价值观和世界观，还要有正确的职业观、教育观、师生观等，不要把教育仅仅当作谋生手段，而要将其视为自己人生幸福和成功的基石，视为实现人生价值和生命意义的过程和方式，从心底里真正热爱教育。这是教师拥有良好职业心态的基础和保障。

教师看待工作，当如洛克菲勒所言："工作是一个施展自己才能的舞台……除了工作，没有哪项活动能够提供如此高度的充实自我、表达自我的机会以及如此强的个人使命感和一种活着的理由。"教师积极向上，充满活力，富有感染力，才能给你所身处的这个集体，特别是给正处于青春期困惑的孩子们以前行的正能量。教师阳光了，学生才会阳光，教育才会健康。

就这一点而言，听听我们周围那连绵不绝的抱怨、莫名其妙的牢骚、愤世嫉俗的叱骂，究竟有多少教师真的做到了？

乌申斯基认为，"教师的人格就是教育工作者的一切，只有健康的心灵才有健康的行为"。教育工作是无比复杂的，教育工作对教师的师德修养的要求自然也相当丰富。上述五种境界，显然是就理想的教师职业道德修养而言的。

有的老师总认为自己没有问题，不仅教育教学上没有问题，而且绝不允许任何人说自己师德修养有任何问题。这种认识，实在是过于狭隘和自欺。孔子到了去世前两年才能"从心所欲不逾矩",难道我们这些凡夫俗子早早就修炼到此种境界了?

于漪老师曾说:"我教书已经整整60年了,最深的体会就是:一辈子做教师,一辈子学做教师。"德高望重、优雅博学的教育大家尚且如此,我们何来这么大的自信呢?

老师,你能接受批评吗?

凡人都爱听好话,不愿听批评和指责之辞。

这是人性的弱点之一。

想要克服这种弱点,不容易。

据传,孔子的学生子路,"人告之以有过,则喜"。《邹忌讽齐王纳谏》向我们展现了同样闻过则喜的古代明君:在聆听了邹忌一番动情规劝后,齐威王竟下令:"群臣吏民能面刺寡人之过者,受上赏;上书谏寡人者,受中赏;能谤讥于市朝,闻寡人之耳者,受下赏。"

"谏"倒也常见,但"面刺""谤讥",可都不是听着舒服的话。前者是当面不客气的指责和批评,后者是背后的议论和牢骚。齐威王倒好,居然都受下了,而且还给赏赐。齐威王贵为诸侯,对吏民有生杀予夺大权,居然能够主动讨骂,其胸怀和智慧令人称道。

虚心接受批评的结果如何呢?

一开始是提批评意见的人"门庭若市",后来是"时时而间进",最后竟"虽欲言,无可进者",终至于使齐国"战胜于朝廷"。

后来的唐太宗,也同样善于接受他人的批评,由此创造了贞观之治的太平盛世。

接受他人批评的好处是显而易见的。

一些缺陷和错误，看起来无伤大碍，也无关"面子"，人们能乐于承认，如算错钱，认错人，走错门，拿错东西，做错了题目。但在另一些方面，比如在自身的工作态度和方法上，或者在思想和修养上，愉悦地接纳批评就没那么容易了。

这种情况在校园里见怪不怪。

有教师，因为学生在学校测评中，说他"整天凶巴巴的，让人看着害怕，真不想进这个教室"就勃然大怒，根据笔迹揪出学生，大骂一通，害得学生战战兢兢了很久；有教师，因为学生在网络上表达了对她的不满，说她像是到了"更年期"，心情"阴晴不定，难以捉摸"，就勒令该生做出选择——"要么在我班读书，要么你自己转班级"；有教师，在评课活动中，对坦率提出意见的老师心存芥蒂，久久难以释怀；有教师，在处理和家长的矛盾时过于冲动，惩罚学生简单粗暴，上课方式呆板落后，接受临时任务斤斤计较，监考纪律松散随便，上班时爱串门聊天，但从来不认为自己有什么问题。一旦有人坦率地对他进行批评，甚至只是在会上对此类现象做了不点名的提醒，他就大为光火，不但找种种理由为自己辩解，还对此耿耿于怀，认为别人是故意跟他过不去，于是闹情绪、发脾气，在工作中出工不出力，或者明里暗里以各种方式诋毁和报复他人。

在校园里，见得最多的是老师尖酸刻薄地训斥学生，学生毕恭毕敬地聆听教诲，然后真诚地写说明书，努力地克服缺点。很少看到有老师诚恳坦荡地接受他人的批评，认真地面对自己的过错和失误。或许是老师习惯了师者的角色，总想让自己看起来"完美"一些，却忘了自己也是一个会犯错、需完善的普通人；或许是老师日常课堂上的能说会道，让他习惯性地在他人的批评面前总是"能言善辩"——每种职业的从业者,都会自然地带有该职业独有的一些特点,包括优点和缺点。在我看来,特别好面子,不容易看到自身的过失,不容易接纳他人的批评,应该算是我们老师易犯的毛病。

我年轻时,也是如此忌讳批评,至今,也还未能完全做到闻过则喜。因为寝室管理考虑不周,我被校长当着家长的面大声训斥。当时,我气血上涌,立马反驳校长。后来,校办主任提醒我说:"你工作的确很努力,也很辛苦,但这不代表你已尽善尽美。校长批评你,即便场合不大妥当,你也应该虚心接受,否则,你还怎么进步呢?"后来,我当了主任、副校长和校长,工作涉及面广了,理解了校长等角色所承担的巨大压力。而随着岗位的变化、所承担的责任的增加和在各种场合讲话的增多,我犯错误和暴露错误的机会自然多起来。这招致了越来越多的批评和指责。有些是客观的,有些是不公平的,有些则非常尖锐甚至尖刻。听到批评,我本能地感到愤怒和憎恶。我曾一再辩解、否认,甚至反过来指责那些批评者。但我发现,这让我变得自大和封闭,无助于问题的解决。现在,我渐渐明白,一个人的胸怀和智慧,往往和他能够接受批评的能力成正比,当然,他成长的可能性和速度也与此成正比。诚如毛主席所言:"人不能没有批评和自我批评,那样一个人就不能进步。"

我日渐体会了"闻过则喜""有则改之,无则加勉"的深刻含义。我发现,即便那些听起来仿佛缺少善意的批评,也能促进我的深刻反思,帮助我发现自己忽视或者无视的一些过失。不管如何,作为一名教师和校长,我努力提醒自己,要多听反对意见,多听批评的声音。我深信,绝大多数的批评,无论是来自家长、学生或同事的,都是出于善意的。我更深信,所有的批评都可从自我修养和自我完善的角度中获得裨益——这或许就是古人分外珍视"诤友"的缘故吧。

　　一个人的进步是从他发觉自己的无知开始的。如果我们闭目塞听、刚愎自用，听不进任何批评，就意味着我们不仅无知于自己的无知，还无知于自己的狂妄、狭隘与怯弱。

　　每当看见教室门口，或者办公室里，或者是校园的某个角落，教师和学生相对而立，教师义正词严，学生惶恐恭敬，我就忍不住猜想：教师恐怕是这个世界上最爱批评别人的职业，却同时也是最容不下别人批评的职业了。

食堂里的样子

早晨,我独坐在角落里用餐。

两位班主任在离我不远的地方,轻声交谈。

他们在谈期末家长会如何组织的事情。一位是三十多岁的优秀班主任,另一位则是二十多岁的年轻人。那位老班主任,在教他如何分层次召开家长会,并提醒他如何让学生参与到家长会的组织和召开过程中来。

中餐时,我依然坐在那个角落里用餐,阳光从南边的窗户洒进来,把盘子里的菜都照得亮闪闪的。五六位老师在我身边坐着,同样小声地交谈着。

靠近我的几位,一边感慨现在的生源质量日趋下降,离异家庭的孩子越来越多,心理和品行有问题的孩子越来越多,矛盾越来越难处理;一边讨论如何尽可能做好关心、沟通和疏导工作。而其中一位五十来岁的老教师,则像导师一样指点他们如何去关爱这些孩子,努力让他们重新燃起自信和希望。

"其实,这些孩子本身就很不幸、很可怜,他们也是家庭问题的受害者,我们帮助他们就是在行善。"他满怀慈悲地说。

离他们稍远的几位同事则在那里谈如何制作蛋糕,其中一位据说在制作西餐方面很有研究。而我身后的一张餐桌上,几个人在谈假期旅游的体会和这次寒假的出游计划。说着说着,大家都笑了,笑得灿烂而优雅。

用餐后,他们一一起身。走到餐盘回收处,依次把纸巾扔在一个塑料桶里,把剩菜剩饭倒在另一个桶里,然后把餐盘整整齐齐地码好,又把勺子和筷子轻轻放在另一个塑料筐里。而后,他们到水槽边,接了自来水漱口。

饭后,我在校园里散步。三位在我校蹲点的校长,从教学楼前的樟树林里踱出,向我走来。

"校长,你们学校的老师素养很不错。"

"何以见得?"

"从餐厅吃饭、谈话就可以看出来。他们放盘子时轻轻的,而且放得很整齐;说话都轻声细语的,谈话的内容都有分寸、不出格。特别令人惊讶的是,有一些教师还在谈论业务问题。"

一位校长坦言,在他们学校,每到吃饭的时候,咋咋呼呼的,像一窝蜂,声音大不说,还经常开些比较低俗甚至非常露骨的玩笑,好像每餐饭时不说一说,菜吃起来就没有味道。

一位校长则认为,食堂很容易成为一些心态不好的老师发牢骚、生是非的地方。他们学校有的老师甚至中层干部,一到吃饭的时候,就总是几个人凑在一起骂待遇低,骂学生差,骂管理严,骂校领导无能,骂教育局无知;有的则是小题大做,捕风捉影,东家长西家短,搞得教研组内部不和、班子不团结、干群关系不睦,唯恐天下不乱。

校长们认为,食堂里,可以看得出一群教师的综合素养。

这个说法,我是有着深切的体会的。

我曾在多所学校工作过，有的学校就存在这样的问题。一到吃饭时间，食堂里的嘈杂喧嚣声，丝毫不亚于闹市，教师和在街头大排档吃喝拼酒的人没什么两样，丝毫看不出作为教育者的素养。有些人讲话毫无遮拦，全无忌讳，一开口就粗话连篇，国骂不断，一副"举世皆浊我独清"的样子。糟糕的是，他们说这些的时候，也不顾有的学生正坐在身边吃饭。我很担心，这些老师，在学生心里，还像不像他们自我感觉的那样良好。

自从担任校长后，教工在食堂里的用餐问题，我一直不敢掉以轻心。

我校教工餐厅在一楼，而学生餐厅在二楼、三楼，教工餐厅是学生用餐必经之地。教工的孩子，常夹在教工中吃饭。这些孩子之中有在我校就读的，也有些正在读小学和幼儿园。

教工们夙兴夜寐，忙于工作，无暇照顾孩子。我希望他们能够有时间和孩子一起吃吃饭、谈谈话，这或许是他们一天之中为数不多的亲子时间。而且，不同年龄的教职工的孩子，一起吃饭，身边坐着一群人们称之为"教师"的优雅的知识分子，这本身就是一种极好的获取教养的方式。我始终认为，一个孩子有幸生在教师家庭，而且能够从小就生活在校园里，生活在教师及其子女堆里，那这个孩子一定不容易低俗和平庸。

我时常提醒我的一些同事们，在食堂吃饭的时候要注意自己的一言一行。因为你的举手投足都代表着教师应有的素养，要为我们的学生，也为我们自己的孩子树立一个好的榜样。我们还在食堂里张贴了一些温馨的提示语，比如"春季养肝，夏季养心，秋季养肺，冬季养肾""将劳役者比，则优闲自乐；将疾病者比，则康健自乐""多读书以养胆气，顺时令以养元气"等，引导老师们注意养生、养心和养气的统一，并保持用餐时的高雅、优雅与静雅。我们希望，吃饭时候的老师们也能成为教育的一道风景。

起初，也有部分同事比较随意。筷子堆里挑挑拣拣，毫无顾忌地议论学生和家长,大声地吵闹,乱开玩笑,离开时餐桌上剩一堆残渣,用过的纸巾掉地上就径直走开,用过的餐盘随手一扔……

后来,我们反复提醒,也反复表扬那些在用餐中的优雅细节,不适当的行为逐渐销声匿迹。

现在,一旦有人把盘子放乱了,就会有人去收拾整齐;一旦有人把些许残渣掉在椅子上,就会有人马上拿纸巾擦干净,以便下一位就座。食堂里,渐渐显出文雅气来。

教师也只是凡人,生活紧张忙碌,充满压力。食堂是一个很好的放松、交流的地方。在用餐时,倾诉工作中的压抑,交流生活中的烦恼,探讨遭遇到的困难,彼此互相勉励和安慰、互相支持和帮助,有利于每个教工的身心健康。而适当的玩笑,自然必不可少。谈谈吃穿住行,议议收入高低,也在情理之中。教师没有必要时刻板着脸,装成不食人间烟火的神仙。

但教师是这样一个职业:他的一切不仅是他自己的一切,还常常成为影响学生成长的一部分。当教师出现在学生面前,他就不再是一个单独的个体,他必须成为一道"风景"。教师出现的地方,就该是教育存在的地方。他不能胡言乱语,更不能随心所欲。因为,教育远不仅仅是在课堂上,而课堂也远不仅仅是科目。

教师在食堂里的样子,深刻地影响着他在教室里的样子,更深刻地影响着他自己的孩子和他面对的学生。

也说教师不读书

著名杂文家、语文特级教师吴非说:"教师只有比学生善于学习,他才可能会'教',因而才可能是'师';也只有比学生更知道需要学习,他的'教'才可能是有价值的。"

关于教师不学习、不读书的话题,一直没有停歇过。

这个问题一直也没有得到很好的解决。

所以,忍不住还是说几句。

寒冬里的一日,经过教研组办公室,透过玻璃窗,恰好看到龚老师的桌上放着李希贵的《学生第一》。放假前,师训处让老师们自行挑选书目,学校购买赠阅,鼓励大家在假期时读点书。

龚老师是个年轻教师,工作才没几年,平日工作倒还认真,肯吃苦,不偷懒。那本书,从放假开始到结束,始终放在窗口。显然,他没有认真读过一页。

开学后,举行读书交流会,出乎意料地,他居然交了篇读书心得。后来他承认,并没有好好阅读,只是发下来的时候匆匆翻了翻,开学初,浏览了网上别人写的读后感,东拼西凑,算是交差了。

像龚老师那样的情况，每年都会出现。即便学校买了书赠送，一些老师也依然不愿花几天时间坐下来读一读。

顾黄初教授曾感慨，语文教师成了要别人读书而自己不读书的人。不只是语文教师，其他各科教师的情形何尝更好？

读书不仅是语文教师的事，它该成为每个教师的一种生活方式。

马卡连柯说过，学生可以原谅老师的严厉、刻板甚至吹毛求疵，但不能原谅他的不学无术。

由于不读书，我们就说教师不学无术，这有失公平。

因为学习的方式不限于捧书而读。认真琢磨每一堂课如何上得更好，每一个提问如何更巧，是学习；虚心地向身边的优秀班主任讨教如何把班级卫生搞得更好，是学习；坚持每周在老教师班上跟班听课，用心品味他人上课如何谋篇布局、驾轻就熟，如何以生为本、因材施教，也是学习；定期写反思文字，是学习；主动向学生征求意见，听听他们如何看待自己和自己的课堂，听听他们的期待和希望，努力克服弱点，改进工作，这同样是学习。

老师真的很忙，别说当班主任的忙，就是只教两个班级的语文、数学、英语、化学等科目的教师，备课、改作业、谈话、辅导，已经够你累得腰酸背痛、眼冒金星了，更别说还有那么多的活动要组织，那么多的检查要迎接，那么多的资料要整理，那么多的家长要沟通，那么多的培训和会议要参加。

每天都像陀螺一样转个不停，老师哪来心情和时间去读书呢？

也正因此，不读书成了众多教师们心安理得的选择。

我们无法否定教师工作的忙碌和繁杂，无法否认学校生活的紧张和充实，但我们同样无法否认，读书依然是教师最好的学习方式之一。读书能够让人的心沉潜下来,能让人学到自己所不了解、未掌握的知识和技能,能让自己走向一片更加深刻广阔的天空,能让自己站得更高、想得更远、走得更坚定。读书还能让人变得更加细腻敏感,并把这种特性转化为对学生的更多的尊重、理解、体谅和关爱。

我们也无法否认,只要你愿意,还是可以挤出时间来读书的。有意思的是,越是忙碌的人越有时间读书,他们懂得读书的重要性,也懂得挤时间读书的门道。当挤出时间来读书的时候,愈加有味而快乐。

在读书交流会上,我曾说,当我们觉得读书像看手机那样重要的时候,当我们觉得读书像打开电脑上网那样重要的时候,当我们觉得读书像每天吃饭那样重要的时候,当我们觉得读书像关注股票涨跌或者年终核计收入那样重要的时候,我们一定会有充分的时间来做这件事。

老师们都笑了。这是会心的微笑。

学校是学习的地方,是教人学习的地方,是学习者待的地方。学校是读书人教读书人的地方,是读书人教人读书的地方,是读书人共同生活的地方。

学而不厌,诲人不倦。教师自己首先是个学习者,且始终是个孜孜不倦的学习者,他才可能帮助学生培养终身有用的学习意识、习惯和品质。教师如果在学生面前展现的只是一个曾经的学习者的形象,那么,他不会比一台有声的录音机、一本无声的纸质书起到更好的作用。教育最具有魅力也最具有作用的地方之一,不是生动的言说,而恰恰是生动的展现。教师需要让学生感受到,他们的老师,还在学习,正在学习,始终行走在自我完善和提升的路上。

教师自己不懂得学习的重要性,如何教学生好学?教师自己不做刻苦的学习者,如何教学生勤学?教师自己不做一个快乐的学习者,如何教学生乐学？教师自己不善于学习，如何教学生会学？

台湾学者高希均曾经尖锐地指出：最庸俗的人是不读书的人，最吝啬的人是不买书的人，最可怜的人是与书无缘的人。

某老师在一所高中当中层，自觉怀才不遇，于是托人积极周旋，终于调到了某机关当办公室主任。在去机关前，他清理办公室，把学校里下发给教师读的书籍，全都扔到了垃圾堆里。

食堂师傅偶然在他办公室走廊的垃圾堆里，捡了几本书，其中就有《你在为谁工作》《犹太人为什么优秀》《不跪着教书》《创造一间幸福教室》等，这几本书依旧簇新，没有丝毫翻过的痕迹。食堂师傅如获至宝，拿回家自己读，还给读大学的女儿阅读。

正在读师范的食堂师傅的女儿，无论如何都不明白：这么好的书，怎么就白白弃之于垃圾堆呢？

食堂师傅上班之余，捧书而读。有老师发现后，惊问："为何你也读这个书？"

他回答："这个书很好看，读读很受用。"

之后，他又坦言，这是某老师丢在垃圾堆里，我捡来的。

老师听后，不再言语。

这位教师所在学校的校长告诉我这件事的时候，我同样无话可说。这时候，任何语言，都显得滑稽和多余。

据说，这样一位不爱读书的人，自身"综合素质"很出色，到机关后竟如鱼得水，势头正劲，前途无量。

这样的人到机关当领导之后，会给机关的作风带来什么影响？

这样的人有一天回到教育系统当了领导，或者说到某所学校当了校长，他会给教育、给学校的发展带来什么影响？

这样的人当父亲，又会给孩子的成长带来什么影响？

这样的人以前当老师的时候，是如何引导学生做一个对自己负责、热爱学习的人的？

我想都不敢想。

你会评价别人吗?

学期结束,学校按照惯例,在学生中调查教师的教学能力、课堂效率、师德垂范、作业批改、思想引领等情况,并列入教师个人考评。这些评议进行汇总后,又发给教师,供其对照反思。

有老师拿到结果,情绪激动,万分委屈,认为一些学生对他的评价有失公允,令人气愤和心冷。有些学生不懂得如何评价,拿到问卷,觉得报复教师、给自己出口恶气的时候到了,不管这位教师平时是否敬业精业,只要曾经让自己"不爽"的,就一律打最低等级的"不满意"或者"差"。

幸好,这样的学生并不太多,这些年来,总体而言,学生的评价大致能够反映出教师工作中的一些情况。且学生评价只是教师综合考评中的一部分,比例并不大。教师们大可不必如临大敌,如坐针毡,以"有则改之,无则加勉"的态度待之即可。

有的教师,因为个别学生不负责任的行为,就否定学生评价的必要性和积极意义。还有的教师认为学生是未成年人,不懂得分辨好坏优劣,其评价不足为信。

这未免有失公允。孩子们的内心,总比我们这些成人更单纯公正些,就像一面洁净的镜子，还未蒙上更多的尘垢，能更为客观地照出物体的真实面貌。倒是我们这些成人，有时因为太过世故和自我，反而容易带着更多的成见和私心，常不能公允地看待他人。

学校每年都要在教工中开展各种民主测评，比如干部提拔测评、领导班子年度评议、班主任工作民意测评、先进荣誉推荐测评、职称评聘测评、名优教师考核测评等等。

每次测评，总会出现一些意想不到的情况。有时是对某个干部的德、能、勤、绩、廉五个方面的全面否定，有时是对整个班子的全盘否定，有时是对被推荐为先进个人的教师或参评中高级职称者的悉数反对。

统计人员觉得不可思议：哪里会有一个部门或领导什么工作都没做好，百无一是的？哪里会有一个老师无论师德和能力、业绩什么都是差的？哪里会有所有参评的领导和老师没有一个称职的？

有一回，我们推荐一位在班主任工作方面异常出色的教师为先进个人，这位教师每天最早进班级，最迟离开学校，对学生关心爱护，对工作一丝不苟，从不马虎，所带的班级不仅学习好，其他各方面也都非常出色，学生和家长也非常敬重和喜欢她。就是这样一个班主任，在教职工民主测评中，居然有好几张对其全部否定的差评票。工作人员看到后大吃一惊，甚至有些义愤填膺，说："真不知道这些人怎么想的，这样优秀的老师都好意思全部打差？如果这样的老师都一无是处，我们学校哪里还有更好的老师让他们满意？"

人难免有自己的好恶与喜怒，并因此影响对他人的评价，但是，评价他人，并非一件简单的事情。评价的目的不是为了定性，而是为了促进和帮助。即便对象存在许多不足，我们评价的目的依然是为了提醒而非为了打击。这就要求我们每个人在对他人做出评价的时候，一定要坚守良知,抛开个人恩怨好恶,学会客观公正地进行审视和评判。就事论事,不偏不倚,爱而知其恶,憎而知其善,避免一叶障目,以偏概全,以情害理。

我们是成人,是教师,我们需要在对待他人和世界的态度和方法上,为学生做出成人和教师应有的人格垂范。我们自己断不能和个别无知、幼稚的学生一样出于个人恩怨借机报复、全盘否定。

在某校工作的时候,校领导班子之间有矛盾。某位领导让我给他的"仇敌"——另一位校领导的考核打差评。我表面点头,实际上还是按照自己的方式客观评价。曾经有位校领导,总喜欢阴沉着脸,动辄当众训斥我们年轻人,对上级却唯唯诺诺、满脸堆笑,他做事全凭个人好恶,待人亲疏分明,极为势利,我心里从未喜欢过他。而且,他还曾因为一点小事,专门扣发过我的在当时看来数目不小的奖金。他曾在许多方面刻意限制我的发展——当然,这是因为他不喜欢我。即便这样,在每年的校领导考评中,我从未给过他一个差评。在我看来,这个领导的确有许多令人无法喜欢的地方,但其工作能力和敬业精神也确有许多常人不及之处。如果我以自己的好恶简单否定他,那么,我和自己所厌恶的人还有什么不同呢?

有老师认为,如何评价他人是个人的权利和自由。我不喜欢,就全部"差"。我喜欢,就全部"优";对我有好处的我就全"满意",批评过或者扣过我奖金的自然全"不称职"。这是一种功利主义的标准,它容易让我们变得自私自利,狭隘偏激,从而做出对他人不公的评价。

校园里的评价,不仅涉及同事和领导,更多的还是对学生的影响。一些教师朋友不但对同事和领导评价时极其主观感性,在面对学生的时候更是刻薄尖酸。学生两三次忘记了交作业,就被斥为"没脑子";学生一次值日不仔细给班级扣了分,就被骂为"没责任心";学生偶尔激动冲老师发了一次火,就被断定为"没教养";学生说过背书结果没背,就被认定为"不守信用";因为教师节没有给老师送上祝福,就被指责为"没有良心";学生考上好的中学大学,没有写封信或者前来看望,就被骂"不懂感恩"等等。有的老师在和家长或同事的交谈中,论及某个孩子,动辄用"人品不好""太坏""懒惰""自私""笨死""死猪不怕开水烫""不道德""没有办法了"等评价妄下断语。即使是在学生成长档案上的评语,也很偏激、狭隘,对一些学生的厌恶、否定之情,字里行间,显而易见。

评价他人,常常有一个标准。这个标准,因人而异,但也因此,往往可以此观照出一个人的高下长短。康德曾说过:"要评判美,就要有一个有修养的心灵。"孔子也有"唯仁者能好人,能恶人"之言,这些话是有道理的。

老师,你还愿意去家访吗?

越来越多地听到一种声音:信息时代,联系方便,家访这种耗时耗力的方法,可以退出历史舞台了。

所以每逢假期,就会有这样的抱怨:

又要家访,烦都烦死了,哪有时间啊。

大半天才走一两家呢,有的地址还不一定找得到呢!

天天都在微信里聊了,还需要家访吗?

……

到底还要不要家访,成了一个时常被讨论的话题。

说家访必要者有之,说不必家访者更多,都有各自的理由。尤其是觉得不必要家访者,理由似乎更充分,也似乎更能赢得他人的支持。家访费时费力还费钱,不要说在当下这个急功近利、极度浮躁的时代,就是早二三十年,又有多少人愿意呢?

说到底,不愿意家访的原因,主要还是"效率"不高。投入多,产出少,和成绩的提高也没有太多的关系——有人就说:"我到某个学生家里去过 N 次了,可是人家就是'死猪不怕开水烫',照样旷课、拖作业、打架、上网、谈恋爱,家访啥用也没有。就算你住在他家里做他父母亲也不行。"

更主要的是,大家都觉得手机网络已经让教师和家长可以随时互动,不需要白费力气和时间去家访了。在许多学校,不但少有教师主动去家访,就是学校布置了家访任务后,也有不少人仅以电话或网络的方式和家长谈几句,就算"交差"了。

讲起效率,有的教育者真希望学生就是电脑上的一个空白文档,只要把自己需要教给他们的复制一下,粘贴上去就可以了,省得给自己添麻烦。我们常可听到"连猪都教会了,这个白痴还不会"之类的抱怨。

过于追求高效率和快节奏的方式,适合许多行业,却不适合教育。我们可能花了大把大把的时间和精力,而期盼的效果却只有那么一点点。教育的艰难和魅力,也恰恰在这样慢悠悠的节奏中。而教育的美丽,也常在于彼此慢慢地心灵沟通、理解、包容、认同、共生之中。这就需要作为主导一方的教育者,有足够的耐心,更有足够的爱心,愿意投入大量的时间来了解、研究、关心和帮助学生。

假如师生之间,如同一个大型企业里的员工,天天在一起紧张上班,按件计酬,面对的只是自己的机器,都不想说话,彼此也无暇交流,那么师生之间哪里会有心灵的交融和升华?

假如师生之间,如同都市里的那些邻居,天天在电梯上见个面,彼此匆匆一瞥,可是从来不知道你是谁,没有时间甚至也没有意愿去了解你是谁,这样认而不识、熟而不悉、近而不亲甚至彼此提防,如何能够实现对心灵的推动和促动?

进没进过学生家庭真是不一样的。

我当班主任的时候,曾经在开学前的暑假里,几乎走遍了所有学生的家。我清楚记得某个学生常年住在臭烘烘的鸭棚里，因为他家是养鸭子的。某个学生的家则在山脚下，只有他们一户人家，荒凉而安静，远远地就可以听到狗叫声，一走近家门，两只黄狗就蹿了出来。还有一个学生的家在二楼，四十多平方米的老房子里，住着她和爷爷奶奶。她父母离婚，被判给父亲，却和爷爷奶奶生活在一起。父亲做保安，母亲则在外做生意，极少回来，即便回来看她，也常和她父亲以及一家人闹得不欢而散……当我在班级里，因为他们的一点错误，而本能地生出焦躁甚至想要训斥责骂他们的念头的时候，就会蓦然想起他们背后的那个家，心就会变得柔软起来。

我的一位朋友从北方来到南方一所学校后，一度被学生和家长排斥，家长不断给校长写信反对他任教，学生在教师测评中也纷纷给他打了"不满意"。他是个认真的老师，对学生要求严格，教学成绩也不差，可他对学生不了解，也不体谅。除了分数，他对学生几乎一无所知。后来，这位朋友一一找学生谈话，而后更一家家地去家访。家长们看着他在周末、假日和晚上，牺牲本该和家人在一起的时间，骑着自行车到他们家里去，纷纷被感动了。这位朋友告诉我，实际上，当看到孩子们的家庭之后，在看到孩子们在家里、在父母眼里有那么多可爱之处后，他被深深地感动了。自然，这位朋友后来深受学生和家长欢迎。

家访正是这样，可以让你更加真切地了解你的学生，究竟来自哪里——他出生和成长的环境是怎样的；他有一对怎样的父母，有一个怎样的家庭；他之所以成为现在这个样子而不是你所希望的那个样子的原因是什么；他的周围是一个什么样的世界。了解这些，你眼前的孩子就会变得生动起来，不再只是一个简单的符号，更不会只是一个简单的分数。

学生在我们面前呈现的是同样穿着校服的孩子，是同样见到我们会毕恭毕敬叫"老师好"的孩子，是同样可以随时被我们惩罚去扫地的孩子。但他们来自迥然不同的世界，如同来自沙漠、森林和草原、海洋的不同动物，因为背景不同，而各自有着与众不同的爱好、习性和需求。可我们呢？却在给他们上着同样的课，布置着同样的作业，重复着同样的训导。我们所做的许多教育，根本是牛头不对马嘴，无法对症下药、因材施教。效果不好，我们还责怪学生太木讷，太愚笨，太顽劣，太没良心。

家访，可以让我们的教育变得更接近"人"这个对象本身，从而更加接地气，有生气。苏霍姆林斯基一生转化过近两百名在老师们看来难以教育的学生，他经常走进这些孩子家里，从家访中，找到这些孩子的"病因"，从而找到帮教之道。

有的老师一直反对家访，理由和文章开头一样，认为对于一些学生来说，再怎么家访都是没有用的。听听他们的话，就可知道，在他们眼里，只有孩子表现不好了，老师才有必要去家访，家访只是为了让家长陪着老师一起来"管教"学生，为学生立"规矩"，最后解决老师的"麻烦"而已，并不是真诚地关心学生的成长。抱着这样的目的，家访自然是毫无意义的。

我固执地认为，在学生的生命中，没有几个人会走进他家的那座房子。你走进去，你就成了他们家的一员了。更主要的是，很多时候，我们不该急切地抱着为了改变学生的目的去家访，而应本着关心、关爱的目的。当学生发现自己在老师心中是多么重要，以至于值得老师花费那么多精力与时间去了解和陪伴的时候，心中的感动是可想而知的。这种感动，或许不会直接体现在成绩上，甚至不会很快体现在行动的改变上，但是，这种感动本身，一定会扎根在学生的心底，在某个时刻，会温暖他的心灵，或者会照亮他心中的某个角落——而这恰是教育的力量和价值。

师生之间，本来就不该只局限于校园，不该局限于教和学、讲课和听课。他们的生活和生命应该呈现出网状的交错融合。他们生活时空的交集越多，彼此的精神交流就一定越多，而两个生命之间的彼此感染和影响也就一定更深刻和丰富，这样的教育也一定更加动人。

有人总担心家长怕麻烦，不欢迎教师家访。从我们身边许多重视家访的班主任那里获得的经验表明，一些家长并非不喜欢家访，而是不知道家访可以给他们的孩子带来什么。家长不喜欢，也可能是因为害怕老师总是告状和指责或"找麻烦"，没意思。也可能是家长真害怕接待，比如，要搞卫生、整理家务，把家打扮得干净美观些等等。还有的则可能因为家境不好，或者是夫妻离异等，不希望老师知道，希望给自己和孩子保留一个"面子"……所有这些，一定是因为家长尚未真正感受到老师充分的善意，一定是因为教师还未能成为家长心中的"自己人"。而学生之所以不喜欢家访，恐怕也与此有关。

教师应当是学生和家长心中的"自己人"，而学生也理当是教师心中的"自己人"，师生应当成为彼此生命中的家人、亲人和朋友。教师始终应该是学生生命中的重要他人——除了父母，极少有比教师更重要的人了。我们不仅仅肩负着尊重和满足学生合理需要的责任，还担负着引领他们发展、帮助他们拥有幸福生活能力的使命。家访并非只是教师工作的一种方式方法而已，它本身就是教师教育生活的一部分，甚至是教师教育责任的一部分。

高度发达的通讯和交通工具，让彼此的交流变得越来越便捷，而师生之间、学校和家长之间却变得越来越遥远，越来越陌生。

我们已经渐渐遗忘了内心最真实的美好，那就是，为了一个你真正该关心的人而付出或者说牺牲一些时间。

这种遗忘，不独属于一些教师，或许也属于一些家长。彼此，只有公私分明的戒备和刻意保持的距离——当教育失去了爱心和真心，难免会成为一场斤斤计较、处处设防的交易。

我常常想象这样一个画面：寒冬时节，一个孩子和他的父母靠在屋檐下的椅子上晒太阳，鸟雀在门前的树上欢叫。这时候，有人敲门，孩子跑过去："妈，我们老师来了。"父亲和母亲赶紧起身，把老师从门外的寒风中迎进来。当老师走进孩子家的院子里的时候，他们整个家都变得更加敞亮和温暖了。

这样的场景，有一日，会不会变成教育的一种奢望？

除了分数，你关心过什么？

和一位年轻的教师朋友谈话。

这位朋友自感比较努力，对学生要求严格，教学成绩也在上升。学生和家长却不满意，多次给学校来电或来信抱怨。比如，他对学生和家长态度较为蛮横，无法接受学生和家长的意见；课堂教学枯燥乏味，经常让学生自己对照他从网上下载来的课件学习，学生感到没效果；说话语速太快，发音模糊，学生听不清楚等。

在学生对教师的满意度测评中，他自然排名靠后。

他找到我，倾诉自己的苦闷："我经常下班级去辅导，中午经常不休息，我对学生这么负责，我所教的班级成绩也不差，为什么学生这样对待我？"

我发现，在他的倾诉中，除了讲学习和成绩，不曾讲别的。在他看来，只要自己努力去抓学生的学习，只要学生的成绩还不错，学生和家长就不该有意见。

我问他：为什么有的老师教学质量并不出色，学生和家长却比较认同和喜欢呢？对学生，除了分数之外，你关心过他们的什么？除了学习，你还了解他们什么？

我建议他多关心学生学习以外的东西。

我告诉他，教师和学生的关系，绝不仅仅是教和学的关系，更不仅仅是知识的传授和接受的关系，而应该是生命与生命的交融，是生活与生活的交流，是思想和思想的交汇，是情感与情感的交通。如果仅仅是知识的传授和接受关系，那么，师生关系就会冰冷单调，"命悬一线"，自然容易发生断裂和冲突。

单向的关系是最不稳定的。你必须和学生建立丰富多样的生活的、思想的、情感的联系。这些比知识的联系更为重要，而且往往决定着你和学生知识联系的亲密度。

你对学生分数以外的东西关心和关注得越多，学生对你就会越信赖，对你任教的学科就会越热爱，他的成绩自然就会越好。

他好像一下子明白过来，说："校长，我明白了。过去，除了学习，我真的很少去关心学生别的东西，也很少和他们谈别的事情。"

我不知道一次简短而直接的谈话，是不是真的对他有所触动。

有太多的老师，并不能理解这一切。除了学生的分数，他们对别的一概不感兴趣——或者觉得毫无必要。

多年前，有个学生来信说：非常怀念你教我们的日子，和我们像朋友一样谈家庭、谈生活，甚至谈自己的大学时期的恋爱生活；你总是在许多事上关心我们。现在的老师，却从来不找我们谈话，在他眼里，我们只是一个个分数而已……

那些年，我作为语文老师，时常和学生聚在一起。下课去班级走走，中午去班级看看，有空就请几个学生到办公室聊聊。我还用心在一本名册上简要记录自己与每个学生每学期谈话的次数、内容。我喜欢问他们的家庭、爱好、梦想、困惑、困难、对过去老师的看法和对现在老师的希望等等。

上课的时候，我也绝不仅仅讲课堂内容。我给学生读新闻、读美文，谈学校里最近发生的人与事，谈班级同学中的一些现象与思考。每逢下雪，我就利用语文课带学生打雪仗；春天来了，我带他们到校园外的田野里、小河边去采摘野草莓；到了六一节，即使他们是高中生，我也想办法让他们过上一个别致的"儿童节"，让他们品尝儿时吃过的零食；上课的时候，看到窗外有人在砍树枝，我就会突然停下来，让他们猜猜为什么要砍掉树枝；如果遇上风雨大作，我还会让学生现场聆听雨声，谈谈自己对雨的感受；我还把每个学生的生日记在笔记本上，一到日子，就送上我为他个人精心挑选的一本好书；我还喜欢向他们敞露我自己的内心世界和过去的经历，我谈自己高中时候面对异性的好奇，谈自己工作后还曾经和同事打架，谈自己一直以来有性子急、说话偏激的毛病。

总之，无论是在课内还是课外，我都希望他们能够热爱学习，热爱学校，热爱生活。但我并不急于直接谈成绩抓学习，我特别喜欢和学生一起享受彼此信任、了解、理解与关注、关爱的感觉。即使我找一位学习成绩不好的同学来谈话，即使我是如何急切地希望他提高学习成绩，我也很少直奔主题，而是喜欢看似漫无边际地和他聊聊，回顾我自己的学习和成长经历，如同面对一位多年未见的老友。

我总觉得，一个人的学习成绩与学习能力的提高，与其说是从学习的实践中得来的，还不如说更多是从个人内心世界里对生活的热爱、对教师的信任以及对责任的理解等诸多别的方面而得来的。我的语文课，看起来总不大像语文课，学生也觉得上课如同在听我聊天，东拉西扯，更像是思品课。奇怪的是，我所任教班级的语文成绩还一直名列年级前茅。

有个班级,学习成绩一直呈下降趋势。班主任很着急,早出晚归,几乎整天都围着学生转,也花了许多时间抓学习,效果并不好,成绩依然一蹶不振。她感到束手无策。

我问她,你进过几位学生的家里?她支支吾吾说没几个。我说,你如果到每个学生的家里去走走,可能会找到一些想要的东西。

第二次和我谈话的时候,她显然已经是另一种面貌。

她谈一个学生自小母亲就离家出走,只有父亲带她,父亲又不幸残疾,所以这个学生很可怜,学习没人管,生病都没人疼;她说有个学生母亲生了弟弟就对她不关心,所以自暴自弃;她说还有个学生总是喜欢和一群社会上的人在一起,这样下去很危险;她说有个男生总是借口做作业,在家里关起门来打游戏直到凌晨……

听到这些,我对她完全放心了。我知道,这样的老师,已经对学生有了发自内心的真正的爱。有了爱,才会努力去了解;有了了解,就会找到适合的方法与途径。在她的眼里,学生不再是一个简单的分数的符号,更不是只能用分数来"回报"老师的工具。我相信,她不仅在帮助学生,也在帮助她自己从一条狭隘的道路上走出来。

有的老师,总认为自己勤勤恳恳备课、上课、改作业,也经常找学生谈话,就是一个热爱学生、对学生负责的好老师了。他对学生的好和爱,其实,只是对分数和成绩的好和爱罢了。

当他的眼里只有分数和成绩的时候,学生作为一个丰富生动的人,早已经在他心里消失了。

是的,学生作为个体的"人"消失了。

杭州学军中学的陈立群校长认为,爱与责任是教育永恒的灵魂。教师要从内心里树立起爱心。他认为,爱学生的个性、爱学生间的差异,是教育的"真爱";爱聪明、爱分数、爱长相,是教育的"假爱";爱家长的地位、爱财物,是教育的"错爱"。

陈校长的观点切中时弊,令人耳目一新。

教育如果只剩下了冷冰冰的分数,师生间如果只剩下知识的连接,那么,教育的天地就会狭隘单调,如同监狱,哪里还有什么魅力和美丽可言呢?

学生不是人质

学生不是人质

你说,为了学校,你多次中途接班,每次都付出了极大的努力,而且学生成绩进步明显。

可你没想到,仅仅因为自己在监考中漏收试卷,就被领导在大会上不点名批评,还在年度考核中被扣了分。

你感到心灰意冷。

你说,教师干的是良心活儿,我为学校做了这么多,学校都忘了;因为一点小错误,就扣我的分,我总算明白了,我还这么苦干什么?要偷懒,最容易了,还要别人教吗?

于是你常常不去教室,放任学生在教室里玩够乐够;你对学生歪歪斜斜的课间操队伍视而不见。批阅作业时也马马虎虎。

你班级学生的成绩自然就下来了。

你说,如果领导找你谈话,批评你,就准备走人,大不了不在这里待!

后来领导终于坐不住了,找你谈话。你得到了肯定后,才开始像过去那样好好做事。

告诉我这些的时候,你的语气中充满了自豪和胜利的喜悦。

我知道，你有"底气"与学校"叫板"，因为你业务优秀，是区域内小有些名气的学科名师和班主任。

虽然你是我多年的朋友，听了以后，我却并未为你感到开心。相反，我感到心情沉重，为你感到不安，不客气地说，我甚至为你感到羞愧。

这种羞愧，我自己也曾有过。

我年轻的时候，和你一样勤奋向上，凡事追求最好，当然，也因此近乎好胜好斗，又自命不凡。

在业务上我从不肯落于人后，无论教学还是带班，成绩都要名列前茅；在人际交往中，我也锱铢必较，不肯吃半点亏。

我自认为是学校里不可或缺的角色，曾为学校立下"汗马功劳"。

后来，我对学校领导的某项人事调整不满，就消极怠工，该管的不管，该说的不说，必须做的只求做过就行了，以至于一位要好的同事正告我："你这种状态不仅对学校不利，对你自己也不利，要知道，工作首先是你自己的，要对得起自己。"

回忆起这段为时近半年的经历，我至今仍懊悔和自责，并深感羞愧。我由此窥见了自己的狭隘和自私——一个人如果仅仅依靠情绪和感觉来工作，难免会如此。

不知道你是否记得，你曾经告诉我，你校的领导比较开明，听得进你的许多意见；你还告诉我，你们学校的校长，看到老师们的一点进步都会肯定和表扬，当然，你也多次被热情地表扬过；你说，你感到校长对你敬重有加。

我无法理解，仅仅因为一次批评，你就如此憎恨你学校的领导，并因此决定放松自我要求，甚至放弃教育责任，以此作为要挟和报复。

我无意和你讨论那次领导不点名批评和考核扣分的做法究竟是否

妥当，我只是想告诉你：不要把学生当人质。

在学校生活中，我们难免会遭遇不如意和不愉快。或许某个领导的某些做法不是很妥当，某些言辞不够委婉让你难堪；或许某些制度还不够完善，对你来说有失公平；或许你没有及时获得该得到的支持；或许你的困难和苦处，没有被理解和体恤；或许你工作上的过失有客观原因，而领导却并不认同你的解释……这些，都会让你感到委屈，愤愤不平，心生怨气。

但这并不能成为你推卸责任的理由，更不能为了报复学校，便使学生的利益受到侵害。他们每天怀着单纯之心和敬爱之情，等待着你走进教室，走进他们的心灵。他们本该得到全心全意的爱护和教导，而你却以自己的私念和私情，背叛了这种信任和期待。你将自己认为的"不公平"，转嫁给了那些可爱而无辜的孩子！

说到底，还是因为我们容易忘记自己为谁而工作。我们总以为自己是为学校或校长而工作，以为是为学生或家长而工作，却不知道，恰是为了自己而工作，是为了让自己生活得更有成就感和幸福感，更有价值感和尊严感，是为了让自己得以过上完满而幸福的人生，让自己成为完整而健康的社会人。

说到底，我们还不理解教师工作所带来的庄严感。教师这份工作和其他工作的最大区别，恐怕就是对从业者的道德修养要求之严格。教师应当为人师表，时时处处做学生的榜样，并以自己的一举一动，带领学生走向高尚和美好。当你任性地撂摊子，把工作当作宣泄的工具，把学生当作报复对象的时候，你所展现出来的，是缺乏理智和道德的形象。即便你在"师能"上技艺超群，你在"师表""师德"上也早已经黯然失色。

我真怀疑,当你带着战胜学校或领导的姿态走进学校,走近学生的时候,学生是否还会在心底依然把你当作过去那位令人敬仰的老师来看待。即便单纯善良的学生会,我还是怀疑,你是否真的还能拥有那份自信和自豪。

当然,像你我一样曾经任性而为的教育者,绝非个案。

有位教师,曾经在市里和省里获过许多奖,就因为在分配临时任务的时候和分管领导一言不合,愤然请假,当天下午的课就不上了。学校无奈,只好改成自习。还有位名优教师,因没有被提拔,就开始放松教学,放任学生,甚至动辄到医院开证明请病假。那时候,再过半年就要高考了,学生和家长万分焦急,他却宁可称病在家看电视、到公园打太极拳,也不来学校上课。后来,他又提出调动的要求,希望能到另一所学校去任中层。学校答应了,他到了那所学校后,最终没当成中层干部。那所学校的校长知道他的具体情况后,同样拒绝提拔他任中层,尽管他是位不可多得的学科名师。

那位校长是明智的。名优教师首先要具备良好的职业精神,特别是对自己所从事的工作要心怀敬畏和感恩,并由此产生坚定而强烈的使命感和责任感。而这种职业精神,在风平浪静的时候,是最不易看出分别来的。一旦遭受挫折或者经受委屈的时候,或者在缺乏监督的时候,就会一下子显现出来——而这,也正是我替你感到担忧,并为之羞愧的原因。

这些年,我们时常看到这样的新闻:某小学校长,开学初,新生报到,居然要家长"意思意思";某中学教师,因为学生在教师节不送礼,就对学生厉声叱骂;某大学教授,拿学位论文答辩和学科考试成绩来威胁学生和他发生性关系。对这样的教育败类,我们义愤填膺,他们玷辱了教师这一职业。

我们还特别愤怒地看到因自己生活上的失意而迁怒于他人，残害无辜的案例：厦门公交车爆炸案、南平血案、杭州公交车纵火案……我们每每这样谴责他们：为什么要把自己的不幸和痛苦，转嫁给无辜的人们?!有什么权力肆意剥夺他人的生命！

恕我直言，很少会有人扪心自问：学校里那些动辄迁怒学生，动辄以一己之私、一己之怒、一己之怨而放弃责任，把学生当人质的行为，与因为人生失意而报复社会、伤害无辜的暴行，真的有太大的区别吗？

没有差生，要我们教师干什么？

一定有人反感我提这个词：差生。

老师们也不敢再在公开场合提这个词。

观念的转变，可以为教育前行提供动力和方向保障，但知与行之间，总有一段较长的道路要走。对"差生"这一称呼的讳莫如深，并没有真正让我们的日常教育为差生做出太多的改变和改善。

虽然不敢公开称一些学生为"差生"，虽然开始把这些学生换了个好听的名字，比如"后进生""潜力生""问题生""待优生"等，但在一些老师眼里，这些学生的身份没变，而老师们内心里对他们的态度一如既往，他们依然还是"差生"。

所谓的"差生"，通常包含这么一些特点：不爱学习，或者学习跟不上，总是拉班级"后腿"；爱捣蛋，常犯错误，比如迟到、吵闹、拖拉、抄作业等，常给班级带来负面影响；行为习惯甚至思想品德有些问题，自私自我，目无"尊长"，甚至偷盗、欺骗、敲诈等；性格有缺陷，偏激极端，或者急躁粗暴等，不讨人喜欢；心理行为有问题，自闭、抑郁，或者有暴力倾向等等。

如果学生成绩很优秀，而其他方面有问题，老师会感到非常"可惜"，也会千方百计去帮助他、关爱他,努力让他保持优秀的成绩;如果成绩不理想,老师眼里的他就纯粹是负担和包袱,要么努力"改造"他,要么就努力"冷落"他,要么就努力"排挤"他,让他主动提出转学或退学申请。

老师们永远喜欢那些不会犯错,一教就会,甚至不教自会的德才兼备、品学兼优的好学生;老师们不喜欢那些屡教不会、屡教不改、软硬不吃、死活不怕的"差生"。前者让人事半功倍,产生巨大的成就感,后者让人事倍功半,产生强烈的挫败感。

因而,"差生"广受厌弃。

老师们喜欢优秀生,而憎恶差生,一个主要的原因是自己的怠惰感。

优秀学生,少让人操心,你可以很随意地上课,甚至上课不佳,学生依然会通过自学弥补你教学的不足。我就见过一位教师教学糟糕透顶,学生无可奈何,为了不落人后,只好拼命学习,或者请家教,结果,他班级中的部分学生反而较为出色。但你问问学生,他们对该教师除了摇头还是摇头。家长们则坦率地说,是靠我们家长自己或请家教教出来的。

而差生,你即便加倍努力,却依然不见效。优生如同机动车,发动之后,自己就会行走,你只需要把好方向盘,踩好刹车;而差生,则就是那上坡的自行车,你踩一踩,它才会动一动,甚至你费劲地踩,依然可能无法迫使他前进几步。总之,差生让人费神费力,不省心。

常听老师悲叹:他一个人花了我多少时间啊!有的学生从来不用我多说,就知道怎么去做。这真是盏不省油的灯!

从这个角度说,厌恶差生,源自老师一种自我与自私的本能。

假如我们面对的每个学生,尽是高度自觉自律、品学兼优的好学生。试问,我们拿什么去教他们?我们真的有能力去教他们吗?我们有资格去做他们的老师吗?

我们有的老师随随便便上课，随随便便说话，随随便便批阅作业，随随便便和学生交往，却容不下学生一丝的偷懒和闪失。假如他的学生真的全都足够优秀，我真担心他每天的教育生活将会洋相百出，破绽迭出——那时候，他拿什么赢得学生的尊敬和家长的敬重？

如果我们的学生可以离开我们而自主学习，甚至学得更好，那么，每个学生完全可以通过网络和书籍，自行解决学习中的所有问题，学生、家长和社会凭什么还需要我们这些教师的存在？国家和政府凭什么还需要为我们支付薪酬？

在北京、广东、浙江、上海等地，一些企业已经开始了信息化、自动化的改造与探索，逐步用机器人来代替工人。许多工人面临着无"工"可"打"的窘境。据说，富士康公司就已经有一半工人被机器人所替代。有人预言，今后五年，我国有510万人工工作岗位将消失。再过几年，加油站服务员和高速公路收费员以及银行柜台服务员等许多职业，都将被计算机所替代。

而教师，并不在消失职业之列。

教师之所以无法被机器替代，一个重要原因，就是众多问题学生和学生问题的存在。尤其是，有着许多问题的"差生"的存在。他们的存在，让我们以"费神费力"的形式显现出教师这个职业继续存在的价值和意义。

我们作为教育者的专业智慧和素养，因为众多差生的存在，而得以丰富和发展。教育学理论的不断发展，正是基于对众多问题学生和学生问题的实证研究。

因为有不爱读书的差生，我们努力追求更加生动有趣的课堂；因为有不能自律的差生，我们努力探索唤醒学生自律意识的方法；因为有过分自私的差生，我们竭力开展爱与合作的教育；因为有急躁冲动的差生，我们竭力寻找使人理性生活的途径。教育科学之所以无比深厚与广博，很大程度上，不是因为我们幸运地遇见了多少出类拔萃的优秀学生，而是因为我们遭遇了不愿面对、也害怕面对的众多"差生"。

教育学之所以成为一门学问，恰是因为我们需要天天面对众多的"差生"。差生及其"差"的问题，往往就是教育需要解决的重要问题，他们构成了我们教育人及教育学不断前进的基础性推动力。

假如说，遭遇问题和解决问题，应该成为任何一种职业的生活常态，那么，遭遇差生，并在和差生共舞中学会实现教育目的、履行教育使命，就应该成为我们教师的职业常态。

无论差生如何让我们心力交瘁、头疼抓狂，我们依然应该感谢他们。正是差生，使教师的心智变得成熟，胸怀变得开阔，情感变得丰富，信仰变得坚定。

差生之所以成为差生，也常并不全是学生自己的过错，甚至并不完全是学生真的"差"，而是我们的教育评价机制和价值取向出了问题。

我们不能要求石榴在春天开花，也不能要求桃树在秋天结果；我们无法让金丝楠木长得像香樟树那么迅速，更无法让竹子长得像花梨木那样坚硬；我们同样不能要求鸭子和猴子一样上树，也不能要求猴子像鱼儿一样在水下畅游。

每一种植物都有其特殊的生长规律，每一种动物都有其特殊的生活习性。天生我材必有用。每个学生都有其特殊的生命价值，这些价值常常不是他和别人相似的地方，而潜藏于他与众不同的天性之中。

我们的教育习惯于舍异求同，习惯于拿普通标准来要求特殊个体，并以此判断其优劣成败。许多差生，就这样，被我们"评"了出来，"选"了出来,"培养"了出来。所以,有人说,差生,也是我们"教"出来的。

魏书生老师曾说:"当班主任就是为学生服务的,要发现每个学生人性中最美的地方,启发激励他,让他成才。在我眼里从来没有差生的概念。"真正的教育者眼里,就该如此:只有差异,没有差生。学生是发展中的人,正如不要在冬天砍倒一棵树,我们不能轻易对学生下结论。

陶行知说:"你的教鞭下有瓦特,你的冷眼里有牛顿,你的讥笑里有爱迪生。"浙江的优秀班主任朱永春说:"学生是什么?在有远见的老师眼中,他们是提前十年与你认识的演艺明星,他们是提前二十年与你认识的博士生导师,他们是提前三十年与你认识的商界巨子,他们是提前四十年与你认识的国家领袖。"一位奥克兰大学的工程系教授,如此对拿到成绩单的学生说:"先恭喜那些拿到 A 的同学,相信你们以后必定会成为非常优秀的工程师。拿到 B 的同学们,你们以后很可能像我一样,站在讲台上教育下一届的工程界精英。拿 C 的同学们,不难设计出一些举世瞩目的建筑。而那些没通过考试的同学们,或许你们将是下一个比尔·盖茨。"

这种眼光是发展的眼光,也是教育的眼光。

不得不承认这样一个事实:差生通常也是那些承受了教师最多的打击和最多的教育失误的学生,正是他们的默默承受、宽容大度,引导我们的一个个教育者由稚嫩走向成熟,从冲动走向稳健,从狭隘走向博爱。在我们厌恶差生之"差"的时候,也通常把教师最糟糕的一面展示给了学生。

我们随意向他们发火,还觉得理直气壮;我们率性地处罚他们扫地或写检讨书,还以关心的名义;我们毫无顾忌地把一些难听的词和评价砸向他们,还拒绝反省。

当我们以为他们此后会对我们心怀仇恨，第二天，在校园的树荫下或餐厅里，我们依然可以遇见他们灿烂的笑脸和恭敬的问候。而在毕业之后，当许多我们眼中的优秀生从此音讯杳无的时候，这些差生，倒还隔三岔五来个电话或者来张卡片，向你道谢，并问候你的健康。他们让你懂得，一个人可以如此豁达和善解人意，一个人可以如此心怀感恩并善于宽容。

当我们以各种主观性的标准来衡量评判学生，并想要草率地给他们贴上各种差生的标签的时候，别忘了反问自己：我们自己尽到了发现和培育学生的责任没有？我们是不是具备足够专业的眼光？是不是具有足够专业的精神？是不是具有足够专业的能力和才华？

喜爱优生，是教师的天性；厌恶差生，是教师的惰性；但关爱差生，却是任何一位教师都不该丢弃的良心。

当我们每天走进教室的时候，每天面对那些我们并不喜欢的差生的时候，都该深深吸一口气，让自己变得冷静而理性，然后，以感恩的心态，以欣赏的眼光，去发现他们，帮助他们，唤醒他们，提升他们。

这是我们必须面对的工作，也是我们职业生活中最重要、最富有挑战，且最富有价值的部分。

每一个孩子都是独特的

有幸参加一次特级教师培训班,得以近距离了解一所特殊教育学校——杨绫子学校。

校长告诉我们,这里的孩子有的有多动症,有的有自闭症,有的患脑瘫,有的有智力缺陷,有的患有多重障碍,每一个孩子都不一样,每一个孩子都需要教师特别的关爱和教育。

她的理念就是"尊重生命,以爱育人",努力让每一个特殊的孩子得到适合的教育和平等的发展机会。

她自豪地告诉我们,一个学生毕业后当上了公交车驾驶员,还结了婚;她还自豪地告诉我们,一个学生在一家大型外企当服务员,和一些大学生领着同样的工资。

常人看来,特殊教育学校的老师是很难有成就感的。她说,能够帮助学生学会基本的生活自理能力,就是一种莫大的成就。至于上述那几位还能够养活自己或者成家立业的,则更是让人无比欣慰了。

就这样,她平静地讲述着校园里的一个个故事,没有激情,也没有技巧,仿佛在述说他人的故事。但她的介绍,别有一种动人的力量,让我们这些听惯了专家学者讲座的所谓的"特级教师"们备受感动，几位女教师甚至泪水涟涟。

主持会议的是浙江外国语学院的一位院长。他动情地说，他一开始就被这所学校给镇住了。他说，这是一所美丽的学校，这是一位美丽的校长。

他说，为什么校长给人的感觉这么美，因为她身上有一种发自内心的对他人的关爱的美。只有富有爱心的人，才会具有这种吸引人的美的气质。他开玩笑说，自己的爱人喜欢上美容院去做美容，其实这是治标不治本的。真正的美丽，就应该是这位女校长这样，发自内心地对他人关爱，这样的爱往往能够让人具有一种自内而外的彻底的美丽。他幽默地说，真后悔没带爱人来听听这位校长的介绍，看看什么才是真正的美。

如他所言，在这里，我们的确感受到了一种真正的教育之美：尊重生命，关爱每一个，不抛弃；因材施教，帮助每一个，不放弃。

这里的每个学生都那么特殊、脆弱，每一个生命都那么艰难、不幸。这里的老师，必须把每一个孩子当作自己的教育对象，去尊重和关爱。而最好的尊重与关爱，就是把每一个学生当作课题去研究，尊重个体的独特性，努力发挥每个个体的生命活力和潜能。据说，他们对每个学生都做入学评估，然后针对其身心状况，制订特别的教育、康复或者治疗方案，并始终保持动态跟踪评估。

这需要教师极大的爱心和耐心。

我先后走进三个教室去听课，这里每个班级中只有五六个学生，多的也只有十个左右。

一个班级里，老师在教学生写竖折钩，四个学生中，一个斜着身子在摇椅子，一个抖着肩膀唱着歌，一个呢，由老师手把手教着，还有一个孩子,则认真但非常缓慢地在书写。

"阿宝,怎么用嘴巴写字呀!"

"阿宝,你怎么用嘴巴写字呢?"

"阿宝,听到了吗?怎么还在唱呀?"

老师抬起头,连续温柔地提醒了三次,阿宝才停止了唱歌,埋下头,开始画,但双腿抖个不停,嘴里依然轻声哼着。

另一个教室,老师在教学生认识钱币。老师拿出四张一元的模拟钱币(这是他们的校园流通币,和人民币非常相似),在黑板上一张一张排出来,教学生数出来。

五个学生,一个个都努力地将钱币在桌上排开。有的排不开,在那里发呆。有的苦思冥想,喃喃自语:"一张,一张,一张。"还有的干脆趴在桌上,什么都不说。一个学生数好了,却目光呆滞:"老师,我好啦,四张,我好啦,四张。"

老师走过去,"好的,数出来了,四元钱,真不错,其他同学加油。"

有个班级,也是五个人。老师在教学生折叠裤子。见我进去,一个十来岁的女生腾地起立,大声嚷道:"叔叔,那里有凳子。"一个男孩立马转过身来,看到我,口齿不清地叫道:"叔叔好,叔叔好。"有个学生看见我在拍照,就说:"叔叔,给我照一个。"一个则坐在那里,不知所措。我的到来显然干扰了他们上课。我连声向老师和同学们道歉,赶紧退了出来。

在一个教室外,透过窗户,可以看到两位教师。一位坐在学生身边,给孩子穿衣服;一位站在那里,握住学生的手,不知道在交流着什么。

放学的时候,穿着黄色校服的孩子们一个个走出来。有的向老师不停挥手,有的不住地大声说再见。有的则目光呆滞,流着口水,径直走着。还有一个一米七几的大男孩双手捂着脸走路,害怕见人。

一同考察的学员们边走边看,感慨这里的老师真不容易,因为每个孩子都不容易教。这里的孩子又很幸福,因为他们没有一个会被抛弃与忽视。

听说,在这所学校里,没有一个学生像我们普通学校的正常孩子那样,可以一次就教会的。在普通孩子那里很简单的事情,比如数数字、上厕所、洗手、唱歌、认字等等,在这里却要花上数十倍甚至上百倍的力气和时间。有一个学生入学后多年,直到11岁才学会说话。当这个孩子能够较为流畅地说话的时候,老师和父母都激动万分。

听说,在这所学校里,有一个八年级的孩子,老师让他写日记。他花了一个多小时只写了50个字。其中还有四五个错别字,而且语句非常简单,全文几乎没有标点符号。老师还是把他的日记发表在了校园网上。想不到,这对孩子起到了很好的激励作用,孩子渐渐开始写完整的日记。

听说,在这所学校里,有一个孩子毕业了,老师为了让她回归社会,努力过上正常人的生活,把她送到残疾人就业市场去,恳求一家超市收留她。这个孩子上了三天班,就不肯去了,几位老师轮番上阵,好说歹说,才又说服她继续去上班。老师们知道,唯有走入社会,才能让孩子逐渐融入社会,不至于远离现实生活。

我们许多普通学校,虽然也宣扬为每个学生的成长负责,领导和教师也早出晚归陪伴和守护着学生,可是,在一些校长和教师的心里常常只揣着那几个优秀生,眼睛呢,也总盯着优秀率。至于班级里那些不爱学习的、不安心学习的、不会学习的,或者是那些心理或品行有些问题的学生,只求他们平安无事。这些孩子,就是我们常说的"特殊生""问题生""后进生"。在一些教育者那里,他们成了眼中钉、心头刺、班里的垃圾、身上的包袱,"于国于家无望""于人于己无用"。尊重常常谈不上,更别说关爱了。

一些老师，起初对他们也真诚关心过，帮助过，但看到别的学生都会了，他们还不会，别的学生都听话，他们不听话，就渐渐把他们抛弃了。众多学校的课堂里，常见到的一个现象便是老师自顾自讲课，那些特别自觉和较为优秀的学生在认真听讲，而另外一些则一脸茫然，或东张西望，或坐立不安，或干脆趴在桌上睡觉。对他们而言，听课如同煎熬。老师和学生相看两生厌，可老师却习以为常，觉得有一些学生总是要落后的，总要掉队的，总要被抛弃的，总要被淘汰的。

或许没有理由去指责这种现象，极度功利的环境让偏航的教育渐行渐远。在沉重的应试压力下，我们用统一的内容、统一的标准、统一的方式去对待众多不同的学生，在教师这一方，自然是省力了，但是学生呢？他们每个人都是特殊的个体，每个人的内心世界、知识结构和天赋潜能以及家庭背景何尝一样？或许，孩子们的许多问题，也恰是教育的格式化、教育者的贪图省力和追求"高效"造成的。

我有一个固执的、不成熟的、甚至有些偏激的想法：中国真正的素质教育，或者说最好的教育，多存在于职业高中和特殊学校中。

我也常有这种想法：普通学校的老师们如果能够常到特殊教育学校和职业学校去走走看看听听，一定会有触动和改变。

我曾去拜访一位特殊教育学校的校长。我提出，我们两所学校是否可以结对，合作开展教师培训活动。她明白我的用意以后，坦率地告诉我，有位校长也同样找过她，并且先后带了几批人到她学校蹲点考察。这位校长和我的想法一样，希望老师们珍惜和关爱每一个学生，不要轻言放弃，更不要把那些暂时落后的学生当作自己的包袱。可是，一些老师来了之后，像看热闹一样，走了一圈，草草听了节课，就急着要走——在这些老师看来，这样一所学校有些另类，实在没什么好看的。

"校长的理念再好,如果老师自己没有一点反思精神,没有一种学习的态度,是不会有多少效果的。"她正告我。我听了默然,只好作罢。

不禁想起,在一本特殊教育杂志上看到的一段话:"每个人,只有一辈子;和我们孩子的相遇,也就只有这一辈子。所以,不放弃孩子,更不要放弃自己。"

这是一位母亲的话,她有一个有着语言障碍的孩子,正在一所特殊学校上九年级。

我想象着她和老师一起,如何历尽千辛万苦,教孩子说话,每次孩子说出一句完整的话,就流下惊喜而辛酸的泪水。

想着想着,不觉眼中湿润,而心中,却增添了许多痛楚和无奈。

每一个生命都是独特的,如果我们缺少了对个体生命独特性的尊重和关爱,一所学校,一位教师,即使有着多么辉煌的教学成绩,最终也只是把学生当作工具和道具而已。

在那里,将没有真正的教育发生。

只是需要你静静地陪伴

对我来说最痛苦的事,莫过于无所事事了。

我喜欢凡事有着明确的目的和意义,否则就会焦躁不安,觉得虚度年华。

这种焦虑让我在家里,总是不肯歇下来。

我不是捧着书,就是打开电脑,噼里啪啦一通敲打。爱人和孩子看不惯,抱怨我是工作狂。

我不满。

你们让我做什么?我不做事会非常难过。

我和儿子不需要你做什么,你只要陪着我们就行了,不要老是顾着自己的那点工作。你哪怕就是安静地听我们说说话,也行。

我不是在家里陪着你们吗?

这叫陪着吗?陪着,是真诚地关注我们的存在,不把我们当空气,熟视无睹。

连儿子都忍不住出话"教训"我了。

这番抱怨,让我顿悟。

真诚的陪伴，哪怕只是无言的陪伴，原来也是有着切实的意义与价值的。

放学的时候，我喜欢立在校东边的正门或者西侧小门旁。看学生背着书包——和老师道别，看学生一队队依次走向自己的校车。那里有值周教师、保安、家长志愿者，按理该人力充足，不足为虞了。我仿佛是个多余的人。

我往那里一站，并非为了监督他人，而是为了陪伴和了解。

我可以看看孩子们是如何离开学校的，他们背着多重的书包，他们在等待车子和父母的过程中，在离开校园的那一刻，脸上带着怎样的表情；我可以听听他们最喜欢谈论的是什么，他们对同学、老师和学校的认识又是如何。

我往那一站，孩子们离开校门的时候，会一一向我问好。我每次总是对他们说"快回家吧，注意安全"或者"同学们明天见"，他们就会灿烂而顺从地笑着点点头——即使每天不断重复着这样的场景，这一切依然富有意义。

等在学校门口的家长，常会和我相视一笑，友好招呼。如果时间允许，我还可以多和他们聊聊天，听听他们对学校、对老师的意见和建议——即使我一言不发，他们看到校长站在门口的身影，也容易对学校增添一分信任与放心。

每天早读、中午，或者上课的时候，我会夹着笔记本，在校园里一圈圈走。看学生扫地，如果他们一群人站着发呆或聊天，干等着一两个人扫地，我就会让其他同学尽快回班级学习。看到冬天樟树籽撒了一地，孩子们扫得艰难，我会说一声："你们辛苦了，谢谢你们。"看到学生在草坪上仔细地拔除杂草,我会赞美他们真细心。

在教学楼,老师们见到我在窗外站着,上课会更加细致严谨,对学生的要求会更严格,教学态度和方式会更温和灵活;学生在上课的时候,见到我出现在窗外或者课堂里,学习会更加认真和专注。

学生和老师都知道,校长在学校里,而且校长在关注着一切——而不是熟视无睹,或者漫不经心。

这本身就是一种积极的信号。

这些年,我一直在校园里转悠。最近,才明白其中真正的意义与价值——我一度觉得自己每天花一两个小时闲逛,是一种对生命的浪费。

有人认为校长不是万金油,不是百科全书,不需要去听课巡课;有人认为,校长要信任学生和教师,到处去巡转是不信任的体现;还有人认为校长要抓大事,少干事,比如用对人、定好目标、分配好任务就行了,其余的不必亲力亲为;甚至有人认为最聪明的校长应该"以无为求大为",尽量什么都不做,让师生"自觉生长",让学校"自主发展";当然也有人认为,校长要深居简出,神龙见首不见尾,才能保持神秘感和威严感,师生才会对他敬畏有加。

这些观点都是经验之谈,或许不乏"智慧",也各有"道理",但我不完全认同。任何一个岗位,其角色虽有一定的定位,但其作用却是可以不断地扩大的。校长要努力多想事,更要努力多做事,努力发挥自己的最大的作用。

比如在校门口的守候,比如在校园里的转悠,比如在课堂里的巡课,都是一种积极的作用。假如整天坐在办公室里,或者每天往外面跑,师生终日难觅校长的身影,那么,校长的作用究竟在哪里,恐怕就值得怀疑了。

老师将办公桌搬进教室,天天陪着学生,学生自然会表现得更加出色。不是为了别的，而是因为他们知道，老师时刻和他们在一起。他们把老师的期望、热情和真诚都随着老师的陪伴而镌刻进了自己的心里。被称为教育界传奇人物的教育家魏书生，就深谙这样的陪伴之道。因而他的学生中并未出现有人所担忧的"不能自立""不会自律""不想自主""不擅自学"的情况。

孩子做作业到深夜，无论多晚，母亲都陪着，不看电视，也不玩手机，这样的母亲在孩子眼里，一定有更重的分量；孩子每天回家，父亲总是能够和母亲一起，陪着孩子，一家三口其乐融融地一起吃晚饭，轻松愉悦地聊天，这样的家庭出来的孩子，心理一定更健康，人格一定更健全，而学习和成长的动力也一定更加强健。

警察时常在街头出现，无论是黑夜还是白天，在繁华闹市还是冷僻巷道，那里的人们一定更有安全感，而违法犯罪事件也一定更少发生。

陪伴是一种支持，陪伴是一种信任，陪伴是一种忠诚，陪伴是一种提醒，陪伴是一种守护，陪伴是一种鼓励。

天地无言，而四季行焉，百物生焉。陪伴，或许就如阳光，无声无息，却把温暖和生机，注入了自然万物之中。

学生不学习,谁之过?

巡课的时候,走进三楼初二的一个班级。

最后一排,有位男生正在社会课堂上看书,而另一位女生则在睡觉。

看见我,男生赶紧把书藏起来。

我拍拍他的肩膀,他明白我的意思,把那本书交给我,是《知音》漫画周刊。

我还给他,一言不发,走了出来。

在初三班级,同样发现有同学,也是最后一排,在看郭敬明的《爵迹》。

自从当教务主任开始,我就发现,有的老师上课,趴下的学生不是一两个,通常是八九个。

教研员来校突击听课。一个不到五十人的班级,居然有二十多位同学睡觉或发呆(因为有人听课,不敢吵闹)。他很惊讶,那老师竟熟视无睹,能平心静气地上完整堂课。

学生安静地看课外书或睡觉,还算是好的。前些年,有的课堂上连最基本的安静都做不到。课堂混乱,如同闹市;学生如同困兽,打打闹闹,拍桌子,推搡,掷纸团,叫嚷;教师则一脸无奈,厉声呵斥几声,没用,只好忍辱负重，自顾讲课。

我无法简单地责怪老师，但同样无法简单地指责学生。

但我始终觉得，如果课堂上，学生在看闲书，在睡觉，在画小动物，却不是出于教师的特殊指导，这些学生也不是本该在特殊学校就读的残障儿童或心理问题严重的特殊学生，教师如果对此习以为常、无动于衷，那真有些令人惊讶。

学生是课堂的主人，教师是课堂的组织者、引领者和管理者。

教师不仅仅需要输出知识，而是需要有效地组织教学、管理课堂，最终让教学目标顺利达成，让学生能够从教学中获益良多。

如果把教学仅仅视为输出，视为"我讲过了"就好，那么，教学不是变成了一件异常简单的活儿，根本算不上一种专业活动？那么，教师这一职业不是变得毫无存在的必要？学生倒不如直接买一个播放器听着好了。

教育的艰难性、复杂性和艺术性、专业性，正在于学生不是简单的"听话"的接收器。教师需要调动自身的热情、经验、知识和智慧来应对学生不想学、不肯学、不爱学的现象。

学生在课堂上看课外书时，教师至少要做几件事情。

一是要发现。如果教师对学生的厌倦和疲惫毫无发现，那么，教师的教学如何面向每一个学生，如何关注每一个学生？教师没发现，很大程度上恐怕是习惯于站在讲台上，很少走到学生中间的缘故。有的老师自始至终"人不离讲台，手不离教案"，如何能够了解学生在课堂学习中的兴趣、困惑和困难？一些学生跟不上节奏，教师又丝毫不曾发现或者不理不睬，学生如何能够一再忍受？不可否认，一些教师不是看不见，不是发现不了，而是他早已经习惯了漠视，早已在心底里把部分学生放弃或者说抛弃了。

二要管理。面对课堂上学生的不学行为,管理的方法和手段很多,包括提醒、提问、督促、制止、约束、关心和帮助等,只要我们具备足够的责任心和爱心,一定可以对这些放弃学习的学生采取必要的干预行动,让他们重新回到教学活动中来。当然,管理,不仅仅是课内的及时干预,还应该包括课外的积极沟通和交流、主动关心和辅助。这些,都应该是教师义不容辞的职责。

三要反思。优秀的老师,一定善于反思。当我们发现课堂上经常有人睡觉或者看闲书的时候,我们要反躬自省:为什么学生对我的课不感兴趣?为什么他们漠视我的感受和劳动?我的课堂是否足够吸引人?我的教学设计是否合理?目标定位是否妥当?方法途径是否合适?学生对于我本人是否反感?我和这些厌倦我的课堂的学生是否可以建立良好的师生关系?如果我对他们足够关心,我们的师生情感足够深厚,学生是否会如此放纵自己?更主要的是,他们可以忽视我的感受,但他们应该学会对自己负责,对未来负责——可是,我是否尽到了应有的教育引导的责任?

表面上,学生在一堂课上百无聊赖,心不在焉,好像是因为学生不好学,不懂自律自强。事实上,这是师生关系一贯淡漠、浅表、疲软甚至冷漠、对立的揭示。当然,也可能是教师课堂一贯面貌陈旧、方式呆板、缺乏灵活性和情感性的反映。

这其实恰好也反映了我们课堂组织者的缺陷、课堂教学上的缺憾,甚至也反映了教师自身教学价值和尊严的缺失。

我们到饭店,吃到不好吃的菜,一定会指责厨师烧得不好。我们到商店,买到有瑕疵的商品,一定会指责商店不负责任,并要求商家自行联系厂家更换。我们外出听讲座,听到精彩的报告,每每兴致勃勃,赞叹不已;听到乏味的,则抱怨,拿起手机写微博、发微信,或翻阅自带的书刊,或者干脆和身边的人轻声聊房子聊衣服聊炒股,再大胆点就索性逃到街头逛商场去了。

如果有人指责我们不够好学和谦逊,我们一定会说,是这报告太无聊!

我们可曾想过,自己的课堂,更多的时候是否也如此枯燥乏味?

学生课堂上不学习,最该真诚反思和改进的,不是教师,还能有谁?

接地气，才能蓬勃起来！

办公楼前的立行园里，那棵高大的红花檵木下，五盆吊兰正长得起劲。在搬离走廊后，它们的叶子变得宽阔、厚实，看起来翠绿得诱人。

吊兰身边那棵姿态动人的小榕树，此刻也满树泛光，长势喜人。它显然复活了。就在半个月前，它还在副校长的办公室里，枝叶凋零，形容憔悴。

老师们热爱盆栽。吊兰、榕树、君子兰、米兰等把办公室装点得生动活泼，但时间一长，这些草木就显出颓败的姿态来。叶子细小，身形枯萎，即便主人精心照顾，还是一日日地消瘦下去，看来它们是"思乡"心切了。

移到校园里，露天的草坪上、树荫下，放它半个月，日晒雨淋的，不久它们即恢复了生机。

人同草木，久居高楼，面色苍白，四肢乏力，令人不得不怪讶养尊处优何以还不能有个好身体。倘能经常下楼，至小区或公园里散散步，扩扩胸，练练拳，每逢周末假日则到森林里去远足一番，人就会变得精神抖擞、容光焕发。难怪那些老人们经常相互勉励：多下楼走走，多出去走走，接地气，人长寿。

这就是神奇的"地气"。

万物有灵。既然天地孕育滋养了万物，它们和天地间自然就有了无法割舍的密切联系。离开了天，离开了地，一直蜷缩在水泥、玻璃的房子里，不经风雨，不见光照，自然是不行的。

我们暂时无法用科学的语言和逻辑准确地解释其原因。但我们可以从中获得诸多有益的启示。

教育更需要接地气。

这个地气，首先是学生。

教育即生长，除此别无目的。教育只有尽可能地贴近儿童，走进儿童的生活和心灵世界，才能真正起到促进儿童生长的目的。

学生就是"大地"。学校所有的工作，应当努力在最接近学生的地方开展。学校和教师，应当把重心下沉，并始终集中到"学生"这个"地面"上来，努力做最贴近学生的事情。学校、老师，如果一天中，百分之八九十的时间，做的是与学生密切相关的事情，那么，这样的教育是接地气的。如果一天中，大多数时间，或者哪怕有一半时间，是和学生无关的，或者是离学生较远的，那么，这样的教育就是缺乏地气的，是值得反思的。

教育是否接地气，要看一所学校、一位教师，你思考与决策的出发点，你所从事的工作，究竟有多少是和学生直接相关的；要看你的工作是否真正为学生着想，能否真正为学生所理解、接受与认同。

离开了学生这块"地"，任何教育理论、教育经验以及教育成果，只能成为空中楼阁、纸上谈兵，只能成为插在瓷瓶里的干花或假花。

但是，学校和教师，不得不做着许多和学生无关的事情，甚至和教育无关的事情。社会各界，教育行政部门等对学校和教师干预过多，尤其是非教育性的干预太多，导致学校和教师常常白白浪费大量精力，比如，一些检查、总结、考核、评比、活动、培训等等。

打着为教育的旗帜,做着非教育的事情,干着害教育的"实事",这种浮躁的风气愈演愈烈,让学校工作与教育重心一再偏离。

有的地区,为了争创省级各类荣誉,县市级领导一把手亲自督战,层层落实,让学校承担了大量的上街宣传、汇编材料、整理资料、环境布置、排练节目、迎接领导等任务。有的领导被商业集团所绑架,动辄在全地区推行什么教育,反复搞现场会,结果,各种教室建了一个又一个,大量设备购了一批又一批,各种考察和现场会搞了一次又一次,耗费了大量的财力、物力和人力,却看不到多少切实的效果,校长、老师和学生苦不堪言、怨声载道。而环保、卫生、交通、禁毒、扫黄、保险等等,什么事情,一提重要性,就要从娃娃抓起,结果都落到了学校头上。学校就这样,如同唐僧,一次次被绑架,任人宰割。

社会上的众多问题,需要教育人主动去思考和承担,但绝不是说,社会上的一切问题,都该绑上学校这艘小船。一些地区动辄搞"小手牵大手"的活动,希望由学校来解决诸多社会顽症,让孩子用小手来"拯救"社会上众多沉沦或堕落的大人。大人得病,小孩吃药,是不是有些讽刺的意味?小手是很难牵动大手的。孩子本身还需要大人来牵护和指引呢。

这样的教育,就是不接地气的教育。

也有学校,在办学定位上,在平时管理中,在日常教学时,缺乏学生意识。学校的决策和教育行为严重脱离学生,教与学分裂,理念与行动脱节。重视宣传和包装,追名逐利,却不务实,把学生和学校当作沽名钓誉的工具和载体,这样的教育,自然也是不接地气的。

有的校长,习惯于走上层路线,和各界领导迎来送往,每天琢磨的是上层的意思。他结识的领导远比认识的学生多,他对领导的研究远超对学生的了解。他除了能够说出每年考上几个重点高中或名牌大学，获得几个省市全国一等奖的数字之外，说不出几个学生的名字，当然，更说不出几个他和学生之间的故事。他既不进课堂听课，也不和学生来往，甚至很少和在他看来"少得罪便好，对仕途影响不大"的教师们交往。甚至在校的三年间，除了开学典礼和毕业典礼，学生几乎听不到校长的声音，看不到校长的身影，更不要说，和校长个人有过什么美好的"偶遇"或"交集"了。上行下效，校长如此，教师自然也无心钻研学生，眼睛向上，把心思和精力都用在琢磨校长上，甚至挖空心思去巴结校长的上司——局长或者县长。

这样的校长，可能会仕途光明，也可能依然能够依靠抢夺生源、狠抓死揪等各种手段弄出些好看的成绩来，甚至可能会通过各路关系或各大媒体让学校成为一所名校。但是，这样的学校，有学生的分数，却没有学生灿烂的笑脸和优雅的举止；有学生的成绩，却没有学生生动的成长和活泼的身影。这样的教育，即使听起来如何"优质"，依然是缺乏真正的生命力的，因为它不接地气。

教育要接地气。这个地气，就是指要切实服务于学生的成长和发展。学校要努力创造适合学生成长的各种机会与空间，让学生实现自己生命的成长。学生不该是插在瓶中的塑料花，而应当是活生生地扎根在大地之上的花草树木。这个大地，要广博，要深厚，要肥沃，要富饶，有各种植物所需的营养，供它们自由地呼吸和成长。

好的学校，就该是这样的一方沃土。它能够给学生以自由生长的机会，尽量减少对学生不必要的束缚。学校和教师要充分信任学生，并给学生以足够宽泛的空间和足够宽松的环境，让他们在校园里自由地嬉笑怒骂、学习玩耍，尽情地晒太阳，尽情地读好书，尽情地踢足球，尽情地发表自己的观点。更主要的是,能够自由地表达自己的思想和追求自己的理想,尽情发展个性,释放潜能。

好的学校,就是这样一方沃土。它思想丰富,养料充足。教师知识渊博,人格高尚。学校课程丰富多样,课堂灵活多彩,课外则有广阔的实践空间和锻炼机会。校园里充满了无数的机遇和无穷的创意。学生可以选择自己所需、自己适合的课程和社团,可以做自己喜欢做的事情。更主要的是,学校可以帮助学生做一些这个阶段的孩子值得做、应该去做的事情,可以帮助学生实现自己的梦想,并最大限度地接近自己的梦想。

教育本该是一种真正优质而特殊的服务,学校和教师应当努力让自己变得更加"肥沃",更加"丰富",更加"博大",以便随时可以为每个学生提供他所需要的一切"营养"。

接地气的教育是真正贴近学生的教育,是真正着眼于和服务于学生成长的教育。离开了"学生"这个中心和"服务于成长"这个目的,教育就不可能有真正的生命力。

大力士安泰,力大无比,几乎战无不胜。他即使被打倒,只要脚不离开地面,就能迅速恢复力气,因为他的母亲是地神盖亚。盖亚能够迅速给他力量。后来,他的对手识破了这个秘密,把他举到半空中,不让他接触地面,终于把他扼死。

现在我们的教育,很多时候是被人生生举到了半空,而更多的时候是自己把它悬到了半空。

不久前,南方某地教育局出台文件,要求校长每周到教师办公室走一走,每半个月至少巡视一次教学楼、图书馆、实验室和校园其他重要部门。我不明白,这个文件出台的背后,究竟隐藏了多少不为人知的严重问题。

校长们如果连教学楼和教师办公室都不去,他们每天都在做些什么?是什么让他们离开了课堂、离开了教室、离开了学生和教师?这真是个匪夷所思,而又不能不深思的问题。

无论何种原因,教育如此缺乏地气,总归是危险的。

有所进步,还是原地踏步

听了两个报告,关于课堂教学改革的。

专家的讲课,不失生动,也有一定的深度和高度。

听完之后,大家却感到没有收获或者收获不大。

这两位专家在讲课中指出了课堂教学中存在的问题,提出了自己的看法和对策。他们列出的问题有:老师提问宽泛,不准确;老师只重知识,不懂传道;老师急于告知,不善启发;老师依赖课件,不会变通;老师一讲到底,缺少互动等等。

坦率地说,尽是些众所周知的东西,了无新意。

这些东西,于我们而言,在专家讲课之前,早已经知道;在专家讲课之后,也只是知道,并无更加深切的感受或更为深刻的认识。

好的讲座,在讲之前和讲之后,一定是有区别的,好的课堂让人有所进步。这两个讲座,却让人原地踏步。

如同我们已经在这个公园里,游览了两回。这一回,换个导游又让我们来一次重游。没有新的景点,没有新的设施,甚至没有新的修缮。我们的确见到了不同的导游,听到了不同的声音在解说。甚至有几个景点,还改变了路线,原先是西进东出,这次是东进西出。但我们依然在同一个公园里,依然在游览同一些景点,依然听着同样的故事。没有更动人的故事,没有更新颖的视角,甚至没有更独特的解说,当然,也没有更深刻的体验。

人生苦短,时间是很宝贵的,尤其是我们不远千里跨越几个省去西部听讲座。两个毫无新意和深意的讲座,无端地浪费了我们整整一天,无异于谋财害命。

同行的校长说,这两位专家,要么是水平有限,要么是纯粹敷衍。也有校长说,他们或许是尽了力的,他们的讲座在当地或许算得上理念超前、经验先进呢,只是不知道我们这里早已经走在他们的前边了。我更倾向于后一种观点。

好的讲座,一定让人有所增益,或者是站得更高了,或者是潜得更深了,或者是踩得更实了,或者是看得更远了。总之,一定给人以新的启发和收获。而不好的讲座,让人原地踏步不说,还让人对讲座越来越失望,对学习越来越厌倦。

不仅是专家的讲座,我们平常的课堂也如此。

我们总是努力去关注我们所讲的内容正确与否、重要与否、要考与否,却很少去思考是否适合学生、是否能够推动学生、是否能够帮助学生实现自我提高与发展。

听过一些主题班会。有的是教师和主持学生一起,轮番上阵,滔滔不绝地宣讲报纸上、思想品德书上随处可见的大道理,重复着一些永远正确无误的真话和废话。更多的班会则是师生热热闹闹,你方唱罢我登场,掌声、笑声、辩论声此伏彼起,气氛不可谓不活跃。班会结束,同学们还兴致勃勃意犹未尽。但是,到头来,问他们学到了什么,一片茫然。他们只是迈进了一个进过无数次的公园而已,只是再次捧起手机玩了一次玩过无数次的游戏而已。

还有一种更可怕的课堂。它不仅毫无新意和深意,还毫无乐趣和兴味,让人昏昏欲睡。教师唾沫横飞,声嘶力竭,而学生则坐不住,想看课外书,想做别的作业,教师还不许——眼睛一瞪,拍案一吼,学生战战兢兢,汗不敢出。百无聊赖而又提心吊胆,课堂如同地狱。一日上课,尚可忍受,天天如此,让人几乎绝望。

教师的课堂就是学生的成长基地,学校的课堂就是学生的生命基调。在这样沉闷乏味、令人几欲发疯的课堂里坐几年,学生不愤世嫉俗,不厌学逃学,简直就是奇迹了,你还怎么指望他们健康快乐地成长?

可惜的是,当学生表现出对学习感到无趣、无奈、无力的时候,一些老师还痛心疾首、恨铁不成钢。他不知道,该令人痛心疾首、恨铁不成钢的,恰恰是他自己。

老师走进课堂之前,一定要了解:学生已经掌握了哪些?学生已经经历过哪些?学生还需要些什么?学生还需要什么样的经历?学生在上课之后,需要有哪些新的收获与提高?

这些问题,一定要认真想一想。

教师上课,断不是为了完成自己的教的任务,而是要实现帮助学生完善与提高的目的。

如果我们的课,学生上过与没上过一样,甚至,还不如不上的好,那么,我们就该认真忏悔,深刻反省。

分内分外如何分得清？

安排一次大型文体活动时，将任务分配给羊老师。他拒绝参加，理由是：我的任务是教学，不是搞这些活动，而且这不是我们学科的活动。

研究班主任人选，找到龚老师，安排他当班主任。他一口拒绝，理由是：我教好两个班级的书就很好了，当班主任别来找我——而在几年前，为了评职称，这位老师曾经一再要求当班主任。

因为中考报名等事宜，教务处不得不在放学后召集部分教师开会。李老师借口身体不好拒绝参加。私下他却向他人道出自己的理由：下班后是我的休息时间，我为什么要参加。

走上学校管理岗位后，我们不得不经常面对这样的问题。

有些管理者不由得感慨：工作越来越难做了，分配任务像是在求人。

说到底，还是因为有的老师对教育工作缺乏应有的认知和理解。

相当多的教师认为，本职工作就是上好课、教好书，学生成绩不错，得到认可，其他的事情是我的分外事，别找我。也有教师认为，学校的上班时间应该和机关一样，每天七八个小时就行了，其余时间再让他工作，是违反《劳动法》的，甚至认为在八小时外和他谈工作，都是一种"侵权"行为。一些教师因此理直气壮地拒绝在他们看来逾越了自己"职责"范围的工作,认为自己没有义务做"分外事",也没有义务"额外付出"。

当地有所知名中学,来了位不懂"规矩"的新校长。开会时间超过了下班时间,有几位教师就大摇大摆径自走出了会场。校长事后找率先离场的老师谈话,反被呛声:你去学学《劳动法》,再来找我。

这件事被传扬出去,许多老师认为这样的老师真牛气,这样的学校真硬气,敢于挑战"权威",维护教师"权益"。

在我看来,这并非值得炫耀的"勇气",也无关"挑战权威""维护权益"。这是部分教师对自身工作的认识还不够深刻的表现。

我历来反对把学校和教师的教育责任无限扩大,反对以各种名义增加学校和教师的负担。但我也同样反对教育中的部门主义和个人主义,动辄斤斤计较,把自身责任狭窄化,以维护权益为名,行自私自利之实。

教育是帮助学生面向生活、面向未来的事业。生活有多么丰富,教育就有多么丰富,教师的工作就会有多么繁杂。教师的工作不能"遗世独立",无法完全单纯,更不会只剩下教学或者仅仅是上课、出成绩那么简单。它特别需要合作精神,大家彼此真诚合作、相互支持、相互补救,才能给予学生相对一致而连贯的教育,而非混乱或杂乱、各自为政甚至彼此对立、自相矛盾的教育。想把教书和育人截然分开,想要人人责任分明,事事界限清晰,既不切实际,也有悖规律。

教育工作的特点决定了教师的工作具有极强的主观性和灵活性:许多事你可以多做,也可以少做,甚至可以不做。多做、少做和不做,都可以找到看起来恰当的理由。它无法一一细致地通过制度来规范和保证。制度再严谨,也无法涵盖教师工作的全部细节。教师工作的最高标准和要求通常存在于他自己的内心深处。正因如此，它特别强调人格自觉和奉献精神。2008年修订的《中小学教师职业道德规范》就规定，教师要"忠诚于人民教育事业，志存高远，勤恳敬业，甘为人梯，乐于奉献"——这就是为何人们要用春蚕、蜡烛等众多美好事物来赞美教师的原因。

如果教师对自己的工作内容和工作时间锱铢必较，那么请问：你每天的备课质量和上课质量究竟如何？你对学生的教育效果到底如何？你作为教师在教书育人方面的贡献到底如何？你每天为人师表的实际情况到底如何？你每天"八小时"的效益和他人比究竟如何？……

你是否对自己在这些方面有过锱铢必较？

有位校长在教职工大会上铿锵有力地说过这样的话：你和学校、学生斤斤计较，那么，学校和学生同样也会和你斤斤计较，最终你就没法在这个集体中生存下去。这个话看起来有些"霸气"，但是，对于那些在利益方面从来不肯少拿一点，在工作方面却从来不肯多做一点的人而言，这种"霸气"其实是有必要的。

有的人上班时，工作草率敷衍，自我要求不高，经常上网看看电影，聊聊八卦，甚至炒炒股票。可是，学校一旦布置点工作，或者临时开个紧急会议，他就会带头前来理论，仿佛自己就是一个"民主斗士"和"维权勇士"。这样的教师，他所展现的其实并非真诚和勇气，而是自私和狭隘。

古代知识分子历来倡导家国情怀，"穷则独善其身，达则兼济天下""居庙堂之高则忧其民，处江湖之远则忧其君""天下兴亡，匹夫有责""宇宙内事乃己分内事，己分内事乃宇宙内事"。每个人不仅对自己要负责，还对所在的这个团体、社会、国家、世界负有独特的责任。

学校就如一艘船，大家齐心协力、同舟共济，则会安全、顺利地到达彼岸。如果行驶途中哪个部位出现了漏洞，哪个岗位出现了问题，大家相互推诿,不肯共同担当、积极抢救,那么,没有人能够幸免于难。

唯有教师的责任视野和责任意识得到扩展和觉醒的时候,唯有教师的专业精神和人格修养得到提升和完善的时候,他才不会在工作中斤斤计较、袖手旁观。

平凡中的坚守

我们的校园并不大，但四季各有风景。春有樱花，夏有美人蕉，秋有桂花，冬有梅花。这些鲜花绽放的时候，总会引得大家停下脚步，看看，闻闻，拍照，或者议论、称赞。

娇艳或芬芳的花朵，常能获得人们更多的关注和赞美。

但校园里，还有一些树，包括樟树和松树，还有一丛丛翠竹。它们，一年四季，就那么悄无声息地翠绿着。不张扬，也不颓废。你看到的时候，在那里绿着；你看不到的时候，也在那里绿着。你看或不看，始终在那里生长着，生长为一片绿色。

它们就如我们校园里的一群老师，低调，朴实，不事张扬。

每次见到那些身影，心里总是涌满感动。

蔡心宁老师，三十来岁，每天都在办公室里坚持到很晚才回家，几乎每天都是那样迟；他每天早早来学校，进班级；中午一直陪在学生身边，关心学生，辅导，批作业，做不完的事；傍晚，留个别学生谈话，辅导，批作业，备课，做不完的事；周末，也常见他坐在办公室里，认真备课，研究学生的情况，总结上一周的得失，准备下一周的工作。

他年轻,可是给人的感觉,却像一个五十多岁的老教师,坐得下,进得去,耐得住。他不是中层领导,也没有得过高级别的荣誉,但是,多年来,他一直这样默默无闻地坚守着自己的育人职责和处世信条。有一次,我找他谈话,对他一贯的勤恳负责表示谢意和敬意。他坦率地说:"我就是这样,你们表扬也好,不表扬也好,看到也好,看不到也好,我一直就是这么做的。我也不会因为感到自己有点委屈,就不好好做了。我不会的。"听了他平静、自信而质朴、真诚的言语,你的内心一定会有波澜起伏。

鲍利健,一位老教师,不为名,不为利,行将退休前,毅然担任班主任,依然每天最早一个进班级,最勤一个下班级,直到把学生全部出色地送毕业。我们提出为她好好送别,她无论如何都不肯接受,她说,她累了,现在只需要平静地退休,好好地休息。

叶冬娥,一位年轻女教师,通过重重笔试面试,过五关斩六将,在众多参评者中脱颖而出,成为本区唯一入选的宁波市"影子"教师,获得赴澳大利亚为期三个多月的培训机会。为了自己行将毕业的学生,她主动选择了放弃。没有人提示过她,也没有领导找她谈过话,这是她自己做出的决定。当她在电话里告知我的时候,我被深深震撼。她说,想想这个机会很难得,但学生下半年就初三了,更需要我陪着他们走过这关键一年,我离开这么久,他们会不适应的。她同样不是为了他人的表扬,不为名,不为利,只为了心中的那份信念和准则。

这样的老师还有许许多多。他们没有晋升的机会,没有意外的奖励,也没有过高过多的荣誉,但是他们始终坚持每一天都踏踏实实、勤勤恳恳地做好每一项工作,备课,上课,改作业,辅导,教研,家访。他们不是为了让领导看到,也不是为了让家长赞美,甚至也不是为了自己能够获得职称晋升或者成名成家。

他们就是这样的人：只要做，就努力去做得最好；只要在做，就竭尽全力去做；只要还当着教师，就全心全意地面对自己的教育工作。认真、负责、务实，是他们的处事信条。敷衍、投机、浮躁，不会出现在他们的人生词典中。他们懂得做人做事的道理，明白自己从事的这份工作的意义、价值以及使命和责任。他们明白，选择了做教师，就是选择了一份平凡，选择了一生平淡。他们知道，既然选择了讲台，就不要奢望太多的掌声和鲜花，就不要奢望当官和发财，就不要奢望太多的权力和名利。他们明白，选择做教师，就是选择成为那无言的大地，甘为地上的万物，奉献自己的坚实和深厚，奉献自己丰富的营养和水分，生而不有，为而不争。

看着他们在校园里匆匆而过的身影，我总是满含感激——为自己能够和这样一群美好的人在一起。

当然，也有一些责任"失守"的情况，比如：

被领导误解或批评了，就会降低标准，有意懈怠，以示抵抗，直至气消意平；想要被提拔没有如愿，就带着情绪，放松要求，只讲形式，不求质量；甫获晋升，干劲十足，可同个位置上干了三五年，提拔无望，便觉世界对自己不公，就出工不出力，出力不出效；自认为贡献突出，期望的荣誉没获得，便丧失了热情，随随便便进课堂，混日子；临近退休，什么都"不在乎"了，干等着，熬着，盼着，除研究退休后的养生和旅游计划，对自己的教学和学生早已心不在焉了；自恃有名优教师头衔，不再追求业务和业绩，只谈吃喝玩乐以求"回归常态"；认为自己"朝中有官"，渊源深厚，工作中拈轻怕重，待遇上牢骚满腹，一副"我爸是李刚"的样子；受了些委屈或损失，就看透了世界，识破红尘；自己不思进取，还到处拉人后腿……

上述种种现象，并未完全在校园的角落里消失。我们不应感到惊讶，教师也是凡人。在人生的低谷时期，难免会有消极倦怠，特别是暂时的消极倦怠。

而上述那些同事,却能够超越人性之弱点,始终坚持自己朴素的职业道德和做人的准则,守护那份与生命融为一体的自觉和自尊,着实令人钦佩。每次见到他们,我就会问自己:假如我是他们,我能不能比他们更务实,更坚定,更沉静,更淡泊,更敬业?

令人欣慰的是,在我们学校,在我们的身边,有许多他们那样甘于默默无闻、安于平淡平凡、兢兢业业、任劳任怨的教师。他们不过分计较得失,不刻意追逐名利,在平凡中坚守责任,在平淡中坚守良知。他们是平凡世界的良心,是学校发展的中坚,是教育发展的脊梁。

每学年开学时,我们的师生都要进行庄严的宣誓:我,从走进立人中学的那一刻起,无论今后身处何方——有人看见或无人看见,无论今后所言何物——有人听见或无人听见,无论今后所做何事——有人知晓或无人知晓,都将坚守与生俱来的良知,做一个懂感恩、负责任、有爱心的人。

他们做到了。

他们真做到了。

仅仅有选择是不够的

参加西部某知名高校组织的创新人才培训,一日三餐都在内部宾馆里就餐。

是自助餐。每次,都在二十多个大大小小的盘子前走过。有各式蔬菜、肉类、海鲜、汤羹、点心,还有水果、干果。

虽并不奢侈,但精心烹制,风味独特,都还诱人。

我们每每端着餐盘,鱼贯而上,一一捡过去。结果,整日感到肚囊鼓胀。不过旬日,同行者纷纷惊呼体重陡增,"再不回去,恐要成肥猪了"——连平时以素食为主的我这次也居然重了两斤多。

每日面临这么多的诱惑,岂能不胖?

想我平素在校,早餐不过馒头油条煎饺,中餐学校里可供选择的菜的品种不过五六个,晚餐也就三四盘而已,选择余地少,欲望也就有限,吃得自然节制。即便如此,体重依然难以下降。

据说,国民体质每况愈下,已经引起国家的重视。现在的孩子,大都高、大、脆、软——高大的是身形;脆的是骨头,动辄就骨折;软的是肌肉,没力气。让学生把书从一楼搬到二楼,每捆不过四五十斤,一米七几的个头,双手紧紧拽住一捆书,吭哧吭哧往楼梯上挪,而我这四十多岁的人,却可左右开弓,各提一捆,轻松上楼。学生看了,大为惊讶。

走到街头,满目都是肥胖儿童,举着各式零食,大嚼特嚼。从身形看,国人早已摘掉了"东亚病夫"的帽子了。可是,这高大的,却不坚韧,而是软脆,依然令人忧心。

孩子体质差,不是饿坏的,是吃坏的。

走出家门,可看到一排排各式餐馆。走进商场,琳琅满目,依然半壁都是吃的江山。即便在经济不景气的日子,厂家、商家纷纷关门,哀叹生意难做,餐馆酒店却纷纷开张,生意兴隆。国人好吃的习俗还在,餐饮业就依然繁荣。即便在烈日下出卖力气赚得几个小钱的,也必往孩子包里塞钱:要吃好,想吃什么买什么。再苦不能苦孩子,再穷,也不能在吃上亏着孩子。

时常闻此感慨:过去衣不蔽体,食不果腹,只能以土豆地瓜、青菜萝卜充饥,渴了就地掬一捧山泉,身子骨倒也不赖,上树下地挑担,身手敏捷;现在越来越讲究营养,山珍海味伺候着,孩子的体质却越来越糟。

这不奇怪。

但凡是人,欲壑难填。眼前只四五个菜肴,中意的自然不多,即便偏好一二,独占豪吃,也不至过饱。倘有二三十盘,而又竭尽色香味之能事,那就很难禁得住诱惑,即便选其中十来个——捡了些许,盘子早已堆积如山。何况,人一多,你说这个好吃,他说那个好喝,吃了菜再尝点心,吃了点心再嚼水果,末了跟着喝碗汤。这肚子,悄然间就已肿胀如球,不堪重负,而食兴却依然高涨。

在这物质富有的时代,欲望无限膨胀。我们每天都会面临这样茫然不知所措的选择,从而时常会选择一些自己并不需要的东西,结果让自己陷入意料不到的窘境中。

打开电脑，万千种信息扑面涌来。你本来是要查阅一些论文的，结果被各种新闻、论坛吸引了，甚至被各种广告、游戏吸引了。待到记得再去查论文，时间已经所剩无几，于是只能拖延，或者就此不了了之。

走到购物中心，陪爱人买衣服，从三楼到四楼，从少女装到淑女装，从这家店到那家店，从这个商场到那个商场，挑挑拣拣，试来试去，从烈日高悬到霓虹初上，依然没有买到称心如意的。爱人每每感喟：以前怎么过来的？以前买衣服好像没那么复杂啊。

以前我们住在一个偏远山区的小县城里，常去一两家专卖店，在那里挑拣一番，轻松即能买到合适的衣服，穿在身上，称心快意。如今，爱人一边常对满街的衣服无所适从，一边常兴之所至买些回来，穿了两三回，又觉后悔，弃置一旁，只好不住自嘲：一边总觉自己无衣可穿，一边家里的衣柜又早已无处存放了。

常羊跟屠龙子朱学射箭。屠龙子朱说："你想听射箭的道理吗？楚王在云梦打猎，让掌管山泽的官员去赶禽兽出来射杀，禽兽跑了出来，鹿在楚王的左边出现，麋鹿从楚王的右边跑出。楚王拉弓准备射，有天鹅拂过楚王打猎时用的红色小旗，展开的翅膀犹如一片垂云。楚王将箭搭在弓上，不知道应该射哪一个。养由基进言说：'我射箭时，放一片叶子在百步之外去射它，十发箭都能中。如果放十片叶子在百步之外，那么射得中射不中我就不能保证了。'"

选择太多，通常会带来诸如此类的情况：或者得陇望蜀，恨不得把所有的都占了；或者捡了芝麻丢了西瓜，忘了主次轻重；或者举棋不定，无法选择，最后只能敷衍自己，甚至一无所获……

时下，以增强选择性为特点的新课程改革在各地蓬勃开展。许多学校一下子开出了一两百门选修课，教育上的"大跃进"似乎正在愈演愈盛。

学生呢，往往就出现了许多问题。有的这次选烹饪，下次选街舞，下次又选剪纸。这个还没学会，又学了那个。结果呢，什么都一知半解，学点皮毛。也有的学了街舞，就每天在家里狂练，该做的作业却没时间去认真做了，搞得家长都担心孩子走火入魔，不得不去学校告状，说是告状，其实更像是对学校的"告诫"。

中学生还处于基础教育阶段，而初中生更是处于义务教育阶段，接受扎实的通识教育，恐怕是最最关键的。学校教育增强选择性，让孩子拥有更多的选择权，方向正确，不可谓不用心良苦。但是，我们还得教会孩子如何选择，更要先给学生打下坚实的品性基础。

否则，如同一个穷孩子，本来在农村里每天吃青菜萝卜土猪肉，倒还膳食合理，健康强壮的，现在突然一下子把他扔进了五星级酒店的自助餐馆里，让他每天在里面流连忘返。这虽然出于好意，但如果不能同时辅之以必要的引导和提醒，倒反而容易害了孩子。不出半年，恐怕一个高大脆软的胖子就要诞生了。

扫的是心田

冬日的清晨,寒风湿冷刺骨。

教师办公室里,大家已经纷纷开启了空调。

值日生早早来校。

有的在树底下清扫落叶和尘土,有的在擦着楼梯扶手,还有的同学半蹲在地上,拭擦墙角的边沿。有的甚至单腿跪在地上,用一把小刷子仔细地把铁拉门缝隙里的垃圾拨出来。

他们拿着湿冷的抹布,一丝不苟地擦着,把地面和扶手擦得锃亮。

下雨天,他们会单手撑伞清扫落叶。

不同的树,落叶季节不同。柳树在冬季落叶最多,樟树在春季最多,而枫叶则在秋季最多。校园绿化好,他们打扫的任务并不轻松。一到雨天,落叶,特别是柳树叶子,就紧贴着地面,像是彩色的胶布。塑胶跑道上,樟树籽和桂子,躲在塑胶粒子中间,像是长在那儿般。

孩子们并不丧气,无法躲避的值日,让他们学会了如何更加耐心地面对"自然"这个客人。

四季之校园,风景各不同。总有一群值日的孩子们,在清晨光芒中,扫出一片洁净来。

每次经过他们身边,我都会被他们美丽的身影感动。

我会拍拍他们的背,和他们打招呼,一一向他们致谢。表扬他们辛苦且认真,告诉他们劳动是必要而光荣的。

孩子们很可爱。看到校长问好,都说"不辛苦""应该的"。当然,有的会说:"校长,的确冷,但是反正只轮到几次,没关系的。"

我时常被这些单纯美好的孩子们所感动。而我的教育生活,也因为这些感动,变得生动而富有。

到了初三,一些老师认为,学生不必值日了,因为学习任务重,没这么多时间打扫卫生。也有老师抱怨,说不必这么重视卫生,又不能给学校挣名声,学校还是靠升学率。还有老师提议,学校经费充足,校园清洁任务可以承包给家政公司,许多学校都是这么做的。

当越来越多的学校把校园卫生任务外包给一些公司的时候,我们面对自己的坚持,确曾有过担忧。学生学习已经十分辛苦,还要腾出时间来打扫卫生,还要因为打扫不干净被扣分被批评,好像有些"残忍"。

我曾邀请一些老师参与讨论。多数老师还是认为需要坚持卫生包干制度,甚至需要进一步强化这种做法。有老师坦言,现在的学生不是没时间打扫,而是没兴趣打扫。一些学生不必说做作业不认真,连上课都想着打游戏、玩手机。让他们在课余时间做做清洁工作,也是一种锻炼和调节,有利于身心健康。还有老师认为,教育应该对学生起到补偿作用,学生缺什么,我们就该补什么。现在的孩子太娇气,从不干家务,确实需要让他们做点事情。这些有见地的老师让我们坚定了原有的认识。

我们后来还推出了承包洗手间的做法,号召学生以个人或小组的方式来承包学校师生洗手间的清洁任务。我们原以为,没有学生会来响应。

但经过德育处和班主任的动员后,许多班级的学生踊跃报名,前来"竞聘"洗手间清洁员的岗位。

有两个男生,在初三最后一学期,离中考只有四个月的时候,承包了其中一个洗手间的清洁任务。他们买来了拖把、刷子、清洁球和抹布,每天一下课,就到洗手间查看卫生,如有脚印或污迹,就拖洗擦净。他们还搬来了花盆,点起了檀香,制作了文明如厕的提示语。他们把洗手间装扮得洁净美丽。

我多次在洗手间碰见他们,问他们:"会不会影响紧张的学习?"他们憨厚地笑笑,说,不会,这样就当是在锻炼身体,很好。

他们的学习成绩并不是很好,但是,愿意热心帮助和服务他人,也敢于挑战自己。在他们毕业之前,我请他们到我办公室,送给他们一本澳大利亚的力克·胡哲的《人生不设限》。我给他们留了一句同样的赠言:能超越自我者,必能超越他人;能扫净厕所者,必能扫净天下。暂且不论我的留言妥当与否,我希望,也相信他们,能够从这几个月打扫厕所的经历中获益良多。

我们坚持让学生自己打扫,绝不是为了省钱,也不是因为固执。

教育不仅仅是成绩,学习也不仅仅是成绩,学生需要的远不仅仅是成绩。

值日,更不是为了保持卫生而已。

在我看来,学生值日,首先是为了承担一份责任。

学校是学生的校园,政府投入那么多的人力物力,为的就是让学生得到健康成长。而成长,不独是目的,更是一个过程。学生需要时刻感受到,自己不仅是被服务者,也应当是一个服务者;不仅是一个受益者,也应该是一个贡献者。他们享受良好的办学环境和条件,也理当履行相应的义务。值日,就是一种非常直观的教育仪式。通过每天的清扫使他们知道,他们每天都在享受他人的服务,同时也应当每天思考如何担当起自己对周围世界的责任。一屋不扫,何以扫天下?当他们学会了认真对待自己的值日任务,他们就和那些满腹诗书却四体不勤的书呆子做了诀别。

值日的意义自然不仅如此,它本身就是一种学习的方式——学习如何面对未来独立的生活。现在的孩子,在家里,不必说扫地,就是洗碗,也常常只有在学校布置或者父母催促的情况下偶尔为之而已。当他们成人之后,他们需要学会的,不仅是工作,还有生活,离开父母后独自幸福地生活。扫地,洗碗,擦马桶,是具体的生活所不可缺少的部分,也是今后独立生活能力的组成部分。校园里的值日体验,有助于他们获得这些能力。而学生在校园值日过程中,还可了解季节变化和草荣花枯,学会如何与人合作。这些,都是不可忽视且无法替代的。

值日的意义还在于,它能够让人变得内心洁净,有利于学生养成一种宁静自足的精神生活习惯。古人早就倡导"黎明即起,洒扫庭除"。这种生活,让筋骨得到舒展,让身体得到放松,让意志得到磨炼,让内心变得宁静而洁净,让精神变得富足而强大。曾国藩就认为,看一个家庭能不能兴盛,看三点,一是子孙睡到几点起床,二是看子孙会不会做家务,三是看子孙爱不爱读圣贤书。把清扫庭院这件常人眼中的"小事",重视到这个程度,是极有见地的。

因为这些认识,我们坚持让初三学生始终做值日,直到中考前一天。而中考后,学生参加毕业典礼,结束后,依然请他们做最后一次值日,让他们把干干净净的班级和校园,交给学弟学妹们。

值日,俨然成了我校学生的一项日常修炼。

"假如你命该扫街,就扫得有模有样,一如米开朗琪罗在画画,一如莎士比亚在写诗,一如贝多芬在作曲。"这是美国年度教师雷夫最喜爱的一首诗。李希贵评价说:"像莎士比亚写诗那样去教学、去带孩子们看球赛、去带孩子们旅行……于是,雷夫的莎士比亚式态度造就了一群小莎士比亚。"

谁能够用这样的态度对待扫地之类的琐事,谁就一定能够享受到生活的清洁和人生的美好。

不久前,一位朋友送我一本书。书的扉页是他自己的书法作品:尔扫佛地,我扫心田。据说,这是他送给一位寺庙住持的书法作品。

扫地,原来,扫的不仅是地,更是心田。

该为什么而读书？

有一件事，有必要作为一个案例，载入教育历史，以供警示和思考。

这关乎教育的真实和尊严，也关乎教育"为了谁"和"为什么"的根本问题。

2000年，株洲二中的尹健庭老师因为其一番"怪论"而一举成名。

尹健庭原是湖南省重点中学株洲二中的语文教师，其撰写的教学论文《入学教育课》表达了以下观点：我要明确地告诉你——读书考大学，是为了自己，不是为别人。读书增强了自己的本领，提高了自己的资本，将来能找到一个好的工作，挣下大把的钱，从而有一个美好的生活。比如生活愉快，人生充实，前途美好，事业辉煌，甚至找一个漂亮的老婆，生一个聪明的儿子。所以，我强调读书应该是为了自己。

这样的观点，放在今天，谁若借机兴风作浪，必为千夫所指。但十多年前，似乎不同。

文章被学校推荐到株洲市教研室参加论文评比，获二等奖。不料被"举报"到《中国青年报》，该报在2001年4月3日以"某重点中学一语文老师这样讲入学教育课：'读书是为了挣大钱娶美女'"为题批评报道，引发广泛关注和争议。

株洲二中迫于舆论压力,匆忙做出解聘尹老师的决定。而后,株洲市教育局发文,宣布解聘尹健庭,且株洲市(含五个县市区)的所有学校皆不能聘其当教师。

尹老师在浙江两位律师支持下,状告株洲市教育局,胜诉。法院裁定,撤销株洲市教育局做出的在株洲地区限聘尹老师的决定。

《中国青年报》某记者的报道显然采用了以偏概全、断章取义的手法,歪曲了尹老师的本意。尹老师并没有否认教育为了崇高的目的的可能性和合理性,而只是依据人性特点,结合学生实际,强调了要为自己而读书。他并非要求学生读书仅仅为了挣大钱娶美女,而只是以此为例,告诉学生要对自己的未来负责,要从追求个人美好生活的目标中获取学习的动力。

尹老师之论符合多数人之实情。放在任何国家或地区,大概都不至于丢掉饭碗或被人限聘。我国古代不就有"书中自有黄金屋,书中自有颜如玉"的说法吗?谁见过说此话的人被解聘或限聘了?

千百年来,正是这种朴素而真诚的读书动机,激励了一代又一代的寒门学子。为了未来的美好生活,他们焚膏继晷,发愤图强,最终成为某方面的人才,为国家、为社会做出自己的贡献。

其实,孔子也认为学习的目的是指向自己的,特别是为了提高自己的学问和道德 —— 这当然也有助于改善自身的物质和精神生活。他特别厌恶那种虚伪做作的学习观,反对为了取悦他人而学习。他认为,只有先提高自己的学问和道德,即修身,才能更好地为国家为社会做贡献,这就是儒家的修身,而后齐家,治国,平天下。

如果学习之初,就不敢面对内心的真实需要,而想着如何取悦他人,装饰门面,高喊口号,那么,这种学习,形同欺瞒和诈骗。大概是看惯了周围的那些虚假现象，孔夫子才不由得感慨"古之学者为己，今之学者为人"。

对于绝大多数中小学生来说，是盲目地高喊为国家、为社会甚至为全人类读书好，还是真诚而踏实地为自己未来的幸福生活而读书好，是值得我们教育者认真思考的。

我至今无法理解的是，为什么尹老师仅仅说了一部分并不出格的真话，就会导致如此不幸的"下场"。

我更无法理解的是，那些匆忙之间对尹老师做出道德评判和行政"裁决"的人们，是否曾经扪心自问：当年自己究竟为何而读书？当初自己为何而工作？是否也是或者也曾为了自己美好的生活？我不知道那位记者当年读书的时候究竟是为了什么，是否真有着更为崇高的目的？

我实在有些怀疑。

我在许多场合向教师和校长们做过调查：你们扪心自问，不说假话，当年读书的时候，是为了国家和民族甚至为了全人类的福祉而读书的请举手。没有人举手。我又问，当年你们为了家乡的教育事业或社会经济发展而选择读师范的请举手。也没有一个人举手。我又问，你们当年不是为了找份好工作拿份好待遇而读书的请举手，依然没有人举手。

我很"失望"。那些在我和许多领导看来较为出色的优秀教师和校长们，当初居然都没有高远的志向。他们居然都只是为了自己的幸福生活而读书！

我很困惑。我们教育者自身都不能或无法达到的境界，却要求青春叛逆的中学生去做，教育是否有些不切实际，如同缘木求鱼？

可是，如果承认自己是一个合格的甚至优秀的教师或校长，我们现在所做的一切，即便只是认真参加每一次培训，以便改进理念、改善方法，今后更好地对每一个学生负责,这不就是在为家乡服务,为社会服务,为国家服务,甚至为人类服务吗?

由于时势、教育以及个人等原因,部分杰出人士的确从小就立下大志,为国家、民族甚至全人类的事业而读书。我们丝毫不该怀疑周恩来总理那一代人"为中华之崛起而读书"的伟大抱负。在那个民族危亡的时代,大批仁人志士忧国忧民,四处奔走,发奋读书,意图振兴中华。我们也必须承认,历代都有一些社会精英,他们时刻胸怀祖国,放眼世界,悲天悯人,先天下之忧而忧,后天下之乐而乐,有着崇高的使命感和责任感——而我们的社会、民族的确永远不可抛弃这些精英和这种精神,他们是国家和民族的筋骨和脊梁。

然而,因此就把精英教育之标准普及于全体大众,把成人的标准强加于未成年的孩子,无视人性中之基本需求,忽视青少年身心发展之规律,空喊口号,揠苗助长,欺骗上级,欺压民众,这种行为我们坚决反对。

我们必须看到,在当下这个时代,绝大多数人们——无论国内还是国外——首先是为了自己而读书,为了未来的幸福生活而读书。一旦他们读书有成,有了一份工作,而继续为此努力,诚实劳动,他们就自然成了一个社会群体中,甚至人类这个最大的群体中不可或缺的健康细胞。他们就做出了"事实上"的努力和贡献,实现了事实上和结果上的伟大"意义"和"价值"——既为中华民族之振兴而读书,也为人类繁荣和进步而读书。

教育的起点和终点,是有区别的。低起点,高落点,循序渐进,循环提高,是一个基本原则。稍懂教育的人不难明白。

可惜,这个原则常常被忽略。

孩子们小学时,被教导要为全人类的幸福而读书;中学时,被要求为国家和民族的振兴而读书；待到进入大学，目睹了学长学姐们为了找工作四处奔波，到处求人，才终于明白：找到一份好工作，才是当下最重要的"志向"，没有这个，只能成为社会的包袱，甚至容易堕落为"害虫"。

众多学生，至大学毕业，连基本的文明如厕和见面问好都不会，更遑论崇高的理想了。

这种教育上的颠倒，不仅导致效率低下，还在年轻一代中种下了极为恶劣的种子：怀疑一切。他们终于明白，教育竟然充斥着谎言和欺骗——如果连教师和学校都不可信，学生走上社会还能信任谁？还能值得谁信任？

中共中央办公厅、国务院办公厅《关于适应新形势进一步加强和改进中小学德育工作的意见》指出："德育工作不适应青少年学生身心发展的特点……方法与手段滞后，针对性和实效性不强。"

这样的结论是包含着深深的忧虑的。

马斯洛认为，人有生理、安全、社交、尊重与自我实现五种需要。每个人在不同的年龄、环境下，其需要是不同的。总体上，个体的发展需要层次是从低到高逐层提高的。而值得提醒的是，这五个层次，即便是最高层次，即自我实现的需要，虽然必须通过服务他人和社会等方式来实现，但是，其立足点还是实现"自我"的人生价值。

教育要顺性而为，遵道而行，遵循人的发展需要，遵循人的成长规律。

培养"振臂一呼，应者云集"的民族精英，是社会和教育的重要责任。但培养能自食其力的平凡大众和遵纪守法的合格公民，尊重和维护公民的合法权益，满足公众日益增长的物质和精神需求，则是任何一个健康的社会应有的基本价值追求——因而也是教育的责任和目标之一。倡导每个人以合法合理的方式追求自己的人生幸福，是每个健康社会中公民应有的权利和尊严。

尹健庭老师所谓的为了"自己"的"美好的生活"而读书,这个观点虽不"高尚"和"卓越",好像不如很多口号来得"动人"和"伟大",但却非常真实和真诚,而且合情合理,并无明显的道德缺陷和逻辑缺陷。

我们党和国家、政府所孜孜以求的,不正是人民的福祉吗?这些福祉如何实现?

光靠党、国家和政府是不行的,最主要的还得依靠个人自发、自觉和主动的努力。

—— 如此说来,也没有明显的政治缺陷。

为什么而读书的问题,说到底就是教育的两个本源问题:教育为了谁?为了什么?

为人!为人的生命成长,为人的生命幸福,为人的生命尊严和价值!

不管历史如何发展,社会如何变迁,这个立场,或许都很难有太大的改变,也不该有太大的偏离。

当年株洲市教育局是如何做出如此仓促而荒唐的决定的,往小的方面去想,往大的方面去猜,都值得玩味。

当然,如果要让我们的教育真正做到"千教万教教人求真,千学万学学做真人",远离虚假和欺骗,尹健庭事件,值得历史铭记。

好学校是条流动的河

好学校是条流动的河

好的学校是能够让人增长见识的。

它应当是一条流动的河,而不是一口静止的池塘。它应当在促进学生成长的同时,也能够帮助教师实现自身的发展。

王晓怡老师在省级论坛中,运用学校里所学的课改理论和知识,介绍自己的教学理念和方法,获得了专家的好评。有位专家是某省级杂志的主编,听完她的汇报后,对她的经验很感兴趣,主动向她约稿。

王老师作为教务主任,直接参与了学校课改工作的整体推进和实施活动,在自己的语文课堂里也进行了积极的尝试和探索,因而迅速成长,后来还被提拔为区教研员。

"看来,我们走的路是对的,对老师的成长是大有帮助的。"她说。

我们邀请过林良富、褚树荣、王胜裕、李国忠、赵志毅、韩似萍、张全民、郑英等众多在省内外享有一定知名度的专家、教授和一线优秀教师、校长来学校给老师们授课。常带老师们到杭州、南京、大连、上海等地的名校去考察学习。每年给老师们免费征订专业期刊,每学期给每位老师们赠送一本好书,在学生德育、课堂教学、教师培训、文化建设等各方面都做了许多新探索。

这其中,许多是老师们以前没有经历过和见识过的。

我们倡导"惟实惟新"的学校精神和"过不重复的教育生活"的教风,鼓励教职工敢为人先,勇于探索。在贡献质量的同时,贡献新思想、新经验和新体会。定期开展年度创新人物和创新经验的评比。定期开展多层次多类型的论坛,就教学、德育、管理等各方面工作进行研究,并在备课组、教研组、年级组、行政及教工会议上,经常进行深入的交流与探讨。

效果逐渐显现。从学校各中层部门,到年级组、教研组和备课组,从班主任到任课教师到实验员,甚至食堂主管,都在力求创新,而且新意迭出。学校各方面工作不断得到完善。

连刚进校不久的年轻教师,也努力在以研究者的姿态出现。荆建春老师,大学毕业才一年,就勇敢地担任了两个班级的班主任,成功摸索出一些独特的带班经验,令众多同事刮目相看。年轻的体育教师桑振洲老师,挑战体育教师不当班主任的"传统",主动担任班主任,并坚持自我反思,定期向老教师请教;社会学科的史璟老师,勤奋钻研课堂教学,学习课改新经验新理论,积极参与课题研究,入校不到三年,就在宁波市崭露头角,多次获得市优质课比赛一等奖、市论文比赛一等奖等好成绩。

好的学校应始终处在不断变化完善之中,她永远在成长中。如同一条河流,滚滚向前,载着上面的这艘船,船上的人们,不断驶向一个个新的世界。好的学校应当不断让师生看见未曾见过的风景,经历未曾经历的体验,获得未曾有过的知识。这样的学校,我称之为河流型的学校。

有些学校,即使依靠具有一定优势的生源,或者单凭传统的加班加点和题海战术获得一些好看的数字,却如一口静止的池塘。

这里日复一日、年复一年地重复着昨天的故事。老师们按部就班,学生规矩呆板,他们如同笼子里的鹦鹉,虽然少了些奔波折腾的疲惫,多了些省心与安逸,但缺乏生命活力。

他们的世界逐渐与外部隔离,如同井底之蛙,任一方窄窄的天空把自己囚禁。在那里,没有新意,没有诗意,没有变化,也没有激情。校长和老师们凭着几年前甚至数十年前的经验,勉强维持着"生计"。

一旦周围环境发生变化,他们就无法适应。更糟糕的是,老师们从此不敢面对池塘外的世界,不敢同其他同行一起研讨和交流。除了教学成绩和几位成绩突出学生的名字,他们说不出任何令人耳目一新的或者可以给人启发的思想和经验。他们成了没有想法的人。

这样的学校我称之为池塘型的学校。

这样的学校,水源有限,对环境依赖性强,因而自我调适性弱。他们靠天吃饭,靠周围的一点雨水维持脆弱的系统,一旦天气干旱,很快就会先其他学校而枯竭、废弃。20世纪末曾经辉煌一时的许多"名校",现在已经有不少变得默默无闻了。或许,原因在此。

河流型的学校,则一路上都在流动。

一路上都把周围的小河流纳入其中,水源不断得到补充,水质不断得到净化,自然比池塘更具活力,也更不容易干涸。它滋养了河岸边的草木,而葱茏的草木又保护和滋养着河流。

同事们外出听课、考察回来,谈起感受,会自信地说,我们学校,无论是学生的精神面貌、课堂状态,还是教师的教学理念和素养,都是不落后的。

有人学习回来甚至略带失望地说,好不容易到外面去听课,发现人家推出的展示课实在太传统了,老师忙于展现自己的精彩,却忘了真正的精彩应该来自学生。有的老师到外地考察一些名校后说,如果我们会包装宣传,我们学校可以比它们更出彩。也有的老师说,在一些培训班听讲座,还不如我们自己的教师论坛有水平。

多少有些"敝帚自珍"的味道，甚至有点自负，但也倒不全是自夸。我们这些年的确做了许多以前没做过的事情，尝试了一些其他学校没有尝试过的东西。

我们还远未精彩，更远未成熟。但老师们见闻过、经历过了许多新东西，时常带着思考和研究行走在教育探索的路上，对培训和学习的要求自然就水涨船高了——他们的"胃口"变得更大了，"口味"也更挑剔了，老套的或一般的经验，难以轻易捕获他们的"芳心"了。他们攀登过了名山大川，就不容易对一些山丘小河感到惊讶。他们即使面对沧海桑田，也更容易做到处变不惊。

所以，他们不害怕交流，也不怕展现自己。

在定期举行的学校论坛上，老师们就学校发展的焦点问题进行探讨、交流、争鸣。我惊讶地发现，即便刚登上讲台不久的老师，也能够在课堂教学、作业管理或班级育人工作等方面提炼出一些自己的独特体会，侃侃而谈，理念先进，经验独特，令人惊喜。一位教研员听了我校的论坛后说，我校的教师们谈起理念和理论来，都很自信和自然，不容易。

我校老师自然成长也较快。无论是名师参评、优质课评比，还是课题研究、论文发表，还是干部竞聘、职称评定，在同龄人中，他们总有着自己明显的优势。许多青年教师在各级各类业务比赛或展示中脱颖而出。

或许，这就是我们的一些收获：实现了教师的成长，不断成长。

生活在经常性的变革和学习中，会给老师们增加一些负担。如同那个著名的背负十字架的漫画故事。你背负着它，长途跋涉，一定会觉得比空手而行更加疲惫。但在关键的时候，尤其是面临专业发展的沟壑的时候，你可以把它当作一座桥，轻松而安全地迈过。而那些一开始就放下或者削断了十字架的人,此刻却只有望洋兴叹、无功而返的份了。更主要的是,即便这个十字架不能架桥,背着它一路行走,也早已磨炼了你的筋骨和肌肉,使你变得更加强大而有力,拥有更多的优势。

如果你的学校里,经常涌动着许多新颖而灵动的东西,充满了变化和变革的空气。请你不要轻易拒绝,你应该感到庆幸。你的学校正是一条富有生命力的河流,是一所富有活力和希望的学校,也是一所能够增长你的见识,并能承载着你走向更美好的彼岸的学校。

请你愉悦地接纳它们,并积极地投身其中,让自己成为河流中的一部分,奋勇向前。相信多年以后,你会惊讶地发现,不知不觉中,你已经远远走在许多同龄人的前面了——而你曾一度羡慕过他们,为他们能够身处那些"无为""轻松"的学校里。

多年后,你会发现,如果你当初处在一所多年不变的学校里,那才是最可怕的。那是一潭死水,它会让你在安逸之中,在悄然之间,充满了霉腐之味,丧失了绽放的能力。

警惕校园"乡原"之祸

以"好"人缘代替好人品,以做"好"人代替做好事,以"好"口碑代替好业绩,这种倾向已经成了校园里的潜规则。

做老好人,成了许多人的选择。

关于老好人的坏处,孔子早有论述。《论语·阳货》中有这样的话:子曰:"乡原,德之贼也。"乡原,就是对谁都和和气气、是非不分、欺世盗名、处处讨好,看似谨厚老实且为人称道的"老好人"。孔子尖锐地指出:"乡原"这种人,言行不符,实际上是似德非德而乱德的人,乃德之"贼"。

孟子对这种人有深刻认识,且深恶痛绝,《孟子·尽心下》中有具体描述:"非之无举也,刺之无刺也。同乎流俗,合乎污世。居之似忠信,行之似廉洁。众皆悦之,自以为是,而不可与入尧舜之道,故曰:德之贼也。"

既然"群众的眼睛是雪亮的",那么,人人都说好的人,怎么会是"德之贼"呢?

孔子和孟子认为,这种老好人,看似人人不得罪、人人都夸好,实际上,他混淆是非,规避正义,放弃原则,推脱责任,所以,全然是一个危害道德的人。

从人情上分析，人们说某个人好，通常是认为这个人对自己有利无害，至于是否有害于道德正义，是否有害于他人和集体，往往是无暇顾及的。人们只关心自己的、当下的、目光所及或伸手可及的利益。只有极少数的人，会在面对利益或矛盾的时候，跳出这个思维惯性，"只讲是非，不讲利害"。老好人们，恰恰抓住了人们的这种心理弱点。

孔孟终究是心怀天下、情系苍生、目光敏锐、敢于担当的人，是鲁迅先生所言的"有辨别，不自私"的人，所以一眼识破这种老好人的把戏、本质和危害。

孔孟关于老好人的论述是精准、深刻而生动的。

学校里，自然也有老好人的身影。而且，因教育之潜隐性、迟效性和复杂性，这些老好人更不容易被识别，对教育之危害也更大。

比如，有的人处处喜欢在人群中彰显自己的"亲民"和"正义感"。学校检查上班纪律，就说这是对老师的不信任；学校为部分老师指出课堂教学中存在的一些问题，就说对老师不能太苛刻；学校在绩效工资方案上提议适当拉开差距，体现"多劳多得，优质优酬"原则，就说大家都辛苦，都不容易，教育是良心活儿，不能用钱来区分贡献大小；学校提倡开门听课，要求开放课堂，就说课堂是自由的地方，不该受到干扰；学校向全校招聘中层干部，动员老师们报名，就说这是假民主，还不是领导想用谁就用谁。诸如此类的言论，时常能够博得许多好感。

在学生面前同样如此。学校倡导统一穿校服，就说这是剥夺学生的审美自由；学校加强学生的仪表规范和检查，又会呼吁不要"扼杀"学生的个性；学校让学生承包校园卫生，并严格按照标准进行检查，则会高鸣"学生来学校不是为扫地的，而是为学习的。"

这类人通常没有原则，他们的原则，要说有就是一个：讨好人而不得罪人，所以，时常会出现一些自相矛盾的地方。譬如，在家长面前，会和家长一起抱怨学校管理不够严谨，对学生太松散，校风学风不够好；在老师面前，会陪着老师抱怨家长不重视教育，对孩子教育不严格，导致孩子不爱学习；在学生面前，又会跟着学生诉苦，说学校管得太多，家长压得太严，学习任务太重，校园生活太苦；在领导面前，又会附和领导的观点，说现在的学生不思进取，不爱学习，不肯吃苦，没有办法……

他们最擅长察言观色，揣摩心理，迎合他人。最爱说的话恐怕就是"好好好好"，比如"多数人都是好的""绝大多数时候是好的""总体上是好的""主流是好的""本质是好的"等一大堆废话。当然，一旦听到有许多人对某事有些意见，他也会适当其时地添油加醋，大发牢骚。他自己本无立场和风骨，他只是觉得这样，人们才会更把他当作"自己人"，自己今后才会更有"威望"。

这样的教育者，的确受人欢迎，而且断不能说是"坏人"。他们确在尽其所能地给人以"快乐"和"满足"，他们总是那么"善解人意"，而确无害人之心。他们中许多人也能够在办公室里乐于助人，在班级里关心学生，在食堂里尊重厨师，在校外与人为善。这样的人，在单纯意义上来说，能算个好人——至少人们感受不到他有什么"坏处"。人们感觉到的都是他的宽容、热心、体贴、关怀。

但是，这样的"好人"，最大的特点就是没有原则，不敢担当。他们做人处事的出发点，与其说是成就和成全别人，还不如说是迎合和取悦他人，并以此为自己谋利——精神上或物质上的。他们很少敢坚持原则，主持公道。他们通常只讲利害，不问是非，看似人畜无害，大好人一个，实则以私害公，以情害理。他们担任班主任，就会带出一个无视规则、毫无规矩的班级来，因为他一心讨好学生；担任校长，就会带出一所目无纪律、涣散松弛的学校来，因为他只想取悦教师；担任局长，会带出一批只会按照领导意图和文件办事的机械化的校长来，因为他只想取悦上司。当然，他也一定会有动听的"理念"作为自己的借口，比如"宽松""民主""信任""放手""爱心""自由""改革"等等。他们往往因此比那些敢于担当、懂得坚守、乐于探索的进取型教育者更"深得人心"，更有"好"口碑，更有好前途。

担任校长后，每次提拔年轻干部，我总是要找他们谈话，总试探性地会提出些问题，借以观察人选的秉性：当我校长有错的时候，你敢不敢指出来？当老师们有做得不好的时候，你敢不敢站出来？当我们正确的决策需要坚持的时候，你能不能顶住压力？为了学校，为了教育，你能不能吃苦？肯不肯吃亏？会不会忍受委屈？……

我实在害怕一不小心，让那些老好人钻进队伍来祸害学校啊。

一段时间以来，教育功利化日炽，迎合之风盛行，乡原当道。办人民满意的教育，早已成为行政命令和"行业共识"。满意就好，哪怕是饮鸩止渴——教育上的鸩毒，总是需在数十年之后才发作，进而被人发现的。于是，教师不敢惩罚学生，校长不敢惩戒教师，教育行政部门不敢"忤逆""上帝"。教育的脊梁骨和精气神就这么渐渐被抽空了。乡原之祸，甚于猛虎。

希望学校里，今后能多一些不唯上，不唯下，不唯书，不唯前后与左右，唯规律，唯责任，唯良知的教育者，希望多一些鲁迅先生在《拿来主义》中所言的"沉着，勇猛，有辨别，不自私"的管理者。他们不仅做合乎人性、让人喜欢、让人"满意"的正确的事情，更做引领人性、人们未必喜欢但是社会需要、合乎人类长远利益和根本利益的事。

下任校长在哪里？

在某省参观一所知名中学。

校门宏伟气派。

两侧是浮雕，左侧展示学校发展成就和荣誉，右侧则是学校发展沿革和历任校长名录。在历任校长名录的最后，是现任校长某某，2010年至今。这个名录是铜制的，凸起在右下方。

初看并无不妥。可一想，就奇怪了：现任校长下面，已再无空间。

下任校长将要刻在哪里？

下下任呢？

20年后呢？

30年后呢？

我和身边的一群校长朋友们都感到惊讶。

我终于明白了，许多学校，五年一校庆、十年一"浩劫"的原因。

一些学校，每逢十年甚至五年就要搞校庆，这倒还算正常。但每逢校庆，总是会把前面的许多东西敲掉、挖掉、打掉或者改掉，搞得学校面目全非，历史全无。个中原因，恐怕和现任校长的好大喜功有关。

多少校长,都希望在校史室里,在校史室外,在地上,在墙上,在亭子里,留下自己的名字,以名垂千古。

这倒也罢了。

可是,后来的校长呢?

学校要发展,就必定有后来的校长。

后来的校长在哪里?

不为其留下任何空间。

下任校长呢,看看到处是前任的影子,自然就觉得憋屈。碍于面子,上任之初,不好动手。终于熬到了校庆,机会来了。是时候,要突出自己的"历史地位"和作用了。于是,又来一次推倒重建,敲掉再刻。

难怪陈玉琨教授感慨:"现在很多校长往往喜欢在废墟中重建,总想推翻历史,使学校在自己的手中得到重生,以往的全都是历史垃圾,不屑一顾。"

在校史上写上现任校长,于情于理说得通,但要考虑下任校长的位置。当然,更主要的是,要尊重学校发展的历史,要放眼学校的未来。

任何一个校长都必须明白,你要希望学校发展,而且发展得越来越好,而不是希望自己空前绝后、独一无二,更不应该希望自己之后学校再无能人,再无辉煌业绩。

说到底,是一些校长自我膨胀的虚荣心在作怪,也是他办学急功近利和历史虚无主义的潜意识的表现。

有所学校,据称非常雅致,极富诗意,处处都是书法作品,可绝大多数都是校长的亲笔题字。校长把校园当成了自己的书法碑林,到处挥毫泼墨。校长虽然是书法家,才情过人,但这种做法多少有些为自己树碑立传的感觉。

还有一所中学,在教学楼的入口处,写了一副对联,无论你怎么读,怎么想,就是猜不出究竟"对"在哪里,"联"在哪里,即便不是语文教师,粗粗一读,也觉别扭,但那对联在那里屹立了许多年。因为拟对联的人——校长,被提拔到某机关当领导了,他的下任自然不敢轻举妄动。有位参观者私下笑道:这不是出丑是什么?现任校长笑笑,做无奈状。

不知道校长们把校园当作个人纪念馆大加突出的时候,这样的"校史"究竟能够延续多久。要搞文化,却不懂文化,往往会贻笑大方。

作为一任校长,在校园里留下一些自己的东西,无可厚非,这也是学校历史不可或缺的一部分,甚至也是一笔宝贵财产,理当得到师生们的尊重和保护。

这里有个初衷、立场的问题。如果你有足够的办学情怀和办学智慧,想加强校园文化建设,你的出发点一定要尊重学校发展的历史,你的意图一定要服务于师生的生活和发展,特别是有利于学生的精神成长。好的校园,一定能切切实实让师生受益,或者是物质生活上的便利,或者是精神生活上的提升,或者是景物的赏心悦目,或者是哲理的深刻启迪,或者令人耳目一新,或者让人豁然开朗,或者使人缅怀陈迹,或者促人发奋前行。

这是校园文化建设的基点。如果校长的目的,只是让自己"青史留名",那么,最终往往会事与愿违,适得其反。

当我和来自省城的顾校长交流这些问题的时候,他笑了。

他是一所名校的名校长,对学校文化有着多年的研究。有位校长请他去看校园文化,帮助参谋参谋。校长准备在校门口一侧的墙上,依次刻上历任校长的姓名。他问顾校长:校门口起始处刻上谁的名字好?

顾校长说,当然是首任校长。从门口开始,往另一端延伸,可以很好地体现历史的发展轨迹和脉络。该校长听了不置可否。一年后,他到该校督导评估,赫然发现,校门口起始处,刻着现任校长自己的名字。

顾校长带着一丝嘲弄的笑意对我说:"现任校长变成了第一任校长,历史是倒着来的。校长想突出自己的位置,希望被人们一眼就看到,放在第一个位置。问题是,现任校长不可能永远'现任'下去啊,下来之后呢?学校是不是没有校长了?……"

"校长连最基本的问题都不去想想,真是没话说了。"顾校长摇摇头叹息道。

至今,还有多少校长在干着这样荒唐不经的事情呢!

利欲熏心之后,人就丧失了基本的理智。校长若没有一点历史观,这样无聊和荒唐的事情,还会层出不穷。

我校合并新建时,有领导说,你是立人中学首任校长,能够有幸当首任校长的很少啊。我听了诚惶诚恐。

我校是合并学校,两校历史都还不算短,一所学校建于1957年,一所建于1975年。2011年,由于教育布局调整,两校实行合并,并迁至现址,更名为立人中学。这么漫长的历史中,多少校长们为学校的发展做出过自己独特的贡献啊,我哪里还算是首任呢?

合并之初,我就开始考虑着手整理校史,从1957年开始。我们要把学校的发展历史完好地结合起来并延续下去。学校不能没有历史,更不能无视历史。

当我把这个想法告诉退下来的几位老校长和老教师的时候,他们竟显得特别兴奋和期待。遗憾的是,在两校合并、迁址过程中,由于多种原因,大量的历史资料丢失或损坏了。

越来越多的学校在撤并之中湮没消失了,一大批的校友和教工,失去了自己的母校和工作过的单位——一间备课批作业的办公室，一张压过师生合照的书桌，一个饭后漫步聊天的田径场。他们失去的不是一幢幢老房子，而是一片片家园——历史的家园。一棵树没有根，将难以存活。一所学校，没有历史，将很难深刻。一群孩子，如果生活在没有历史感的校园里，他们就容易变得肤浅而张狂。

当我提出要开始筹建校史室、建设校园文化的时候，一位校长朋友马上问我：你是不是准备走了？所以要搞校园文化了？

我笑而不言。

这也难怪。许多校长，都是快要退休了，或者是行将高升或离开之际，突击加强校史和校园文化建设。把校园好好翻修一下，重建一下，然后就是，大大地刻上自己的名字。

于我而言，倒非如此。

我始终认为，校长如不能敬往事、思来者，他就不可能有正确的办学思想和科学的办学行为，学校发展也不大可能"源远流长"。所以，上任之初，我就想要挖掘学校历史，给师生们一个立体的、完整的、说得清来龙去脉的学校。只是苦于新担任校长之职，最初几年不得不在日常教育管理上投入更多精力。

有的人把名字刻入石头想不朽。

但是，真正不朽的，一定是一部师生的历史，一部完整的历史，一部客观的历史，而不是一个校长自己的历史。

司令台上的雨篷

带着周老师在学校里走走。

我想让她看看,我们的学校有了哪些变化。

自开学以来,我还没有邀请她到学校来走走。

暑假,我们又增添了一排宣传栏,还有树林间一批供学生课间休闲用的实木凳子。

一年多来,最大的变化,恐怕是学校大门口广场上,增加了一块五米多长、一米八高的巨石。正面刻着我们的校训"世界因我更美好",背面刻着"守护良心"的校风。这块巨石,无论从形状、质地和色泽来说,都是难得一见的,给人厚重、大气而又不失灵气之感。

校训石安装好后,就有老师、来客在此合影留念。毕业生也在这里合影留念。

正如我们的老师们所言,这里真成了一个景点。

我们打算在学校里多建设一些师生喜爱的景观。作为师生中的一员,我也时常为此苦思冥想。

这次,请她来校,就是让她看看变化,提提意见。

她也是教师，且是个敏锐的人，时常从一个小问题中看出较为深刻的东西来。她对教育问题有一番自己的见解。我在教育上的一些思考，有一些是受了她影响的。

看着樟树树荫下的一排排木凳子，她说，谈不上漂亮，但看起来和树木比较协调。

看着新增添的一排宣传窗，她又说，线条简洁，比较大气。

看着我们的这些努力，她说，这个校园比过去漂亮多了。几年前，这里是高中，我在此工作多年，作为同学的她前些年来过多次，自然是熟悉的。

我请她给我们的校园建设提点意见，她说没什么意见。

但在田径场里，她却指着我们司令台上的一个巨大的雨篷说："每个学校都有这么一个雨篷，我看到这个就觉得别扭。"

"此话怎讲？"

"这个雨篷究竟有什么用呢？"

"用来遮太阳或者下雨的时候挡雨啊！"

"那什么时候使用呢？"

我瞬间明白了。

她继续说："用的时候都是大型活动的时候，有学生或者老师在。挡太阳吧，学生不怕晒，领导就怕晒了？下雨的时候，学生淋着雨，领导就可以躲在雨篷下？这种理念是什么理念呢？"

她的这句话，尖锐之极，精辟之极，深刻之极。

真的，你到其他学校看看，几乎所有的学校——乃至政府广场或者运动场——司令台上，都有一个雨篷，有的设计独特，有的装修别致，有的极尽豪华。

几年前，浙江某地教育局长撑伞看学生在雨中演出，引得大家群起而攻之，却没有一个人来攻击这个司空见惯的雨篷，岂不怪哉？

我们最为厌恶的一些特权行为，竟然如此普遍地潜伏于我们的生活中，而我们却毫无知觉。

毫无知觉！

这种可怕，又非"可怕"二字可以概括得了。

一年前，在筹建立人中学的时候，我还参与了这个雨篷的筹建。想不到，现在，竟然成了我们的教育理念的"陈旧"和某些教育者享有"特权"的一个"佐证"。

我想起开学仪式上有学生晕倒的现象。虽然这其中有学生体质的问题，毫无疑问，也和他们站在阳光下有关。那时候，我们领导坐着，学生站着，我们的头上有雨篷遮挡阳光，而学生和老师头顶万里晴空。

我一时冲动，真想拆掉这个雨篷，可转念又觉得幼稚可笑。我能够拆掉校园里有形的雨篷，但我能够拆掉校园外那些无形的雨篷吗？我能够一下子拆掉那些教育中的形形色色的雨篷吗？

每天的教育生活中，不经过思考而在做的事，有多少是禁得起推敲的？如同制作这个雨篷时，我何曾想到过它在情理上、在逻辑上根本就是无法成立的？

或许，这就是"无意识的无知"吧。

蹊跷的是，三个多月后的某个清晨，刚迈进大门，保安师傅就告诉我，司令台的雨篷塌了。我快步赶到操场，看到雨篷倾斜着挂在墙上，褶皱的镀锌铁皮上，堆积着薄薄的积雪，雨篷上还有三四个羽毛球，地上则散落着十来个篮球、排球和羽毛球——据说，这些是学生上课时，有意无意地抛上去的。

没有想到，这样的一个雨篷，竟被一层薄薄的积雪所压塌。更没有想到，这雨篷上，还"窝藏"着这么多的"赃物"。

我心下窃喜，一则庆幸这雨篷选择了夜深人静时安全倒下，从而避免了一场事故；二则庆贺这象征着"特权"的架子，终于还是倒下了——在我对它有了重新认识之后。

当总务处主任问我该怎么处理的时候，我说，倒下好啊，再也不用修复了，今后开展大型活动，师生、干群一律平等，有阳光一起晒，有风雨一起顶，多好！

主任说，请示过上级领导，领导说，这个要修复回去，而且要让承建的公司自己来修复。

我提议，是否可以让该公司把这笔钱转而用来修复学校的天桥，因为在我看来，校内天桥的栏杆已经腐蚀生锈，不牢固了，需要更换。

当我把这个意思告诉领导的时候，领导表示理解。他也赞同我对司令台雨篷的近乎"偏激"的看法，但他也表达了为难之处。他说，这个雨篷是设计书上原有的项目，是我们学校加固工程中的一个部分，现在倒塌了，只能修复回去，而且不能将修复的资金挪用于工程中原本没有的项目。他说，如果不修复回去，审计部门审计项目的时候，没有了雨篷，就无法让你通过。这是件严肃的事情，没有办法。

他很耐心地向我解释，希望我能够理解。

我当然理解这位领导的解释，这个解释合情合理。

后来，一个崭新的更为坚固的雨篷，重新矗立在司令台上，为下面的人们遮风挡雨。

每次坐上这个司令台，看着台下的孩子们，我的心里总是有种怪怪的感觉。在我心底，它早已坍塌了，坍塌成一种讽刺，坍塌成某种警示。

但我也终于明白，司令台上的雨篷，它远比我想象得要坚固，要推倒它，绝非易事，也绝非一朝一夕之功可为。

那些被异化的权力

谈起廉洁自律,谈起作风建设,有教育者总认为自己是一介书生,在学校这个清水衙门工作,早出晚归,似乎和自己风马牛不相及。

他们忘了,凡是要和人打交道的从业者,如果不能够学会自律和自重,手中任何一点点权力都可能异化。

最近,云南某卫生学校教师用污秽不堪的语言勾引女学生和他发生性关系,还威胁如果不从,就"让你全挂科"。作为教师,因为握有学生各科的考核权,就私欲膨胀,人格扭曲到这个地步,也真的让人无语。

类似的事例可不少。黑龙江某教师因为教师节学生不向其送礼而大骂学生一节课;广东某教师则要挟家长以性来换取其孩子的学籍;还有江苏某教师居然让体育委员打上课说话的学生的耳光,还要用力打,否则就要挨老师打……

这些都是有据可查的。无据可查的,自然就更多了。

教师向来被认为,也常自认为是普通百姓,无权无势。

殊不知,在学生面前,教师也算是大权在握了。安排座位,评比先进,分配工作,任用班干部,批评和表扬,思想品德考核,作业批改,成绩评定,哪一样都可以生杀予夺。如果在任何一个环节稍稍动点歪脑筋,就足以让学生惶惶不可终日了。

有的老师真擅长把手中那点权力运用到极致。比如,某中学有位负责教师培训的苏姓主任,大学培训部请他通知本校已经报名的教师按时参加培训。他极不情愿,懒洋洋而又意味深长地说:"你们大学赚了我们中学老师这么多培训费,我替你们组织报名、发通知,一点劳务费都没有?"此言令大学培训部老师大为吃惊。他们说,还从来没有一位主任,如此赤裸裸地"敲诈"的。

不必奇怪,社会上有多少坏角色,校园里多少就会有一些影子存在,只不过是程度和数量有差异而已。或者,只不过没有冒出地面而已。

有位教务处副主任,凡是外出培训要报销的,都要他先签字审核,然后再找校长签字,最后交财务报销。那些报销的老师,最害怕的事就是找他签字。即便此刻正坐在电脑前浏览网页或者打游戏,他也会说:我很忙,你过几天再来吧。要么,就推说自己不了解情况,先核实一下再说。老师们纳闷,外出培训,都是学校正式派出去的,而且有文件可做佐证,还核实什么?可是,他就是要"核实"。

一次来找,不行,要核实;两次来找,不行,正忙。他就这样喜欢拖着,折磨你。后来,有人就明白了,他要刷存在感,要满足自己的权力欲。机灵点的老师,每次外出培训总带点当地的土特产,去找他签字,他就不"忙"了,也不"核实"了,一次就签下了。

还有个班主任,在安排市级优秀学生干部的时候,先放出风去:某某、某某、某某、某某四位同学,都可能被推荐上,但是,最终推荐谁,要看大家近期的表现和班级师生的综合考评。须知道,在过去,一旦被评为市级优秀学生干部，高考是可以加分的。那几位在老师眼中"有希望"的学生，开始坐立不安，家长们更是蠢蠢欲动，纷纷往老师家里跑。最终，老师自然是将市级优秀学生干部的荣誉给了那跑得最起劲的家长的孩子。当然，其他家长也没白跑，他们的孩子多少也得到了个县级先进或者校级先进，还有该老师一番动情而"合理"的解释。

  任课教师呢？也不是没有权力。只要愿意，也可以刷出存在感来。自从发现学生小宇家境富裕，父亲是当地的一个企业家后，教化学的丁老师就千方百计找家长来学校，告诉他孩子化学学科多么弱，自己又是多么关心和焦急。家长自然感恩戴德，请他家教，他也颇为"尽心竭力"。孩子的成绩果真有所提高。家长一再道谢。他趁机提出让自己老家的妻弟到家长的企业里找份工作。家长虽然万分不愿，但碍于孩子在他班级，只好勉强答应。丁老师还发现，学生小俊的家长是在装修公司上班的，就把房间设计、购买油漆等都让家长来代劳，家长为此免费花了不少工夫不说，还动用了自己的许多资源，赔进了不少人情账和金钱账……

  不仅教师，现在，连小孩都已经迷上权力了。不仅喜欢当官，而且玩弄权术的水平完全不亚于一些地方官员。

  安徽某小学六年级学生小J，担任副班长，其权力仅仅是替班主任负责检查作业和背诵课文。就是这点在大人看来是苦差事的小权力，被他发挥到了极致。据新闻报道："不给钱，小J就会把作业给撕掉扔掉，就算是背诵课文，也不让通过。有家长说，他曾经头天晚上看孩子完成了作业，但第二天仍然接到班主任的电话，称孩子作业没完成。"那些学生因此个个对他俯首称臣，乖乖地向他送钱送物，甚至，在他的威逼下顺服地吃屎喝尿！从二年级开始，他就这样牢牢控制了班上的许多学生，包括个子比他更高的学生，多年来收受的钱物竟达数万元！

一个十二三岁的孩子，把手中那点小小的权力运用到了出神入化的地步，令人惊骇！这样的孩子，如果有朝一日手握大权，成了人民的"公仆"，不知道多少主人们要每天生活在提心吊胆之中了。恐怕，更多的人，要受着比吃屎喝尿更大的屈辱呢。

从网上寥寥的信息背后，我们可以看到，这样的孩子并非无师自通。在他背后，有家庭的原因，也有学校和老师的影子。那位班主任，把自己检查作业的职责如此轻而易举地"全权"交给一位小屁孩，而且从此对这个只有十多位学生的班级不闻不问，也真是一位懂得放权和玩权的高手了。不是吗？放弃职责，俨然一副只管大事、不管小事的高级领导，不也是权力的异化吗？

看到这样的案例后，几天里，我都感到不寒而栗。

我真担心，这样的孩子，会日渐增多，这增多的背后，是滋生这些病毒的教育土壤。说起玩弄权术，不独个别教师特别擅长，一些校长更是精于此道。他可以不动声色地玩得你战战兢兢，汗不敢出，气不敢喘，轻易不敢多说一句话，轻易不敢多走一步路。限于篇幅，暂不列举。

我在初任校长之时，对全体教职工坦言：我不是个擅长钻营权术的人，今后，我希望我们大家人人真诚善良，坦诚相待，少玩权术，多搞学术；少玩阴谋，多搞阳谋。当时，大家都笑了。

我是真的害怕权术和阴谋。

可以空前，不要绝后

空前绝后！

说起姜校长办学成果和办学能力的出类拔萃，有人用这四个字来形容。

依据是，姜校长被调走后，学校各方面的发展，在十多年间，在多任校长任职期间，再也达不到原有的高度了。

姜校长是省城一位实验中学的校长。他在任十年，让一所名不见经传的城郊薄弱学校，迅速崛起，不仅教育质量异军突起，办学特色等在全国也享有盛誉，家长、社会和同行好评如潮。

十多年前，他卸职退休，到一所民办学校担任校长。经过他的苦心经营，民办学校同样声名鹊起，迅速成为一所地区名校。

他任职过的学校，老师们谈起他就充满敬仰之情。因为他走后，学校再也没有达到过那个"高度"。他是无法被超越的。

像姜校长这样的杰出校长，我把他称之为空前绝后的校长。

这种空前绝后的情况，在各地都会出现。

校长要充分发挥个人潜能，在学校发展中留下自己独立而独特的印记，既无可厚非，也理所当然。但如果因为你的离开，学校就无法持续发展，一任不如一任，辉煌不再，那么，就值得反思。

出现这种情况可能有以下原因。

一是教育行政部门的不作为。首先，对校长队伍的重视和培养不够，导致区域性学校管理人才结构失调。建设教育强区和名区，首先必须有一支理念先进、能力出众的名优校长队伍——一位名优校长卸任，就会有同样出色或者更为出色的校长走上岗位，继续创造学校的辉煌。这样，学校乃至地区教育就有了良性发展的人才保障。还有一个，就是对学校管得过多，统得过死，抓得过紧，学校没有办学自主权。有的局长不仅谁当副校长要自己做主，连谁当学校中层都要决定。局长管多了，校长就想得少了。校长只要做好任内工作就行了，何必操心接班人的事呢？既没有权利，也就没有必要。如此，名优校长队伍自然就青黄不接了。有的地区，不仅名优校长经常断档，甚至连担任正校长的人选都极度匮乏，导致一些学校多年没有任命正校长，主持工作的副校长呢，管也不是，不管也不是，分寸实难把握，尴尬得要命。学校管理自然近乎真空。

二是学校的生存环境与条件。有的校长生逢其时，办学环境和形势极为有利，政策宽松，师资强，生源优，而且允许跨地区招生。而之后，不仅教育布局重新调整，教育政策也发生变化，优秀师资流失，生源基础改变，学校发展优势不再，继任者虽殚精竭虑，终究无力回天。这点在众多民办学校发展过程中，表现得尤为明显。看看一些民办学校的兴衰史，就知道，校长个人的作用，和时代、社会这个大背景的力量相比，是微不足道的。

三是校长个人因素。有的校长社会交际和协调能力强，利用个人能力为学校暂时争取到了一些优秀师资和生源，还有其他各种特殊政策。

而等到他一离开,这一切都跟着失去,学校辉煌自然难以为继。也有的校长除了上述能力外,还具有杰出的学术水平和卓越的办学能力,思想深刻,胸怀博大,理念超前,作风务实,既有雄才,又有大略,富有人格魅力,非常人可及。这样自身素质出类拔萃的校长的确是可遇不可求的。难怪继任者如何努力,也难以达到他的高度。

当然,从校长角度看,还有一种可能是校长自身的失误。校长没有重视学校管理人才的培养和学校可持续发展的文化建设。他在任时的办学政策与条件以及举措具有浓厚的个人色彩与功利色彩。既没有为学校的长远发展谋求持续、稳定而良好的外部环境,也没有用心打造学校良性发展的内部环境。他单纯依靠自身的出色能力,造就了自己和学校的一时辉煌。

在多种原因中,我更担心的是校长自身的因素。

校长的工作作风无形中影响了接班人的成长。比如,有的校长习惯树立个人权威,作风专断,凡事包揽包办,个人能力很强,什么事情都要自己做主,副校长和中层等只要"听话""执行"就可以了。这种"强人型"的校长手下,常常会出现一批缺乏教育思想力和工作主动性、创造性差的下属。他们虽然对校长敬畏有加,也不乏忠诚,但习惯了等候,消极被动,依赖性强。这样的下属,一旦校长离开,如何能够迅速挑起学校管理的重担?

也有的校长,希望自己在校史上空前绝后,不被超越。无论是对普通教师的培养,还是对学校管理人才的培养,都有意放松。他不希望名师云集,不希望管理队伍中出现有思想有抱负的人才。一位校长坦言,"不能培养自己的掘墓人"。他深得古代帝王的愚民之道,校园里倡导"分数就是一切",他希望老师们成为抓成绩和分数的机器,至于个人科研、学习、成长等，是无须重视的。有位校长公开说，名师都是头上长角的动物，不要也罢，抓成绩不一定好，脾气倒不小。在他看来，不管白猫黑猫，能出分数就是好猫，至于"猫"自身的健康与否，能否持久地捉老鼠，他是无暇关注的。

那些"空前绝后"的校长通常有一个特点，就是依靠个人的魅力和权威来管理学校，而不是依靠学校完善的制度、浓厚的文化以及众多的"助手"，更不是依靠每个老师的自觉与自强。这些校长在成就学校成就自己的同时，自然就留下一个难题：如何在魅力校长离开之后延续辉煌。

畅销书《从优秀到卓越》的作者柯林斯认为，判断首席执行官是否成功，很重要的一点就是他离开之后，这个公司是否还能够持续这种卓越的业绩。

真正卓越而负责的校长，他的能力和业绩，可能是空前的，但断不会是绝后的。他在任之时，就努力把成就学生、成就教师、成就干部和成就学校、成就自己一样，作为坚定的目标，孜孜以求。他立足今天，努力把每一天的事情做得尽善尽美。但同时放眼未来，特别是放眼学校十数年后甚至数十年后的发展。他不想自己曾经奋斗过的学校因为自己的离开而变得暗淡无光，从而最终退出历史舞台。果真如此，他将引以为耻。

好的教师，善于授之以渔，及早为学生离开自己能够更好地独立生活而做准备；好的校长，善于培养教师和干部，并建设利于学校良性发展的制度与文化，及早为他们离开自己能够更好地治理学校而做准备。

好的校长，不一定是树林中那棵最大的树，却应该是树林下那片最肥沃的土地，广博、深厚、无私，滋养万物，哺育万类。

教育改革真的不允许失败？

到某课改知名学校去考察——这所学校及其校长以其务实的课改理论和经验,在省内有一定的影响。听了校长的课改专题报告和两节示范课后,我提出到教学楼看看老师们的常态课的要求。

校长面露难色,说:我们要听课,是必须提前一天和老师打招呼的。我提出疑问:您所倡导的课改理念和我所听到的两节展示课,我特别认同,我想了解一下,全校老师中,究竟有多少人在努力进行这样的改革。

他坦言,在自己的课堂上进行了多年的尝试,取得了良好的成效。曾尝试在全校各学科层面推开,推行不久,家长就给当地政府领导写信,反对把学生当"试验品"。政府领导担心教育"失败不起",劝他"稳妥"为好。领导还善意提醒他:"你不搞课改还好,一搞万一搞出了群体事件,得不偿失。"无奈,他只好不了了之。现在,仅有一部分教师和他一起真正在做课改探索。

"那段时间,我很苦恼,为什么那么多沉闷、乏味、低效甚至看起来不负责任的课堂,家长和一些教育者可以坦然接受,而我们要做出一些有益的探索,却备受质疑和阻拦?善意的教育改革能失败到哪里去?不就是担心成绩暂时有点滑坡或者提高不明显吗?"

他只说对了一半——即使最终能够大面积提高学生的成绩,如果需要的时间是两年或者三年,又有多少人能够耐心等待和理性支持呢?人们只希望看到立竿见影的改革,否则,就算"失败"。

"教育不允许失败,因为它的服务对象是人。"

这个未经推敲的观点流行多年后,仿佛已经成了"常识"和"常理",人们少有怀疑,也不敢轻易质疑。

如果,这个"失败",指的是教育的全局性的失败(比如纳粹主义教育),或者是给学生——哪怕是个别学生的身心健康成长带来根本性的伤害,那么,这个原则理当得到无条件尊重。以人为本,是教育的第一立场。涉及"人"的问题,如何强调其重要性和严肃性都不为过。

从当前的教育语境分析,我国的任何教育改革并不存在上述性质严重的"失败"。人们所谓的"失败",通常指某些方面的成效或成绩(特别是学习成绩,尤其是升学率)不如预期的那样理想或显著。

显然,太多的人只是偷换了"失败"的概念,借着"教育不允许失败"的名义,来反对和阻止任何希望改善教育的变革和努力。

时下,教育体制改革、课程与教学改革、高考和中考改革、招生制度改革等都如火如荼地进行着,且已逐渐走入了深水区。我们听到的各种质疑声也多起来。最多的声音,是"教育不允许失败""教育失败不起"或者"教育禁不起折腾""教育不需要折腾"——其理由依然是"教育不允许失败"。有的是真正基于对教育现状的忧虑,也有不少是对教育改革的情绪性的反对和排斥。

有些人,一面对教育现状深感不满,另一面又对教育改革与尝试心怀警惕。有些人,怀着满腔激情投身教育改革实践,但在遭遇种种质疑和阻拦之后，就纷纷偃旗息鼓，知难而退。

由于缺乏理性的分析和大胆的质疑，"教育不允许失败"这个看似无可辩驳的观点，吓住了多少激流勇进的身影。它业已成为一道绊马索，横亘在我们的面前。若不能对此廓清认识，恐怕，我们的教育改革不但不能万马奔腾，还会出现万马齐喑的窘境。

教育是一门科学，有其自身的内在规律，我们发现和利用其规律的过程从来都是难以一帆风顺的。教育还是一种职业和专业，在其产生、形成、发展的过程中，都会伴随着无数的大大小小、形式各异的"失败"的尝试——这些失败，通常并不是全面的失败，而是局部的不理想、暂时的困难和多走的几步弯路。

"不允许"教育失败，并不意味着我们的教育没有失败。

相反，教育绝非从来只有成功。

审视我国的教育及其历史，尽管我们实现了教育事业的不断进步，但教育失败依然处处可见。比如，学生负担过重问题，新中国成立以来，从中央到地方出台了大大小小多少减负文件，学生的书包依然太过沉重；养成教育实施了许多年，从小学到大学"一以贯之"，但随地吐痰、不会问好、甚至不能文明如厕等现象依然屡见不鲜；体育课开了十多年，依然没有培养出一种终身可以受用的健身爱好或体育技能；从小学到高中，学校换了一所又一所，班主任换了一个又一个，国歌唱了一遍又一遍，国旗升了一次又一次，爱国主题班会开了一堂又一堂，但对国家和民族的基本认同感和自信感都没有完全建立起来……这些难道是教育的成功？著名的钱学森之问，何尝不是对我国教育积弊过重的一种诘问？

如此说来，我们或许从来就没有完全或彻底成功过——也许，谁也不可能完全或彻底成功。

美国教育改革领导者、美国当代教育改革之父约翰·霍特在《孩子为何失败》一书中毫不客气地指责教育人这种对"失败"近乎"洁癖"的习惯："学校一直都是这样的，无论是不可救药的市中心的学校还是久负盛名的大学的研究生院，大家有一个共识：学生有了成绩，功劳是学校和老师的；学生没有成绩，问题一定出在学生身上。虽然措辞不同，有人说他们'太笨'，有人说他们'文化劣势'或'学习低能'，但意思都是一样的。学校和老师只会对好的结果负责。"他表面上在探讨孩子为什么失败，其实在探讨学校和老师的教育为何失败，这是失败在不敢面对和承认教育自身的失败。

同样是美国的威廉·格拉瑟博士在《没有失败的学校》中，根据自身的教学经验，运用"现实治疗"理论痛陈当代教育之弊病，他认为，正是学校的失败制造了太多的失败的学生，而教育的过失则是学校失败的主因。

令人惊讶的是，在许多人看来异常"成功"的美国，却有那么多探讨教育失败的书籍。而且小布什任总统期间，痛感教育的"失败"，还特意推动通过了《不让一个孩子掉队》法案，而奥巴马同样认为美国的教学质量正逐步落后于其他发达国家，认为中印的学生比美国的学生更加勤奋和努力，所以支持延长学生在校时间，清除不合格教师，增加万名理工科教师，并称美国应该学习中国尊师重教的传统。

而在我国，许多人动辄拿美国教育为例来表达对当下中国教育的不满，而面对教育部门、有识之士和有志之士所做的任何教育改革和尝试的时候，却又动辄以"教育不允许失败""教育不需要折腾"来横加指责或制止，实在令人费解。

或许，不允许教育失败，和不承认教育失败一样，都是一种美好的教育幻想和怯弱的教育自欺。

可是，每年，从县市级到省级、国家级，有大量的教育科研项目立项，又有大量的项目结题。看看那些结题报告，每一个都"成效显著""成果丰硕"，有数据，有案例，"人证物证"一大堆，看起来无可辩驳，却鲜有提及研究过程中走过的弯路、存在的缺憾、目前无法克服的困难以及尚待解决的问题。有位教科所长在应邀作课题成果鉴定后坦言：如果中国的教育科研都如此成功，没有失败，甚至几乎没有缺憾，那么，中国的教育问题哪会那么多？这是不是教育上的一种浮夸风？

如果有人仅仅拿"教育不允许失败"来正告任何从事或者管理教育者，要敬畏教育，要慎重行事，要认真面对任何涉及教育的问题，力戒草率马虎、急功近利，无可厚非。但以我愚见，当今中国，向教育的陈规陋习、落后观念和陈腐经验以及积弊顽疾发起挑战的人，敢于尝试、勇于改革的人，不是太多了，而是太少了。比如叶澜、李希贵、朱永新等大力倡导或亲身力行教育改革的有识之士，以其坚韧不拔之志，坚守在教育改革之前线，忍受着常人难以忍受的压力。他们令人尊敬，但还是显得孤独、单薄，还不至于在短期内使整个教育的面貌焕然一新。

多年的教育实践告诉我们，要在教育这个领域做些改革，需要拿出极大的勇气，忍受很多委屈，做出很多牺牲。如同当下的社会经济改革，没有一点"壮士断腕""抓铁有痕""踏石留印"的决心，是无法获得成功的。

我校曾推行小班化课堂改革实践，要求教师尝试把课堂学习权还给学生，少教多学，少讲多练，先学后教，以学定教，结果引来一片质疑和阻拦。有的来自内部，也有的来自家长。有一些家长在论坛发帖，还组队到学校来阻拦。我们坦率面对，主动邀请意见强烈的家长前来沟通。有家长质问说："你们不是把我们的孩子当小白鼠吗？我们不允许孩子做你们课改的牺牲品。"有更多的家长则质疑：既然课改那么好，为什么其他学校不搞改革,为什么许多名校不搞改革?

我们耐心地向他们解释,告诉他们,我们所借鉴的一些课改经验,都是已经取得了较好的效果的。而且,之前我们不改,并不意味着没有问题。相反,我们推行课堂教学改革实践,恰恰是因为存在太多不利于学生健康发展的问题。我诚恳地告诉他们,如果以为上课就是讲课,讲课就是负责,讲过就是学会了,那么,教育是不是太简单?如果教师只顾自己讲课,不顾学生学得如何,孩子们在课堂上爱听不听,爱睡就睡,爱玩就玩,孩子们是不是连活的小白鼠都做不成,反倒被当成了死老鼠了?我还用乘车和开车的例子告诉他们,许多人为何乘车时会晕车,而一旦坐上驾驶室开车,就不会晕车,因为他成了主角,不再消极被动。我们的课改就是要努力让学生成为司机,而不是乘客。

听我此论,他们都笑了。我们又带他们去看了现场。当时,我们初一初二在推行课改,初三由于是大班,更主要的是由于家长顾虑太多,没有推行。家长们在初三传统的课堂里看到了不少趴在桌上或者东张西望、坐立不安的学生;而初一初二试行小班化课堂的教室里,老师努力组织学生学习,学生井然有序,人人参与,几乎看不到"神游于物外"的现象。眼见为实,他们看了之后,就不再反对了,并诚恳地说:"校长,我们理解你们的意图了,支持你们。"奇怪的是,之后的历届家长,再也没有出现类似的阻拦和质疑。

家长对学校的任何变革怀抱警惕或忧虑,可以理解,他们担心自己的孩子成为"牺牲品"啊,而且他们中多数终究是"业"外人士啊。但奇怪的是,他们却往往能够通情达理,转变观念,一旦听你言之有理,看你做得踏实,也就立马放心了。

而我们教育者队伍中,转变思想、理念和作风,接受新的变化和革新,比起家长来，却要艰难和被动得多。不少学校的课改项目遭到了家长和社会反对，推行不下去，主要是一部分还没有想通的教师从中发挥了"作用"。还有的则是因为教育行政部门的一些领导顾虑重重，畏缩不前，导致校长和老师们不敢"轻举妄动"，不少地区的课改或者虎头蛇尾，或者中途夭折，或者徒有形式，就与此有关。

我所知道的一个县，课改实践一度蓬勃开展，大大激发了学生的学习积极性和发展主动性，学校和课堂焕发出了前所未有的生机，即便是极为薄弱的学校，学生在课堂上也乐于学习，勇于展示，赢得了省内各地同行的高度敬重。但是，据说因为课改后连续两年该地区的中考成绩和高考成绩在本地区的排名中"不够理想"，有关部门和领导私下里就对课改紧急刹车，导致一些抱有教育理想与激情的课改先锋校长纷纷出走——被临近地区挖走。

始生之物，其形必丑。任何一种新产品、新技术和新经验的诞生，都会经历一个由幼稚到成熟的逐步完善的过程。教育改革很多时候是一个破旧立新的过程。无论破旧，还是立新，都会有个艰难的过程——拆掉老房子和建造新房子，甚至仅仅是一个客厅或书房改造的过程，都会有一个看起来乱糟糟、尘土满地、不习惯、不方便的阶段。即便是借鉴他人已经成功的经验，也难免有邯郸学步的时候。有的人总希望找到一种毫无副作用、全无"疼痛"的秘方良药，无异于缘木求鱼。

穷则变，变则通，通则久。《国家中长期教育改革和发展规划纲要（2010—2020年）》之所以倡导教育改革，正是基于对教育现实中种种弊端的清醒认识和对教育乃至国家和民族未来的深切忧虑。当今世界正处在大发展大变革大调整时期。世界多极化、经济全球化深入发展，科技进步日新月异,人才竞争日趋激烈,形势瞬息万变。百年大计,教育为本,在这个以"变革"为主旋律的信息时代,我们不改革,就没有出路。

当然,什么是教育的成功和失败?这也值得商榷。教育的成败评价涉及的内容是丰富复杂的,包含学生的身心健康、道德品行、学科知识、生活技能、实践能力和创新精神等方方面面的因素。在许多人看来,判断成败的因素只有一个:成绩是否提高。在这种成功观的指导下,我们的教育改革,无疑将会寸步难行。我们的教育的现实失败感也必将持续更久,更久。

人类的教育历史证明,任何一种科学的教育理论和成功的教育经验的诞生,都是对现实的教育失败或缺陷的一种超越与完善,也同时伴随着许多相对损失较小的诸多新"失败"的积累与反思。从来没有无失败的教育和教育者,也从来没有无失败的教育改革和教育进步。

教育不改革,将无法走出低效的泥潭。但是,要改革,则必须先给教育松松绑,特别是在思想和理念上,要敢于突破原有的缺乏科学依据的禁区和樊笼,要特别注意那些以教育的名义设置的种种藩篱。教育的忌讳太多,教育改革就会举步维艰。没有教育思想的大胆解放,何来教育改革的百花齐放?

如果我们因为害怕"失败",便裹足不前,以为裹足不前反倒好像就没有了失败,那委实是我们教育的失败,而且是"大失败"了。

2013年4月,上海市政府提请上海市人大常委会审议《关于促进改革创新的决定(草案)》,将依法保障改革创新,宽容失败。《关于促进改革创新的决定(草案)》明确:"对依照本决定规定程序决策、实施改革创新,而未能实现预期目标,且未谋取私利的,在政府绩效考核中对有关部门和个人不作负面评价,不予追究行政责任及其他法律责任。"也就是说,对于那些抱着善良的愿望,积极实施改革创新的人们,可以允许失败。对此,新华社记者仇逸在《京华时报》中撰文指出,"给一次失败的机会,给一次纠错的尝试,相信改革之路会越走越宽。"

虽然对改革多一些包容,多一些耐心,是一个常理,但能够从法律层面提供保障,还是能够给那些愿为天下计、敢为天下先的有志之士一些切实的安慰和鼓励的。但愿这样的好事,在教育上,也能够多一些。只有当我们学会对教育改革多一些包容,教育成功才会越来越多,教育成功之路,也会越来越广阔和多样。

学校规模能否再小一点?

这是一所享誉国内的高中。

占地六百多亩,一万多学生,仅教职工就有上千人。

校长自称来学校任职三年多了,认识的教职工不到三分之一。他戏称自己是工厂的厂长,以至于不认识大多数工人。

谈起大型学校的管理有什么体会,校长诉苦说,学校虽然名声远播,但管理上存在的问题不少。

比如说,校长想听听课,可是听谁的课?校长无法每天听一节课,即便有时间,要听遍所有教师的课起码要三年多时间。

再比如说,要找老师谈话,每天谈一个,同样需要三年多时间。

在当前的背景下,校长会议众多、事务繁杂,要坚持每天听一节课,每天找一个教师谈话,几乎比登天还难。

和老师的交流尚且如此,与学生呢?更不必说了。

校长认真巡视一次校园,需要一个多小时。校长如体质不佳,一趟走下来,早已两腿发酸,哪有什么时间和精力与个别的学生进行细致的交流?

难怪,在学生看来,除了开学典礼和毕业典礼,他们几乎没有机会看到校长,也没有机会听校长讲话。校长对他们而言,就是云端的神龙,见首不见尾,或者见尾不见首。哪里还能和校长有什么美丽的"偶遇"呢?

这样的学校,可能成绩出色,奖牌满墙,也可能特色鲜明,闻名遐迩,还可能收益颇佳,财大气粗。当然还会有大批同行前来参观考察,更会有众多领导隔三岔五"莅临指导"。

可这样的学校,总感觉不太像学校,而更像工厂——如那位校长所说。

学校不该是冷冰冰的工厂,不是在制造一个个合乎统一标准的产品,可测可量可控。学校甚至也不该是一个现代化农场,不是在种植一批不会言说、被动反应的庄稼。

教育是要唤醒一个个生命,帮助一个个生命发现和创造属于他自己的美丽。教育不需要太多的远程控制,它更需要面对面、心与心的亲近和交流。对教育者来说,最重要的不是面对一群人,而是一个个人,一个个具体而生动的人。最好的教育崇尚因材施教、精耕细作。

理想的教育中,教师人人高度自觉,理念先进,技艺高超,积极把握和学生交流的节奏和方式,主动地寻找近乎完美的方式来实施有效的教育。但这种情况很少会自动发生。教师的教育水平和教育质量,很大程度上依赖于学校科学而系统的经营和管理,这当中,校长起着关键作用。校长的重要责任之一就是调动和维护教师工作的积极性,并对教师聘任、考核、评价、激励、培训等方面负有责任。

校长的作用发挥得充分与否,直接影响甚至决定教师的职业心态和生存状态是否健康。对教师而言,校长应当是一个真诚的关爱者和热情的指导者。当教师生病的时候,校长理当前去慰问;当教师取得成绩的时候，校长理当送去祝贺；当教师需要帮助的时候，校长理当伸出双手；当教师遭遇不公的时候，校长理当成为他们坚强的后盾。

校长应当有充分的时间和精力来研究教师，研究每个教师背后的真实的生活、家庭、健康状况以及心理状态，还有其每天的教育工作，比如如何上课，如何与学生交往，如何布置作业等等。校长要成为教师之师，并以发展和成就教师为己任。缺失或弱化校长的作用，教师很难有持久的热情。有关研究就显示，大型学校的教师，更容易发生职业倦怠。

不仅对于教师，校长的领导作用不可替代，对于学生而言，校长同样有着独特的意义和价值。

在学生眼中，校长是学校里的权威，是最值得尊敬的人，是最有学问的人，是最具有爱心的人，是最可信赖的长辈和榜样。校长的一言一行，代表着一种方向、一种风范。校长应当有充分的时间去研究和接近学生。尽可能地认识更多的学生，走进更多的班级，参与更多的学生活动，走进更多的学生家庭，成为更多学生和家长的朋友。校长还应当成为学校里最优秀学生的标杆和最困难学生的明灯，并成为所有学生的陪伴者、指导者、帮助者和激励者。

校长应把主要的精力集中在离教师和学生最近的地方。

没有什么能够替代校长和老师、校长和学生之间的真诚而经常的交往、紧密而美好的联系。这种交往与联系，不仅仅是手段，更是目的本身。它让师生的校园生活变得温暖滋润，富有生机和力量。

规模巨大的学校，如何能够实现这一切？

到过欧美的一些中小学校，大都精致小巧。鲜有气派的门楼、空阔的操场，更看不到黑压压满操场的人头，一所中学通常不过三四百学生，占地不过三四十亩。即便高中，也大都只有千人左右。

一些学校的校长室就设在校门口。校长经常充当"门卫"的角色,很快就可以认识几乎全校所有的学生和家长。不必说校内,校长和教师、学生之间,彼此亲如家人朋友,知根知底,就是校长和家长之间,也没有隔着千山万水,而是常常成了熟人、朋友,提起他们的孩子,常能说出个一二三四来。

你想想,这样的教育,还会有太多的家校冲突吗?

苏霍姆林斯基能够叫出校内许多学生的名字,而且能够对他们做持续深入的研究,写下大量智慧而动人的教育故事。试想,在大型学校里,这一切是否会变得更加艰难?

我们总抱怨现在家校矛盾尖锐突出,抱怨家长越来越不讲理。我们也总抱怨现在校长不进课堂,很少去家访,甚至连进教研组都千年等一回,更不要说叫得出学生的名字、了解学生的家庭情况了。还有人抱怨校长忙,忙得签个字都要让老师等上十天半月。

很多情况下,这和学校规模过大也有关系。校长要忙着讨钱,忙着要人,忙着迎接检查,忙着协调关系,忙着参加会议,忙着赶制文件,忙着撰写总结,更要忙着负责校内数千人的吃喝拉撒,忙着天天防止安全事故,忙着处理各种突发而复杂的矛盾冲突,哪里还有时间进教研组,进班级,进家庭?

可怜可怜这些校长吧。

国内外的相关研究早已表明,学校大,虽然能够产生一定的规模效应,但同时也带来人际关系的冷漠和行政管理的僵化,容易导致更多的学生安全和品行等方面的问题。

一些政府官员,至今依然热衷于倾全部之财力物力,打造一两所航空母舰式的初高中和小学。还乐此不疲地把众多原本小而精的学校撤销、搬迁、合并,学校规模日益扩大,动辄数千人甚至上万人。仿佛学校搞得越大越气派,就表明教育越发达,自己就越有面子。

还有越来越多的名校,不断开始走集团化办学之路。仿佛不搞集团,就显得自己没品位、没档次、没影响力。

在世界教育日益走向小型化、小班化、个性化的大趋势下,我们却依然痴迷于打造超大型学校,不是热衷于做精,而是热衷于做大。教育的浮躁和折腾之风依然不曾消退。

母校的母性在哪里?

宋山木出了事。

他出事后,某师大也做了件事,就是赶紧拆除宋山木捐资兴建的大楼上的"宋山木楼"几个大字。

据称,对此"绝大多数学生表示同意"——这好像给出了"民意基础"。

但是,我还想在这里谈一点不成熟的看法。

我以为,某师大拆除宋山木楼牌子,实在是我国"母校"们势利嘴脸的一个缩影。

何谓母校的势利?简单地说,就是在处理学生和学校的关系的时候,不是以学生的终身发展和人生幸福为出发点,而是以谋求学校或教师自身的利益为目标。

在一些学校,学生成了满足学校和老师沽名钓誉、谋取利益的工具。哪个学生发了大财、当了大官、获了大奖、出了成果,从小学到中学、大学,甚至幼儿园、高复班,一个个伟大的"母校",都蹦了出来,温情脉脉地向你示好,以你为豪,到处为你做宣传。他们将你作为自己的教育成果,或写入校史,或动员你为他们的发展"出钱出力"。而一旦学生有出格之行,犯了错误或者进了牢房,甚至只是选择了自杀,我们的众多敬爱的"母校"们,就选择了集体沉默,甚至急急忙忙地和你"断绝关系"。

学生荣则争与之共享,学生辱则急与之决裂,这是时下"母校"们势利嘴脸的形象刻画。

这种急功近利的做法已经蔚然成风,人们习以为常。这种令人心寒的风气,还在四处扩散,侵蚀着每一所学校,侵吞着教育的良知。

马加爵,朱海洋,药家鑫,还有众多大学生,在犯罪后,有多少母校曾勇敢站出来,说"我们有责任,我们为此感到遗憾,我们将深刻反省"?

没有!他们甚至唯恐自己被人肉搜出是那位学生曾经的"母校"。有的不惜动用各种关系,逼迫媒体用"某校"掩藏自己的身份。

宋山木是某师大短期进修班的毕业生。他在后来的个人简历中,都把某师大作为自己的母校。这一点,某师大恐怕是无法抹杀的了。

从有关报道来看,宋山木过去是以自己的"母校"某师大为荣的,所以给某师大捐款100万元,以表对母校的感念之情,这恐怕也是事实,某师大也是无法抹杀的。

几年前的某师大以宋山木为荣,也从宋山木那里得到了实实在在的100万元的捐款,建造了宋山木楼,并以他的名字命名。这是无法否认和抹杀的真真切切的历史事实。

至于现在,宋山木出了事,这又是另一件事情,是和那段历史无关的另一段历史。对现在的宋山木的感情,不应当逆推到过去的宋山木向母校捐款这一善意和善行上去,从而将其沾染上任何不道德的色彩。

而现在,某师大好像急着和宋山木做一个切割,做一个了断:宋山木和我没有关系!

这种做法在赢得一部分人的赞同的同时,是不是会令更多的理性尚存的人们痛感母校之势利与丑陋？

稍有头脑的人，是不会同意拆除的。

古人早说过，"君子不以言举人，不以人废言""爱而知其恶，憎而知其善"，我们对一个人、对一件事，应该有一个比较客观公允的判断，要多方面地看待，不要武断和片面。

我们的母校们就如某师大一般，却好以功举人，也好以人废功。

一个在师范教育方面成果丰硕、地位显赫的著名学府，居然没有足够的智慧来应对这种"危机"，也真是令人匪夷所思。

我想，面对棘手的"宋山木事件"，英明的某师大的决策者，有几点是可以考虑的：一、要敢于承认宋山木是自己的学生，哪怕是短期的培训班的学生；二、要敢于肯定当时的宋山木对母校的一片赤子之心——除非现在掌握充分的证据可以推翻这个判断；三、要拿出母校"母亲"般的博爱、包容和勇气来，不要干那种落井下石的事；四、不妨以此楼作为一个警示楼，警示自己的学生乃至所有的校友做一个让母校永远引以为豪的人，让宋山木的学弟学妹们为宋山木犯了不该犯的错误而感到痛心和遗憾。

这样做的好处是：一可显示某师大的大气和底气来；二可以展示某师大永远是一所负责任、敢担当的大学；三可让人感受到宽容和爱的伟大力量；四可显示对社会舆论的理性引领；五是最主要的，可以勉励宋山木改过自新，激励某师大的学子们更加坚定地追求卓越和高尚。

一个能够包容孩子缺点，允许孩子犯错，并且有决心有信心去帮助他改过自新的母亲，才是伟大无私的母亲——具有这样的"母性"的学校，才配称为真正的"母"校。把孩子当作谋利获名的工具，一旦孩子一无所有或者犯了错误，就断绝关系、将他扫地出门的母亲，没有资格做母亲——自然，这样的学校也不配被他的校友们称为"母校"。

某师大作为著名的高等学府,而且是师范类大学中的杰出代表,无疑应该多从教育人、拯救人的角度,来处理这件事情,拿出应有的胆魄、心量和眼光来,给众多的本已陷入功利主义怪圈的学校做一个好榜样。但这次,某师大的仓促之举着实令人感到失望。

与此相反,颇为值得我们借鉴的是,美国对待凶犯的态度。美国2007年弗吉尼亚理工大学校园枪击案中,有32人死亡。但是,人们发现,在为受害者举行的悼念仪式上,放飞的气球是33个,敲响的丧钟是33声。

原来,师生们把那名枪手——来自韩国的赵承熙也当作一位受害者来悼念。在为赵承熙准备的一块悼念碑上写着:"2007年4月16日赵承熙",旁边放着鲜花和蜡烛。还有一些人留下纸条:"希望你知道我并没有太生你的气,不憎恨你。你没有得到任何帮助和安慰,对此我感到非常心痛。所有的爱都包含在这里。劳拉。"

在弗吉尼亚理工大学的师生们看来,凶手本身也是受害者,他心理有疾病,可惜没有及时得到来自社会、家庭的关心和救治,才导致悲剧的发生。所以在悼念活动中,校方也把他当作一个"人"来看待,以体现人性关怀。

还有一点值得借鉴的是,据说,枪击案发生后10天,美国媒体从多角度对此进行了充分的报道,但关于凶手赵承熙父母的信息几乎没有(我们的媒体在这点上恰好相反)。密苏里新闻学院的一位教师认为,这是美国新闻界自律的表现。如果在这个时候,再去采访处于深度内疚中的凶手的家人,就显得"出格"了。直到赵承熙的姐姐赵善敬在事发后第五天主动出面道歉,人们才有机会了解赵家人的想法。一位网民在赵善敬道歉信后回帖说:"这不是你或你家人的错误。你也失去了你心爱的人。"

与此类似的还有,早在1991年,就读于美国爱荷华大学的中国博士留学生卢刚开枪杀死了包括自己的导师在内的五名教师和同学,最后饮弹自尽。在枪击事件发生后的第三天,受害人之一、副校长安妮·克黎利女士的家人就通过媒体发表了一封给卢刚家人的公开信,称卢刚的家人同样是受害者,希望以宽容的态度分担彼此的哀伤。

这种伟大的宽容和爱,使那些活着的人们看了之后内心的良知得到进一步的强化,他们会更有信心和勇气来克服自己人性中的那些丑恶和阴暗。

要惩罚一个罪犯,最好的方法是绳之以法,并以舆论道德谴责。但是,要真正转变一个罪人,却还需要我们用更多的爱和宽容。

尽管这在感情上来说,是那么的艰难。唯其艰难,我们才更加希望,我们的一些大学,一些著名的高等学府,能够率先站出来,表现出这个时代的著名大学应有的道德智慧、理性判断和博爱的勇气来。

或许,只有从大学开始,我们的社会,才可能开始变得更加理性和宽容,我们的学校教育,才会少一些功利主义的色彩。

据说某师大是依据学生的"呼声"和"民意"做出拆除的决定的。我想,某师大的学生绝不至于都如此"短视"。而那些已经毕业的某师大的校友们,那些曾经对母校怀有深切期盼和深厚的情感校友们,真正的想法如何?那些已经或者准备给某师大捐钱捐物的校友们的看法如何?不得而知。我以为,稍有头脑和良知,或者稍有智慧和眼界者,是决不会支持这种做法的。

何谓大学?乃大境界大胸怀大智慧之处也!可惜,在某师大,这一次,我们看不到这种"大"之所在。大学不大,小学中学如何能够"大"起来?

这终究是一个值得思考的问题。

谁来终结"天价"教育？

写下这个题目，注定会招致误解乃至辱骂。

有的人已经习惯了以偏概全和断章取义，甚至已经习惯了急不可耐地指责。

我还是决定写下去。

何谓天价？往往指的是极高的价格。

如果物如其价，价格虽高，则天价是"实价"，一个愿卖，一个愿买，两相情愿，也算公平，如天价别墅、天价豪车、天价婚礼。巴菲特的午餐可谓"天价"，2008年由"中国私募教父"之称的赵丹阳以211万美元成功拍得，成交价创下历史之最。2012年6月9日，巴菲特午餐价为3456789美元，再创新纪录。尽管是天价，巴菲特还是不愁有人请客吃饭的。

如果物不及价，而价又极高，则天价是"虚价"，具有欺诈性质。青岛之天价虾，游客点菜时说好38元一份的"海捕大虾"，结账时变成38元一只，一盘虾要价1500余元；哈尔滨之天价鱼，用市场进价38元一斤的养殖鳇鱼冒充野生鳇鱼，以398元一斤出售坑害消费者。

物如其价的，大家羡慕、感慨、惊呼。

欺诈性质的，人们愤怒、痛恨、控告，有关部门不得不正式出面道歉，有关商家则不得不接受严肃处理。天价虾商家被罚款9万元，而天价鱼饭店则被吊销营业执照，并处罚款50万元。当地的一系列官员纷纷被问责。

教育中也有天价现象。

一类引人瞩目。比如，北京、上海、江苏、广东等地的一些天价"土豪"学校，每年的学费动辄数万甚至数十万，吓煞众多工薪阶层。但也只是"吓吓"而已，人们心下虽有抱怨，但总还有羡慕的意味，如果有机会，还是要努力挤破头皮钻进去的。"天价"学校，在校舍设备、师资力量、办学水平、教育质量等方面，终究需有过人之处。否则，"天价"断难持久。此类天价，民众虽颇有微词，指责其有损社会公平，但不乏"增强教育消费的多样性和选择性"之功。论其利弊，莫衷一是，难下定论。

一类则易被漠视。因其实在隐蔽且习以为常，难以觉察。

大者而言。从小学到高中直至大学毕业，有多少学生接受了近二十年的体育、语文和思品教育，依然还不会一项基本的体育锻炼技能，不能写好一手钢笔字，甚至不能写一份像样的毕业自荐书。还有多少学生连最基本的见面问好、排队购物、便后冲水都不会。历经众多"优质""连创辉煌"的学校和"敬业爱岗""业务过硬"的"灵魂工程师"们之"塑造"，收效竟"甚微"，着实令人惊讶。

小者而言。老师课堂上滔滔不绝，照本宣科，学生一脸茫然，或者干脆在桌上呼呼大睡，师生彼此都熬到下课，万事大吉。你问学生究竟学了什么，唯有摇头。也有老师，让学生每日做大量的作业，自己却草草打个日期，或者迟迟未批改，甚至常不批改就发了回去。学生于是习惯了抄袭——花大量时间抄袭，老师仿佛从来不知真相，也不想了解"真相"，以为学生只要交过了就是做过了，做过了就有收获了。学生穷于应付，叫苦不迭，而学习成绩却还是每每落人之后。也有教师，学生不堪重负，教师自己更苦不堪言，学生的成绩倒还算突出，但其他学科则深受影响，其他学习则被迫放松或放弃——锻炼时间没了，看书时间没了，甚至下课和同学聊聊天放放松的时间也没了。除了成绩，身体健康和心灵愉悦都没了，而对未来的向往和信心也渐渐枯灭了，有的甚至不得不选择一些极端的自残、自杀或暴力等行为来寻求解脱或宣泄。

不独一些学科和教师如此，有的学校几乎普遍地以此种常态维系着。

这些看似和天价无关。老师和学校通常还被称赞为"敬业""负责"。学生成绩好，家长自然会说不但敬业，还有水平；学生成绩不好，家长会说，学校老师敬业，是自己孩子没有学好——校长们也常常这么认为。

因为"敬业"，"成本"意识消失了。

这个成本，可从三个方面来说。

一是时间成本。学生的时间，就是他们昂贵的成本，是最大的支出。时间就是生命，生命就是时间。学生来学校，不仅是来学习的，更是拿他们的青春、生命中的一段段美好时光，来"换取"智慧、美德、健康和幸福的。那些相当敬业而平庸的教育者们，却让他们在这里空耗青春而一无所获，或者所获甚少，甚至反受其害。如果学生日复一日地跟着一个个毫无激情、水平低下、效率糟糕的老师学习，他生命中本该充满愉悦感和成就感的时间，就会变成一场又一场无谓的折磨和煎熬。由此看来，劣质课堂、劣质教学乃至劣质教师，何尝不是"天价"？倘如鲁迅先生所言"无端地浪费别人的时间，其实是无异于谋财害命的"，我们的许多教育者岂不是在谋杀学生？这样说，真的只是危言耸听吗？

二是财力成本。这可从两方面考虑。家长送孩子来学校接受教育，也要直接或间接地花费不少的财力。一些教育者水平低下，导致学生在学校里学不进、听不懂，不得不花费巨资到校外请家教。这不也是另一种增加成本支出的"天价"？从国家层面来说，教师如果庸庸碌碌，得过且过，或者甚至连做一天和尚撞一天钟都草草了事，那么，你每年拿了五六万或七八万甚至十多万二十多万年薪，岂不更是另一种"天价"？这些钱，虽不是学生直接支付的，但也是纳税人的钱，也是国家财政支出的钱。你对学生、对国家、对纳税人，缺乏应有的贡献，是不是也有碍公平原则？

教育上的天价现象，之所以没有引起人们足够的重视，原因自然是多方面的。

学生的时间，在许多人看来不算成本，因为它不是钱。大家都认为学生来学校本来就是来学习的，不到学校学习，在家里也是白白浪费。因此对教育者常常有许多宽容——而教育者自己也因此多了些麻木。

至于国家的教育投入或者来自纳税人的薪酬，因为常被认为是"公家"的，甚至认为自己也是"纳税人"——而非直接来自学生和家长的，学校和教师也就时常多了份心安理得。这也就是为什么私立学校对教师的绩效考核和教师淘汰机制往往更为严格、及时而果断的原因。

三是人格成本。即学生原有的单纯、善良、真诚、热情、好奇、憧憬、活力、想象力和创造欲望、兴趣与爱好、勇敢和自信等，在日复一日单调乏味的教育中，被渐渐磨平，他们变得厌学、慵懒、麻木、怯弱而又自我、自私。这些，更是不该付出的"代价"。

教育工作的复杂性、艰巨性和迟效性，以及教育观、质量观和人才观等的多元性，使教育评价远比商业评价困难。这也是教育中的诸多"天价"现象难以引起关注和思考的原因之一。

显然，简单责难教育者在故意或恶意欺诈民众有失公允。社会对教育的畸形需求、教育行政部门把升学率视为其主要政绩、学校对教师成长的忽视等恐怕都难辞其咎。

就行业整体而言，对上述"天价"现象，尚持一种出于良知的清醒认知。教育部门持续了多年的减负、增效、提质的种种努力，不正是一种含蓄而执着的自纠行动吗？

但教育界的"天价"现象依然随处可见，不见减少。部分教师自身能力的平庸、责任感的弱化和教育理念的落后以及反思意识和学习习惯的缺乏等，恐怕是主要原因。教育大计，教师为本。我曾见过许许多多的优秀教师，听过许许多多朴实而有效的课，也见过不少滥竽充数的教师，听过一些粗糙敷衍的课。有的课堂实在是"以己之昏昏，欲使人之昭昭"，教师自己都一头雾水，说不清楚，如何指望学生能够学得明白？有的草草备课，找个课件念念了事，枯燥乏味，令听课者如坐针毡，更不必说那些生性好动的孩子们了。可是你和那老师交流，和他探讨一些"可能"存在的问题，并委婉提出一些建议时，他还会异常警觉和抵触。在他看来，老师把教材上的内容讲完了就可以了，该讲的都讲了，"学生就是不听、不学，啥办法"？若恰好是年纪稍大的，还会动辄拿教了几十年的资历来唬你，让你顿时觉得自己的"稚嫩"。这样的老师，你怎么指望他能够远离"天价"课堂？

有位老师和我谈起上课的时候，说，如果看到学生心领神会，师生合作默契，就感觉特别开心；如果看到学生课堂沉闷，反应迟钝，表情木然，心里就非常难过，觉得自己实在对不起学生。他感慨地说："上好课真不简单啊，每次上完课，都觉得自己有缺陷，还不够好。"

这位三十来岁的教师，教学能力和班主任水平在同龄人中当属翘楚，深受学生和家长爱戴。这样的教师，尚常感不安和愧疚，委实令我吃惊且惊喜。或许，恰因为其勤于自省，方能感到不安与愧疚，唯有不安和愧疚，方能不断精进，从而减少对学生成长的耽误和伤害。

唯有这样的教师，才是有专业良知和专业自觉的教育者。唯有这样的教师，才是教育真正的希望。自然，唯有这样的教师，也才是天价教育的终结者。

教师的愤怒

肖春这个孩子又犯错误了!

离上次的事件只有一个月!

一个月前,在田径场,体育老师带着运动队在训练,队员们很快就要参加市运会。肖春带着一帮朋友要进草坪踢足球。

体育老师不让他进去,多次劝阻不听。体育组的一位女教师走上去,拉他衣领,让他离开。

他反手一挥,一巴掌打在老师脸上。

女教师哭了。

体育组老师拉他到政教处,他不去。

我听说后,走过去,把他叫到办公室。

他捋着袖子,露出结实的双臂。双腿一前一后交叉站着。一看就知道是个不好"惹"的孩子。

他一开始并不承认自己的错误,说:"我没有错,我也没有打老师,是她先动手来拉我的。"

我温和地和他分析前因后果,终于意识到自己的错误。

我借给他一本《人性的弱点》。让他学习如何自我克制、自我超越、自我规划,重点学习"控制自己的情绪"一章。他被处以警告处分,在全校师生大会上检讨。

他读了一个多月,就把书交回来了。说看了其中的几章。还零零碎碎地写了几页读书笔记。看得出,是应付。

他的班主任告诉我,这个孩子在班级里还是很任性,动辄和他人发生冲突,作业不做,上课看课外书,谁管他就和谁过不去。

没想到,这次,他又和老师发生了冲突。

他在课堂上用手机玩游戏,被语文老师发现,收上讲台。他大怒,冲到讲台上,从语文老师手里生生夺过手机。老师自然被气哭了。

班主任叫来家长,把肖春带到我办公室里。当时我正在忙一件紧要的事。按照通常程序,学生的问题应该到政教处处理,但我还是短暂地对他作了一番劝告。

他傲慢地站在我面前。我克制住内心的反感,委婉地批评他:"怎么又犯错误了?不久前你不是还认真反思过了?上次那本书还没有好好看完,现在就又犯这样的错误了,你好意思吗?"

他对我这种和风细雨、软绵无力的教育早已麻木,不屑地说:"看那种书,有什么用处!"

看来,一下子难以解决问题。我决定先让班主任把他带到政教处去。

我担心,政教处人员会被他激怒,提醒他说:"肖春,我告诉你,你今天这种态度,很不好,甚至比较恶劣!我希望你待会儿到政教处去,和老师说话,态度要好一点。犯了错误不要紧,要紧的是有勇气去面对,能够正确认识到自己的过错。我今天没有时间和你多说,你去政教处吧。"

他被带到政教处。不出所料地,他和政教处主任发生了冲突。

班主任叫来家长,陪他一道到政教处。

政教处主任当时正在电脑上写一份名单,他打算把几个名字写好之后,再和肖春谈话。他知道肖春的事,大概有意想先晾他一会儿,让他有个自我思考的时间。

肖春站了两三分钟,见主任不理睬他,憋了一肚子火,认为主任不尊重他。

主任和他谈话,批评他不懂得尊敬老师的时候,他仍然是那副"我是流氓我怕谁"的横样子,还冲着主任骂:"刚才我来的时候,你在干什么?你理都不理我,让我等。你自己不懂得尊重人,还有资格来教育我!"

主任平时向来脾气很好。今天本来就忙不过来,肖春又经常给学校添乱,心中自然对他早已有些厌烦和憎恶。他听得此言,勃然大怒,猛拍桌子大骂:"你有什么资格说这种话?我以前怎么对待你的?我找你好好谈过几次了?校长找你好好谈过几次了?你连最起码的感恩的心都没有,还想来教训老师?你多少次欺侮同学和老师了?你尊重过同学和老师吗?你还想别人尊重你?告诉你,我就是不尊重你,就是讨厌你这种人,我见都不想见你!你自己不想好好做人,你就给我从办公室里滚出去。我永远不要见到你!"

肖春或许从来没有想到过,主任会发这么大火,他一下子怕了。他的父亲眼见自己的儿子把老师气成这个样子,一怒之下,狠狠甩了他一巴掌。

下午,当他再次被带到我面前的时候,他哭出了声。

他承认自己的种种错误,特别是承认自己对老师的确不够尊敬,对学校的规章制度不够尊重。他认识到自己一直以来过于自我、任性、放纵、无礼,他希望学校原谅他,给他一次机会。

由于他是一个借读生,本来我们是可以让他回他原籍学校的,但考虑到这次好像他内心里还有些触动,就留下了他。

果然,此后他好多了。班主任反映说,他收敛了许多,除了偶尔在自修课说几句话外,几乎不再犯其他错误。

后来,我们知道,他是通过一位领导才进学校的,他之所以无所顾忌,就是认为自己是有来头的,而且"来头"很大,"后台"很硬,他认为学校和老师是不敢把他怎么样的。那次冲突,让他对此有了重新认识,学会了改变自己的思想和行为。

假如那位主任没有发火,假如没有这场酣畅淋漓的"大火",肖春可能还会继续那种随心所欲、为所欲为的态度,还会认为这个世界可以无所畏惧,可以无视规矩。他该感谢这位主任让他明白:如果你不懂得尊重别人,别人也没有义务尊重你。

还有个孩子,和肖春有着相似的经历。

那是汶川地震发生后没几天,正是举国哀痛的时候。

一位四川籍的住宿生刘东,依然偷偷把西瓜带进寝室,和寝室成员分享,然后,在熄灯后又是唱歌又是说笑。这个刘东,是寝室里的活跃分子,喜欢熄灯后吵闹,还多次把寝室的门锁踢坏。生活指导老师庄老师多次劝阻和提醒,他就是不听。

那个晚上,他又在寝室里,和同学一起在熄灯后吃西瓜。地上尽是西瓜汁和西瓜皮。庄老师发现后,让他不要吃。他反问:"哪条校规规定不能吃?法律规定不能在寝室里吃西瓜吗?你管得太多了!"

其时,正是五月中旬,西瓜上市较早,价格较贵,一块五毛一斤。一般老师也不会轻易买这么贵的西瓜，更何况是经常买。

庄老师想到刘东的种种"劣迹"，想到就在几天前，全校师生一千多人，为四川灾民捐了十七万元，想到有的学生把多年的压岁钱三千多元捐了出来。而这个老家在灾区并且也受灾的学生，居然常常买新上市、价格昂贵的西瓜，且经常不服从管理，不好好学习。

他怒从心头起，大声训斥道："嘿，你这个四川人，我告诉你，你怎么这么不争气！大家都省吃俭用，为你们四川人捐款，你还在这里吃西瓜，你怎么就这么不争气呢！你这个四川人！我和你说过多少次了，在寝室里吃西瓜，很容易把寝室弄脏，你就是不听，你这个四川人！……"

这位老师对他训斥了一番以后，他大为恼火："我是四川人怎么了？邓小平不也是四川人吗？"

"人家邓小平是四川人，可人家多能啊，偏你就不争气！"

这下子，刘东感到受伤了。

当天晚上，寝室成员就开他的玩笑，"你这个四川人！"

第二天，隔壁寝室的人也开他的玩笑，"你这个四川人！"

他深感受伤。

于是，他找到班主任。班主任说，你去找政教处老师。他不愿意，认为政教处和生活指导老师是一伙的。班主任又让他找我。他同意了。

他一大早就来找我。刚走进我的办公室，他就委屈地哭了起来。

我听说此事，感到生活指导老师的确说得过分了，总不应该搞"地域歧视"嘛！

但我想，庄老师一向温文尔雅、富有耐心，怎么会这么说话呢？

我先安抚了刘东，告诉他，如果老师说过这个话，不管出于什么原因，是欠妥当的。我作为学校领导，也有责任，代表学校向他道歉。他感到被理解，有点欣慰和感动的样子。

我于是告诉他，他身上肯定有值得反省的地方，否则一向温和的生活指导老师不会怒成这个样子！

果然，刘东也承认了自己在寝室里多次犯错误，不配合老师的管理，多次对庄老师出言不逊的行为。当天，我找了庄老师，让他们两个一起当面沟通交流。

他接受了庄老师的批评，并向庄老师真诚道歉。庄老师也为自己一时冲动的"地域歧视"向他道歉。我趁机又找来刘东所在寝室的成员集体谈话。他们表示自己今后会认真遵守学校的规定，好好配合老师，管好自己，管好寝室。

此后，这个寝室在纪律和卫生等各方面都有了极大的改观。

这两件事情中，老师都发了火，而且发得有些过火，说了一些"过头话"，做了些"过头事"。初看起来，好像作为老师不够冷静，好像对学生不够尊重，好像不太注意教育艺术和方法，好像缺乏先进的教育思想和理念，好像不是优秀教师应有的表现。我也曾经认为，发怒是教师无能的体现，是教师缺乏教育涵养和智慧下的一种被动选择。

但事实证明，对于那些无视他人感受、屡教不改的孩子，有时候，教师的适当动怒，可发挥出意想不到的作用！

教师的愤怒，可能在当时会给当事学生一些伤害，但更给了他们内心的触动，甚至震动！

他们平时习惯了老师的和风细雨、柔言蜜语，习惯了被哄着宠着疼着护着，很少受到伤害。他们只有自己的愤怒和不满，却从来没考虑过自己的行为会给他人带来愤怒和不满。

教师恰如其分地表达愤怒，能让他们幡然醒悟：这个世界并不只有温情脉脉的一面,并不总是只有迁就、退让和包容。而老师也并不总是只有爱心和耐心。老师也有责任,有原则,有底线,有尊严,也有自己的情感和情绪!

对学生而言,这是一种棒喝,有利于学生的顿悟和止步。

我的一个学生,在作文中曾提到初中班主任冲他发火的经历——

那次,因为他一再逃出寝室去网吧,而父母对他已经无能为力。班主任在愤怒之下,用书狠狠地砸了他的脑袋。

他写道,"他的愤怒让我害怕,我从来没有看到过张老师发这么大的火,我知道我的行为深深地伤了他的心。后来,他找我谈话,我流着泪向他道歉,并且向他保证,从此不再逃出寝室进网吧打游戏……"

后来,这位学生痛下决心,告别网吧。而这位曾经狠狠敲打过他的班主任,在多年后,却在作文里,被他深深怀念和感激。

教会学生如何尊重和体恤他人、如何敬畏和遵守规则,是我们老师和学校不能忽视和放弃的一份责任。

甘为教育受委屈

"我实在理解学生。他们为什么学不好？有的老师稀里糊涂说一通，学生怎么感兴趣，怎么学得好？"

陈校长是一所薄弱学校的校长。在连续听了几个月的课后，他对学校的课堂教学很不满意。

在他看来，许多课简直是"误人子弟"。他打算在改进课堂教学方面做点什么，就前来听听我的意见。

我没和他谈课堂改进或者课改的大道理。我只是提醒他，作为校长，当你决定要为教育改进做点事情的时候，要准备好忍受委屈，甚至责难。

他有些意外。听了我校的一些历程后，才明白我的意思。

这些年，我越来越强烈地感受到：大凡要在教育上认真做点事情，要做成点事情，总要受些委屈的。

2015年11月9日上午，当我接到教育局电话，得知学校获得了宁波市义务段课改样本学校认定的时候，心潮翻涌，眼眶一下子湿润了。

当时，我正在开班子会议，我马上把这个好消息告诉了班子成员，我能感受到自己的声音里带着一丝激动的颤抖。

时隔几天，11月底，我应教育局安排参加济南市市中区和镇海区义务段课改联合论坛，并作发言。走上讲台时，回想课改的一路历程，依然感慨万千，一时语哽。作为本次活动嘉宾和点评专家的全国知名"另类校长"郑杰教授，会后主动找到我，送了我一本他的著作，并肯定我们的积极探索很有意义、给人启发并希望和我们多交流。2016年3月，我校的任务型生本课堂实践与探索又幸运地被浙江省教育厅列为义务段课程改革先行学校典型经验。

近几年，我校做了一些在我们看来毫不出格且有利于学生的事情，却一度招致许多质疑、非议甚至嘲笑和阻拦。我们班子和教职工，承受了许多委屈。

就拿课改来说吧。我校在2011年建校之初，政府领导就把我校作为全区唯一一所小班化试点学校，并把我校定位为"改革先行学校"，要求我们大胆开展小班化实践和教育教学改革，为全区义务段教育提供一些有益借鉴。

建校不久，我们分批带领教师到温州、杭州、南京、上海、大连等地去学习小班化经验，积极开展讨论，并在各学科中，让部分年轻教师先行先试，探索小班化经验。我们邀请张丰、林良富、马骉等省内外著名课改专家前来学校讲座，并指导实践。而其间，镇海区教育局也提出了实行生本课堂实践的指导性要求，这些要求与我们的小班化实践不谋而合。

2013年，在总结过去两年试点探索的基础上，我们全面开展了小班化背景下的任务型生本课堂实践，倡导把课堂还给学生，以学定教，任务驱动，让学生自主学习、合作探究。我们一边实践，一边学习，一边请专家指导，一边不断进行校内的经验交流。我们的努力当时也得到了教育行政部门主要领导和教师进修学校领导的大力支持和肯定,但还是遭遇了前所未有的困难和压力。有来自校内的,也有来自校外的;有来自教育系统内部的,也有来自系统外部的。

我们的一些教师,本来对课改充满信心,可是遇到一次次的冷嘲热讽或批判否定后,不禁备感挫折,怀疑自己是否南辕北辙,走错了路。

更不幸的是,在外出考察课改学校返回的途中,校车侧翻,十多位同事遭遇车祸,都住进了医院,有的甚至落下残疾。尽管是谁都无法预料、也不愿见到的意外事故,但作为校长,我至今为此深感痛惜。

因为是在课改学习的路上出的事,我校的课堂探索因此特别沾染了浓厚的悲剧色彩。一些人因此指责学校"折腾""多事""惹事""瞎搞",甚至有人在校园里散布谣言,说开学初的校门改造破坏了"风水",招致车祸。

那些日子,我们一边忙着在各大医院四处奔走,看望和照顾受伤的同事,一边忍受着众多的指责和误解。有位课改方面深有研究的朋友,获悉车祸消息,发短信来鼓励我,其中有一句,至今令我特别感动:"为有壮志多磨难,课改路上愿同行。珍重,珍重。"读完短信,我早已泪流满面。

那段时间,无数个夜晚,我躺在床上,辗转反侧,不断自问:我们到底还要不要坚持下去?我们究竟为了什么?教育上做点真诚的探索为何如此艰难?……

我把这个问题交给班子讨论,又召集部分教师代表座谈。令我感动的是,班子和教师代表的态度比我更坚定:坚持最初的信念,为了每一个学生的健康成长,继续前行。

课改,原本就不是为了个人名利,甚至也断不是为了学校名利,而是为了每个学生!我们的首要目的就是改变过去"重尖子,轻后进""重灌输,轻学习""重成绩,轻成长"的功利性课堂,让每个学生成为课堂的主人,主动而快乐地学习。

课改坚持近两年后,虽然还存在不少问题,但我们的教学质量各项指标取得了较为明显的进步。而这期间,省教育厅连续出台多个文件,号召在全省义务段学校推行课改;镇海区教育局也连续多次召开会议,要求各校加大推进义务段课改的力度,并让我校在全区课改论坛上把先行先试的经验与大家一起交流,还把我校评为镇海区义务段课改A类项目学校(我校是初中学校中唯一获此荣誉的)。

此后,多批省级骨干校长班前来蹲点考察,省内外一些学校纷纷前来交流结对。当地越来越多的领导和校长队伍中的有识之士对我们的努力予以热情的支持,有的也开始和我们一起参与到课改实践中来。我们的探索得到了广大同行的认可,那些质疑和非议这才逐渐烟消云散。

当然,委屈,远不止来自课改。

2011年,我校在新建之初,作为校长,我和班子讨论后,提出了"以德立校,以德促教,以德树人"的办学理念;我们组织全体师生讨论广东小悦悦事件,并因此确定了学校"世界因我更美好"的校训和"守护良心"的校风;我们在教师岗位聘任上努力真正体现"绩效优先,兼顾资历",率先打破了众多学校简单论资排辈的做法;在中层干部聘任上试行了竞聘制度等等。

我们的这些做法,在有的人看来,是"标新立异",同样招致了一些争议甚至非议。

有人对我们的"守护良心"的校风一度质疑,认为这个要求太低、太俗了。他们不知道,2001年4月16日,朱镕基在视察上海国家会计学院时,亲笔为该校题写了校训:"不做假账"。或许,在他们看来,这要求也一定太低、太俗了，不够高大上。

有位校长对我们的办学理念很不认同。他坦言：你是做德育出身的，对教学可能不大了解，对学校来说，教学是最重要的，以德立校，是站不住脚的。在他看来，以德立校，有些不务正业，或者说喧宾夺主。在他看来，教学和德育，不仅是截然分开的，而且是彼此对立的。甚至凡是德育做得较好的人，好像就是不懂教学的。他认为，只要你重视德育，就一定是影响教学的。这位校长的观点，其实很有市场，我就从另一些校长那里多次听到过类似的质疑。

直到后来，十八大提出了把"立德树人"作为教育的根本任务，那些曾经质疑过的人才开始明白，我们的理念和做法并没有偏离正确的方向。遗憾的是，一些人因此就认为我们理念"超前"了，居然走在了领导的前面。其实，这哪里是超前，我们只是认认真真研究教育，老老实实做教育罢了，而党和国家的文件也只是更求真更务实，努力让教育更像教育自身罢了。

在一些人看来，只有政府开始倡导了，领导发文要求做了，你做才是对的；否则，自己做了，或者你居然先做了，就是出风头，就是瞎折腾。他们不知道，对教育者而言，遵照教育规律办事，做真正的教育，是不需要等待领导来"吩咐"和"指示"的，更不需要等三令五申的文件来敦促。

不独学校层面，在教师个人层面，那些凡是善于学习、勤于思考、勇于实践、乐于探索的教师，总是最容易受一些委屈的。

我们曾经因为师资困难，找一位老师担任两个班级的班主任。他毫不犹豫地接过重担。不想，招致了许多非议。有人说他爱出风头，有人说他不要命，有人怀疑他另有所图。当他向我倾诉苦闷后，我送给他魏书生的话："能够忍受多少委屈，就能有多大作为。"我告诉他，想在教育上做出点事情，不经受些委屈是不行的。他深以为然，发奋努力，两个班级的面貌迅速改善，取得了显著的效果。后来，又有一位年轻教师中途接班，担任两个班级的班主任，同样也成效明显。此后，不再有类似的怀疑和非议。

流言止于智者，更止于事实。

这些年，我们做的许多事，并不是创新，只是通过学习和思考，借鉴了国内外一些先行者的经验而已。即便如此，在一些人看来，也仿佛是要翻天覆地闹革命了。于是不解，于是紧张，于是非议，于是反对，于是冷嘲热讽，于是幸灾乐祸。直到后来发现，不是我们太先进了，而是他们太落后了，不是我们太开放了，而是他们太闭塞了。

自从当了校长后，我越来越体会到做一个真诚的教育者不易。这些年来，我们走过一些弯路，受过一些委屈，但是，我们也获得了信心、智慧和定力。

在那些最艰难的时候，我和一些志同道合的同事，始终不断地重复着这样一些话：做教育，本来就是要受委屈的。我们所做的事情越有价值，可能引起的争议和误解就会更多，当然我们所受的委屈也会越多。挺住，挺一挺，就过去了。

在世俗文化中，率真常被视作幼稚，认真常被视为死板，勇敢常被看成鲁莽，远见常被看作痴语，理想常被当作浮夸，激情常被说成癫狂——只有世故总是最好的，只有保守总是最安全的，只有迎合总是最受欢迎的。

但是，教育不能太世故，不能太保守，不能只是迎合。教育需要与时俱进，甚至有时候需要走在时代的前面。因为教育是立足当下且面向未来的，我们的学生是未来的成人，我们不仅为学生的当下服务，还要帮助他们学会在未来的世界中生存和生活。

那些在教育上稍有激情的人,稍有理想的人,稍有远见的人,稍勇敢的人,稍率真的人,稍认真的人,更容易受些委屈。不能忍受委屈,就无法在教育之路上坚定而虔诚地走下去。这一点,看看魏书生,看看李吉林,看看李希贵,一定更可以获得印证。

的确,挺一挺,就过去了。

人的自觉是第一位的

人的自觉是第一位的

总能听到一大堆艳羡的声音——

人家芬兰,当老师真轻松,政府完全信任学校和老师,对教师从来没有考核;

人家美国,教师的待遇多高啊,教师真轻松,不用批改大量的作业,而且都是小班教学;

人家德国,学生上职高和普高都一样,家长和社会对孩子的期望值不像我们这里高,教师压力小,而且,教师都是国家公务员,基本是终身制,还不需要坐班,上完课就可以走人;

人家北上广的一些学校,不仅办学条件好,而且生源好,当地高校多,学生考低分也能进好学校,工作比我们轻松,待遇却比我们高多了。

……

条件好一点,待遇高一点,工作轻松一点,谁不指望这等好事?

这种羡慕,至少有两个方面的好处,一是增强羡慕者自身的发展动力,让他懂得还有更好的教育环境、更好的生活等着他;二是可以增加对学校甚至政府教育部门的压力,让他们懂得还可以继续为师生创造更好的办学环境。

但看着人家的好条件、好环境、好待遇，一味羡慕也是不行的。

在羡慕之时，把人家看仔细了，了解完整了，再来高谈阔论，可能会更客观中肯。脱离具体的背景讨事论物，通常会失之于急切和浮躁。脱离自身因素去羡慕人家的环境，无疑也会徒增烦恼。

芬兰的教师地位的确高。年轻人最向往的职业就是教师，但教师选拔机制却极为严格。要当教师，即使是幼儿园教师，也必须拥有硕士学历。师范类院校在全国的录取率仅有10%。教师在芬兰成为真正的精英职业。

如果没有这么高质量的教师队伍，这个只有500多万人口的北欧国家，学生们"享有最短的上课时间、最少的考试和最平等的教学"，如何能在各类机构组织的教育评比中，教育质量长期名列前茅？一群平庸的教育者是无法胜任的。照此标准，那些艳羡芬兰教师地位的人，若真的在芬兰，恐怕大都连教师的职业资格都难以获得。

德国教师面临的升学压力比我们小，但工作时间并不短，日常教学任务更不轻松。德国中小学教师必须具备执教两门学科的能力，教师每周通常执教24—28课时，几乎整天都在上课。这样的工作量大大超过我国。德国教师虽然不用坐班，上完课就可以回家，可上课已经占去了大半天时间，上完课回家，还有大量的备课任务。一位德国的中学校长告诉我，她60岁了，还每周上20节课，年轻人则更多。我问她，老师是否有时间在家里照顾孩子？她说，除非退休或者假期。尽管很少考核教师和学生的成绩，但教师们都充满责任感和紧张感，希望每一节课都能够对学生真正有所帮助。

美国的情形也差不多。中学教师每天要上5至6节课，且通常是多门学科。虽然每班学生就二十多个甚至十七八个，但实行包班制，1—2

位教师(小学通常是一位教师)全面负责班级的教育教学。他们既要教数学、语文,还要教体育、美术、音乐等,每周任教课时量常达20多节。校长还会随时来听课,并与教师交换意见。总之,教师每天的工作同样非常忙碌和辛苦。

这些,恐怕是那些徒会羡慕的人未曾了解,甚至无法想象的。

任何一个国家,只要对教育足够重视,而教育又足够发达,对教师素养及其工作质量的要求,就一定会更加严苛。那些以为国外教师工作轻松却报酬丰厚的教师朋友们,看到这里,一定不会再有太多的悲慨了。

国外,终究是国外。国情不一样,而自己又出不了国,抱怨羡慕一会儿就过去了。面对国内的学校差异,我们的一些教师朋友们的心态就不容易调节了。

随着教育交流的增多,一些教师越来越容易产生一种"失落感"。总觉得"别人"的学校条件多么优越,管理多么宽松,待遇多么优厚,对比之下,自己仿佛处在水深火热之中。于是除了羡慕,就剩下了抱怨和苦闷,甚至愤怒。

不久前,浙江一所职业学校火了一把。据《中国教育报》报道,该校教师每个月有一天的"疲劳假";每个教师有午休床铺;教师每周可以有一个上午迟到一个半小时,一个下午提早一个半小时下班,以便安排好家务;学校每周还会安排中医来校坐诊,给老师们提供保健咨询。学校对教职工的关心和关爱无微不至,值得学习。

报道一出,许多校长带着人去学习,更有众多教师朋友们纷纷在微信里转发,吐槽自己的学校怎么不像别人那般"幸福"。一时间,仿佛全国众多学校教师们的幸福感大减,而愤怒感急升,以至于不少校长纷纷出面

"灭火""降温",专门开会做教师们的思想工作。

据了解,该校在关爱教师方面的确有一些独到之处,但其中大多数措施,仅仅属于优惠政策层面,比如疲劳假,真正使用的教师并不多。而中医坐诊了一段时间后,大家也就觉得没有意义和必要了,就取消了。而允许教师每周有事可以迟到或早退,其实多数学校都在实行。而该校除了明文规定可以享有的"幸福自由"时间外,其余的上班时间内,管理和检查是极为严格的,绝不可以随便迟到和早退。

另一方面,该校对教师的工作质量要求其实非常高。他们必须是双师型教师,必须成为多面手,能够上多门学科。这可不是语文、数学、英语或者作品赏析之类的文化学科,也不是随意在网上下载个课件就可以敷衍得了的。职高是面向社会各种职业的,教师必须深入社会,熟练掌握一种或多种职业所需的专业知识和专业领域,必须做到与时俱进,才能对学生专业发展和今后就业提供真正有价值的指导。老师们不得不在寒暑假深入大量企业或者有关单位去搞调研。因而,有时候,看起来是为了备一节课,实际上要花一个周末甚至好几个周末的时间。

"没有很强的学习能力和真才实学,没有多种才能和敬业精神、钻研精神,在这里你是待不下去的。"该校一位教师告诉我说,"说实话,我很忙碌,每天都像打仗,但的确感到幸福,这种幸福感是建立在自己的高度负责和自觉基础上的。正因如此,我们学校才能够从一所普通的职高迅速崛起为一所全国知名的学校。"

说得多好!说到底,人的自觉是第一位的。没有高度的责任自觉,就不会有高度的道德自律,也不会有持久的专业自强,因而也不可能会有牢固的尊严和地位,不会有真正的职业幸福感。

李嘉诚在汕头大学毕业典礼上,曾经告诫年轻的大学生们,不要让内心的愤怒影响解决问题的能力，而要把愤怒转化为对自己更高的要求和更专注解决问题的动力。只有更加勤奋，更具观察力和韧性，才能改变困境，创造机会和缔造希望。

临渊羡鱼，不如退而结网。我们与其只是羡慕，或者因羡慕而平添许多愤怒来，或许，还不如着力提高自身的职业境界和专业能力，并从中享受职业给予我们的尊严和快乐。或许，这才是我们最重要，也是最根本的选择。

不必惧怕孤独

你给我写了封长长的信。

在单位里,因为做了些与别人稍有不同的事情,你总感觉孤独而委屈,与周围格格不入。

你不知道为什么被人无端议论与疏远。

你在学校需要的时候没有推辞。有同事因病请假近一年,学校安排代课,其他人害怕担子沉重,纷纷推辞。你工作只有一年多,业务还在摸索中,但当领导找到你时,你却一口应承下来。一个人跨年级教八个班级,一周二十多节课。

一年下来,人疲惫不堪,教学成绩竟还不错。

令你心寒的是,在这过程中,每逢唇焦口燥、感到疲累时,一些同事非但没安慰和鼓励,反而说你自讨苦吃——"你接下来干什么?大家都不接,领导自然会想办法找代课教师!不过,年轻人要上进,应该表现一下……"

更令你心寒的是,当学校肯定你一年来的辛苦,给了你市级先进的荣誉,有人就在办公室里含讽带刺地说:"你这一年代课,换来个市级先进,划算，评职称不用愁啦！我们干了半辈子，还没有拿过市级先进呢。"

有人附和道："听领导话，前途无量！"

这其中一位，年近五十，还没评上高级，自己不思进取，却总指责学校没有给他机会，害他晋级无望。

不久后，你又担任班主任，兼任政教处干事，还跨年级兼课。虽然身兼数职，忙得焦头烂额，你还是做得风生水起，被绝大多数同事认同。

但你却愈来愈感觉到周围目光和声音的异样。

有人说你是校长眼中的红人，有人说你能力超群不是凡人，有人说你集万千宠爱于一身，出尽风头。当然，也有人说你背后一定有贵人提携或高人指点。

最近，你要参加市里的优质课比赛，在学校先上公开课，照理，大家要一起听课，帮助找找问题，想想办法，以便改进，但评课时，大家几乎都不痛不痒地说："很好很好，近乎完美，已经超过我们这些老朽了。"这些都搞得你不知道自己的课究竟是好还是不好了。

你说自己还有一个习惯，喜欢看书，不像办公室里那些人那样，闲下来，除了谈钱、谈女人、谈八卦、打游戏，就是骂学校、骂领导、骂学生和社会。

你觉得，他们的心态有问题。你说自己从来都容易知足，不会忘记当初找工作时的艰难。你说有一份工作足矣，能够养家糊口足矣，自己的努力付出能得到同事和领导的认同足矣。你说知足才能常乐，命运对你已经足够青睐。

可你不明白，为何一旦自己稍稍获得一些荣誉，一旦工作稍微有些起色，却反而被周围的人孤立了。你总感到自己的周围有一道无形的墙，把你孤独地隔离开来。

我和你几乎有一致的经历。

当年,一些人下班了,就聚在一起打麻将,喝老酒,吹吹牛,骂骂人。我呢,由于兼任班主任和政教处的工作,还要经常给学校写总结,常常工作至深夜。即便是假期,我也喜欢躲在家里想些事情,写点东西,看点书刊。

我的专业成长自然相对快一些。工作四年就被提拔为完全中学的校长助理兼教务主任,而且在论文发表和课题研究方面也比同龄人的成果多一些。

由此,我也招致了一些人的议论。他们认为我有后台,用了手段,还片面找一些我工作中的不足。甚至经常说,一个男人不抽烟不喝酒,只知道工作、看书,只是一个书呆子,走不远。

平时,我对他们也还算敬重,从来不轻易得罪,只是觉得自己实在不愿迎合他人罢了。

我后来才明白,有些人,我们原本就无法真正走到一起,也迟早要渐行渐远。因为我并不喜欢那样的生活,而他们却乐此不疲。

多年后,当我在教育上做出一些成绩后,当我在他们看来既当了校长,又评上了特级,好像有了一些"成就"后,他们中的几位对我说:"当年我就看好你,知道你一定会有大出息的。"

我至今并没有多大出息,至今也远未到达卓越的地步。如果说我比有些人更加努力些,取得了一些小成绩,也只是因为我不甘心让自己如此过早地放弃自己的梦想而已。

我们的文化中,历来推崇"不敢为天下先""木秀于林,风必摧之",强调要躲在人群中,随波逐流。大家喜欢吹牛,你一定要会吹牛,但又不要吹得太厉害;大家喜欢赌博,你一定要跟着赌博,但不要总是你赢钱;大家喜欢按摩，你一定要和他们一起去按摩，只是不要总是让别人掏钱；大家喜欢骂人，你一定要跟着骂，只是不要骂身边的同类。这样，你才会很好地接地气，被"群众"接纳与认同。否则，你喜欢看书，你喜欢写作，你喜欢研究工作，结果，别人没文章发表，你经常发表；别人没机会发言，你经常作典型发言；别人没机会获得荣誉，你荣誉等身。你就容易慢慢被人疏离，被人议论，甚至被人攻击。

因为你走出了人群，大家看到了你的背影，于是议论你的背影；因为你超越了人群，大家看到你的下巴，于是议论你的下巴。

"君子之过也，如日月之食焉：过也，人皆见之；更也，人皆仰之。"

是否"仰之"，不敢说。当你追求卓越的时候，犯些过错，"人皆见之"，是必然的。

只有幻想未灭、激情尚存的人，才能深切感受得到这种被人议论和疏远的孤独。这是一个人听从自己灵魂的呼唤所必须付出的代价，也可以说是生活赐予他的独特的回报。

当代哲学家周国平就说过："孤独、寂寞和无聊是三种不同的境界，分别属于精神、感情和事务的层面；只有内心世界丰富的人，对精神与灵魂有着执着追求的人，对人间充满挚爱的人，才可能体验真正的孤独；孤独产生于爱。"

这个爱，不仅是对具体人的爱。我认为更是一种对理想的热爱，一种对超越人性之平庸和狭隘的孜孜以求的爱。这种爱，是对更大范围内的人们的爱，而不是局限于身边小圈子的爱。是更为纯粹的爱，而不是陷于物欲和享乐的爱。这种爱是博大而深远的爱，而不是狭小和短视的爱。

你追求对学生负责，对学校负责，对自己的理想负责。而你周围的部分人，则选择只对自己负责，对自己的眼前利益负责。他们不肯为学校、为学生挑起重担，他们自然不配得到那份荣誉。他们也不配得到掌声和鲜花。当然，他们也不配获得你那种高贵的孤独。

不要害怕孤独，也不要害怕非议。志有所向、追求卓越的人注定要经受非议，并且因为经受非议而备感孤独。

时时取悦他人，虽然能够获得众多赞词和看似温情脉脉的好人缘，但你也将从此顾虑重重，被他人的思想和目光所裹挟，无法真正独立。

历经孤独洗礼，才能敢于抛开那些复杂的目光，放下那些琐碎的声音，拂去那些脆弱的障碍，走得更加坚定、踏实，也更加轻快、从容。

"赤子孤独了，会创造一个世界，创造许多心灵的朋友！永远保持赤子之心，到老也不会落伍，永远能够与普天下的赤子之心相接相契相抱！"

傅雷对孤独的理解，可以作为对你的鼓励。相信现在的孤独，一定可以使你获得更多的心灵上的朋友。更主要的是，你可以获得更多的和你真正心灵相通的朋友。他们有一些在你身边，更多的在书里，在梦里，在远方的人群里。

我写下这些，就是想告诉你，虽然要学会孤独，但你其实并不孤独。

以谦卑的姿态做教师

翻阅美国马修·桑格教授和理查德·奥斯古奈普教授的《师德教育培训手册》，我惊讶于他们把"谦卑"放到教师职业道德内涵中如此重要的位置。

"谦卑"与"谦恭"意义相近，但又不同。

谦恭，是指表现出对他人的恭敬和自己的谦逊，更强调对他人的恭敬。而谦卑则强调谦虚前提下的"卑微"，就是自认卑微，更是一种面对他人时对自我认知的一种心态。这是一种对自己生命的卑微与渺小的认识。

许多人的谦恭，看起来只是态度谦虚恭敬而已，你感受到的依然只是他内心的一种骄傲、一种高高在上的威严。谦卑不是这样，即使这个人地位再高贵，他站在你面前，你却能够感到一种平等、友善、安全、信赖，甚至，一种比他好像更有优势的"尊严感"和"价值感"。

谦卑的人，必定能意识到并敬畏他人的价值和尊严，从而认识到自己的不足。故而，不论自己地位如何，才华如何，都愿意以真诚、恭敬的姿态出现。站在谦卑的人面前，即使你有多么相形见绌，都不会觉得有压力。

你会踏实,会自信,当然,心里会感恩,会信赖。

在这样的人面前,你愈加不敢造次,你会油然而生自重感。只有被充分的敬重,一个人才会发自内心地激发出潜能与热情来。

教育是一种特殊的服务行业,即便有其"特殊性",也无法改变和脱离其"服务"的性质。既然是服务,服务者对服务对象,自然应该有充分的尊重与适当的敬畏。我们走进高级酒店、大型超市,很容易从服务员甚至老板的身上感受到那份发自内心的谦卑。

我们的一些老师实在太像老师,一看就是老师,高高在上,凛然不可侵犯。有许多老师努力把自己打造成或者至少在学生看来要努力装成无所不知、无所不晓、无所畏惧的权威。他们不在乎你学不学得好,不在乎你肯不肯学,也不在乎你喜不喜欢他们的课堂,不在乎你能否接受他们那种说话、做事的语气和方式。总之,你对他们不重要。

他们远比你高贵、优秀、权威。他们的话,你必须听;他们的方式,你必须接受;他们的准则,你必须遵循。没有商量的余地,更没有妥协的可能。他们会面对一批一批的学生,铁打的老师流动的学生。所以,多你一个不多,少你一个不少。什么样优秀的学生我都见过了,你在我的心里、眼里根本就算不上什么。这样的态度下,哪里有半点服务者的"谦卑"可言?

如此,学生一看见老师,自然都吓得半死。老师太像老师,学生却不像学生了。他们没有了自己。他们感受不到自己被需要,被敬重,被信任,被欣赏,故而想方设法逃避老师的管理与教育。

马修·桑格教授认为,谦卑的态度,是我们面对不熟悉的人,对未知的东西,容易呈现的一种认真、敬畏甚至忠诚的初始态度。当我们面对一个陌生人的时候,当我们无法从已有的经验判断出其身份、来历、意图、性格等我们所需要的信息的时候,我们通常都心怀敬畏。这种心态也有利于我们与他人建立一种平等的良好的关系。

"相逢好似初相识,到老终无怨恨心。"说的就是这种初始之心。

这种心态,我们每个人都经历过。比如,实习的时候,我们在乎每一个学生,非常在乎。我们看到学生咳嗽一声,就会走过去,关心他;看到学生迟到了,我们会用和颜悦色的方式去询问他,而不是质问他;看到有学生对我们的讲授提出质疑,我们一定会非常耐心地去聆听他的意见;当学生眼里流露出困惑,我们会主动去了解我们哪里还没有讲明白。当我们告别学生的时候,那些孩子们往往会泪眼婆娑,送这样那样的礼物给我们,然后,把我们视为一生中最理解他们最关爱他们的老师(当然,不一定是最有水平的老师)永远留存在记忆里。

一般而言,实习教师留给学生的印象是最美好的;而实习时候的学生,在教师的印象中,也同样是美好的。这和我们从职多年后那种彼此挑剔、厌倦或不满意的状态判若两界。在教师的一生中,大概很少有一个时期比实习的时候,对学生更加在乎,对学生更加谦卑。

在应聘面试的时候,面对决定我们命运的一个个考官,我们又是如何的谦卑。我们几乎愿意聆听他们的任何意见和建议,并努力去调整自己,取得他们的信任与认同。我们从穿着、言谈、举止到对各种可能出现的问题的准备,都是为了体现我们对他们的敬畏与重视。我们被录用后,初进新单位,在众多同事前辈面前,无不如此。

教师的谦卑,首先在于对学生和家长的敬畏。其次,还有对同事、对工作的那份敬畏。如果我们始终怀着这份敬畏的初始之心,我们赢得的将是他人友好的回应、热情的支持和真诚的理解。

我的同事郭玉君老师,对学生很少有居高临下的训斥。学生犯了错误,他总是耐心地沟通、劝慰。他对学生最爱说的一句话是:你不能欺侮人,不能看老师好商量就欺侮人。学生听了大都心里一乐,却不敢再闹。为什么?

学生觉得这老师特别谦卑,居然说学生欺侮他。这位老师因而深受学生敬爱,私底下叫他"老郭"。毕业的时候,学生留在横幅上的一句话是:"老郭,少抽根烟。"谦卑的老师,最令人敬重。

有一位教师却相反。他身材高大,性格强悍,颇有才华,但喜好在学生面前夸耀自己,而且特别喜欢说:"你们见过有钱人吗?我的一个哥们家里有好几个亿呢!""什么叫水平,我年轻时,专业技能比赛得过省里第一,工作后,也在学校里创了好几个第一的纪录——那才叫水平!""你们这点水平,还浅着哩!"

这位被学生私下里称为"吹牛哥"的可爱的老师,和学生却搞不好关系。学生上课不听他劝导,他就动手用力去拉扯,这位学生长得人高马大,性格刚烈,用力一挥,他竟差点摔倒。他大怒,对那学生厉声斥骂,想伸出手去继续拉扯。那学生一个马步摆出来,要和他拼。看那架势,他自然"败下阵来",不敢硬碰。他怒气冲冲找到政教处。政教处一位女老师一番温和的话就让这位学生去他那里道歉了。

时下,"蹲下来做教育"已经成为众多教育者接受的理念。蹲下来和孩子说话,听孩子说话,体现的是一种对学生立场与视角的尊重与关爱,是人与人之间的平等。这个蹲下,在我看来,也是谦卑。我们做教育,需要的就是蹲下来。我校有个外教,身材高大,每逢和学生说话,总喜欢蹲在学生身边,虔诚地听学生说话,他自然比众多老师更受人欢迎。

有老师说,现在的学生已经不得了了,老师地位已经够低了,如果在学生面前还谦卑,我们的话学生还听不听啊?也有老师抱怨,现在许多学生软硬不吃,自己说尽了好话,赔尽了笑脸,岂止是蹲下,都快要跪下了,可学生还是六亲不认,你让我怎么办?

这是把"蹲下来",把这个"谦卑",看得太过于简单了。如果一位教师只是在举止上显出对学生的尊重,而内心里依然是不屑或不愿的,那么,这种下蹲,说到底只是一种作态而已。一个内心里肯在学生面前蹲下来的老师,即使如美国著名的罗恩·克拉克老师那样,跳到桌子上讲课,他依然是万分谦卑,且深受爱戴的。

我有时候会猜想,在我们的教育者身上,在我们的教育中,如果少一些咄咄逼人,少一些盛气凌人,少一些无所顾忌,少一些意气任性,校园里、学生的脸上,乃至教育者自身的脸上,会不会多一些生动灿烂的笑容?

我们都可以是李林森

学校组织全体教职工看了电影《雨中的树》。该剧是以四川省万源市市委常委、组织部长李林森的先进事迹为基础改编的。

看电影的过程中，我几度泪流满面。

走出电影院后，听到有人说，这个电影和我校的校风校训以及我们所倡导的良心教育特别吻合；听到有人说，这样的干部不知道现实中真的有没有，反正看了很感动；听到有人说，假如我们的党员干部都这般正气，我们的社会就不会有这么多问题了。

我喜欢从不同角度思考问题。

我回家后，仔细查阅了李林森这个原型人物的事迹。李林森是一个勇于改革创新、敢于坚持原则、善于为百姓办实事、乐于公正选拔干部的好领导。在他任部长期间，推出了"四评村官"的创举，使得一大批优秀的村官得以诞生，并为村民们实实在在地办了许多好事。他肝癌晚期还坚持工作，但不幸英年早逝。电影的情节绝大多数就是他的真实事迹的翻版。李林森，是真正的共产党员，是真正的人民的好干部，他这个组织部长是老百姓的组织部长。有他这样的干部，是老百姓的福分，也是党和政府之大幸。

看了他的事迹,我的心灵再一次得到涤荡。但除了钦佩、惋惜和感慨,我还有许多想法。

我做了一些大胆的假设。假如李林森还活着,而且没有患病,那么,还会有这么多人如此高度评价他吗?假如李林森患了肝癌,但属于早期,经过手术,还能够苟延残喘几年,而组织部门又没有挖掘他的先进事迹,他身边的人们会不会如电影中的办公室主任那般钦佩他?会不会如我们看电影时一样对他充满敬意?

真实的李林森,不是一个从来不说干部"坏话"和"缺点"的人,他对老百姓充满爱心和耐心,温和亲切。但是,对内部,据说要求严格,而且没少发脾气。他身边的同事、他的部下,几乎都曾挨过他的批评。虽然,他一旦发现自己有什么不当,会主动道歉。他发现同事内心有些受伤,也会主动安慰和鼓励。

我相信,这样一个至情至性、工作追求完美的干部,注定不会是孔子所说的那种"乡原",人见人爱。工作和生活中,他一定有许多不被人理解和喜欢的地方。

我深信,并非所有人都喜欢李林森,或者说,喜欢他这样的干部。

那些下乡时喜欢吃拿卡要的人,不会喜欢李林森。因为李林森洁身自好,痛恨丑陋,他们跟着李林森下乡,什么也拿不到。

那些精于钻营、送礼跑官的人,不会喜欢李林森。因为李林森一身正气、两袖清风,绝不会因为你的礼物而给你承诺,他也绝不会收受你的非分之"礼"。

那些工作偷懒、敷衍塞责的人,不会喜欢李林森。因为李林森喜欢较真,追求完美,轻易不肯在工作中允许将就和迁就,不允许走形式、打折扣。

那些喜欢说情、玩弄手段的人，不会喜欢李林森。因为李林森公正廉洁，真诚坦荡，在考察和推荐干部上，坚持任人唯贤，绝不会因为某个干部"说情者众多"就任用他。

那些能力平平、不思进取的人，不会喜欢李林森。因为李林森无论在党委书记的岗位还是组织部长的岗位，都勇于改革，追求卓越，他让那些平庸的官员相形见绌。

总之，我深信，绝大多数老百姓对李林森，一定是怀着真诚的敬意和谢意的。

但是，那些从官场潜规则中受益的人们，和那些因为李林森的大胆违背"潜规则"而受到损害的人们（其中自然包括那些因李林森的"四评"方式而落选的村官），一定不会真诚地喜欢李林森，即便他们在面对记者的镜头的时候，或者是在写李林森事迹观后感的时候，是如何用世间最美的文字来赞美他的。

我说这些话，一定会显得刺耳。

我知道，说真话通常会招来反感，尤其是当我们习惯于被爱听的假话大话和空话所包围的时候。

但我不惧怕说真话。

李林森其实并不是一个完美的人物，从来就不是，他只是一个平凡而伟大的人。他也只是这样的人群中的一个代表。

我们的身边并不缺乏这样的人，或者说，不缺乏他身上所表现出来那些美德的人。我们有的老师默默无闻地为学校打扫鱼池，他对鱼池中有几条鱼心中清楚，但他从不想学校是否给他报酬，他就是李林森；有的老师长期教三个班的科学，还经常牺牲中午时间下班级辅导，他就是李林森；有的老师看见学生受到威胁，挺身而出保护学生，他就是李林森；有的老师早上早早到校，进班级辅导学生早读，中午找学生耐心指导，他就是李林森；有的老师年近五旬甚至快要退休，依然担任班主任，勤恳付出，任劳任怨，他就是李林森；有的老师为了学校整体事业发展坚持原则，勇于改革，敢于负责，不怕一时的委屈和误解，他就是李林森；有的老师长期疾病缠身，但是为了不耽误学生的学习，依然不降低对自己的教育教学工作的要求，坚持对每一个学生负责，对每一堂课负责，他就是李林森。

真实的李林森，在我们身边并不缺乏。我们许多人自己就是活生生的李林森。只是，我们习惯于放大别人的缺点和不足，或者我们的缺点和不足通常也被别人放大了，或者还可以说，我们的优点和成绩通常不被本能的狭隘之心所容。所以，我们时常感觉，身边总是有很多的不足和遗憾，而远方总是很美好而崇高。

或许，我们自己的一些与生俱来的人性的弱点，让我们在面对身边世界的时候少了一份良好的心态。

举例说说吧。

我们中一些同志，听到哪个同事做了一件好事被表扬了，或者哪个获得了荣誉，比如被评为最美人物，比如被评为"感动甬城十佳教师"，比如获得其他一些荣誉的时候，就有一些老师会意味深长地当面或者背后议论一番。这些议论中，通常会有一些让人心凉的内容。这里面有苛责，有嫉妒，也有失落。我们虽然自己也不乏优秀和美好之处，但一些人总是容不下别人的优秀。我们仿佛可以容忍别人的缺点，却很难让自己学会容纳别人的优点。

我见过一位教师，一位优秀教师，这位教师对工作异常热情负责，无论当班主任还是教学，都是年级里一流的。无论她在哪个年级，她的班级的班风和学习成绩，都名列前茅。她不幸患了重病，不得不中断部分工作。

于是，各种议论随之而来，有人说她得不偿失，有人说她自作自受。我听到一些人，时常将她的疾病和她的工作态度联系起来，以此告诫其他的同事。她好像成了一个反面典型。的确，有的人不愿意看到她的优秀，更有人害怕她的优秀。她的勤奋和执着让一部分人感到了压力。在她得病之前，就有人公然在会上含沙射影地攻击她是个不知道为了什么而工作的工作狂。而在教师对班主任工作的测评中，极个别人竟然把这位异常优秀的班主任打为"不合格"，着实令我们政教处的工作人员百思不得其解。

黑龙江的张丽莉老师，在见义勇为失去双腿后，被增选为黑龙江省残联副主席。在一次教师培训会议上，我听到有教师说，一个没教过几年书的人，就这样当上了副主席，也是运气好，被媒体宣传来的。我知道，这背后也是嫉妒。我对此不想多做反驳。我想说的是，任何先进，都只是某方面的先进而已。从来就不存在完美的先进。如果说有，那也只是一些媒体的一厢情愿。真实的先进，都有缺陷，甚至难免充满争议。

事实上，那些真正的先进人物，从来就不是人人都喜欢的。一个有原则的人，必然是有所爱憎的，因而也必然是被人所爱憎的；一个有追求的人，必然是有所取舍的，也必然是被人所取舍的。

当我们都在感慨李林森这样的好人和好干部难得的时候，我们不妨回过头来，看看自己，看看自己的身边。其实，我们自己的身上，也有着许多类似的美好的东西。只是许多时候，一不小心就让狭隘之心、怠惰之心、盲从之心给掩盖了。而我们的身边更不乏李林森这样的好同事、好党员、好干部，他们同样忠诚于事业、热心于服务、坚守良心、追求卓越甚至完美、不甘与污浊为伍，只是他们通常容易招致种种误解和非议。

我们如果对这些"善"和"美"的人们，多一分理解和认同，少一分苛责和讽刺，也少一分嫉妒和不平，而对自己身上的"善"和"美"多一分坚持,多一分坚守,那么,我们自己也就是一个个的李林森了。

真的,我们每个人都可以做李林森,如果我们敢于少一些世故,少一些世俗,少一些自私,少一些自我的话。

美丽的,并非总是在远方。如果我们善于发现美,包容美,创造美,那么,我们的身边,我们自己,我们的生活,也就不乏美好了。

重要的还是常态课

想听听你的课,你说:我没准备好,过些天吧,过几天我就要上公开课了。

想听听他的课,他说:我今天不上新课,讲练习,没什么好听的。

想听听她的课,她说:校长,不要吓我啊,下次我邀请您听课,行吗?

可爱的同事朋友们想尽法子,以各种理由,拒绝我"入侵"他们的课堂。须知道,他们上公开课的时候都满怀自信,毫不在意谁来听课的。

类似现象,在许多学校都存在。

每个人都希望展示最好的一面。突然有人听课,好像没有梳妆打扮,而被拉出去赴宴一样。这种心情,完全可以理解。

年轻时,我也害怕别人来听课。

我曾被教务处主任突击听课。那堂课讲文言文,课堂气氛活跃,学习效果良好。结束的时候,主任查看我的教案,而我把教学思路全写在了教材上,并没写在教案上。那个月,我被考核为 C 档,扣了 200 元奖金。这一遭遇一度在我的心中蒙上阴影,使我对听课心生恐惧和抵触。

那时流行突击检查式的听课,学校领导和教研员习惯把听课作为一种考核教师或学校的方式,而不是当作帮助教师和学校提升教学及管理水平的途径。有的人甚至把它当作一种打击教师的方式。或许,正是这种官僚式作风导致教师害怕"被人听课",心怀戒备和忧虑吧。

走上教学管理岗位后,我对听课有了更多的认识。

我反复向老师们申明:无论是学校领导还是教研员来听课,我们都无须惧怕和抵触,只要按照平时的样子去上课就行了。

因为真正的听课,应该是怀着了解、交流、学习和帮助的目的的,而不是为了评判、考核甚至嘲笑打击教师的。我们展现了真实的一面,才可能获得真实的评价,也更可能获得真实的富有针对性的意见和建议。

贵州的一位女校长来我校蹲点学习。她要求随堂听课,一些教师不愿意,就推荐我,说:"厉校长,就让她来听你的课吧。"虽然我当时工作忙碌,但毫不犹豫地答应了。

那位女校长连续听了我两周的课。那段时间,我感觉每堂课都比以往有灵气和新意。完美自然是做不到的,但至少每堂课都有一些亮点,让学生得益,也让我自己得益,师生默契,其乐融融。

我由此更深切地明白:听课不仅是了解教师教学和班级学风的最好方式,也是促进教师进步和提高的一种好形式。

有理由相信,如果我们的课堂里,每天都有一个懂得评判课堂得失的同行听课,我们每个教师的每堂课一定会上得更有灵性和智慧,他本人也一定会更加快速成长。

听课,无论对于听者还是被听者,都有着不可替代的意义和价值。它理当成为教师自我提升和学校管理的一种常态。

有的老师至今仍然只愿意和人分享公开课，却不愿让人听他的常态课。

这里还存在着一些认识误区。

听课要真正达到了解教学、促进教学的目的，就一定要多听常态课，而不是公开课。

对于教师而言，常态课更能够反映他的真实水平和作风。备课是否充分、上课是否高效、对待教学是否尽心尽力、对待学生是否真诚关爱，最能从常态课中看出来。一个习惯于敷衍了事或者滥竽充数的人，是无法把每天的课上好的。

对于学生而言，每天在校多是在课堂上度过的。学生最看重的是，你每天的课堂带给他们的是期待、温暖、惊喜和收获，还是枯燥、冰冷、呆板与虚度。

教师不认真对待常态课，对于学生而言，是一种实实在在的犯罪。这让学生的一段生命时光——本该充满学习探索之乐的课堂，变成了一种痛苦的煎熬。

对于学校而言，听课也是了解教师、管理教育教学的主要途径。

学校的教育质量，建立在教师每天的课堂上；学校的教学改革，要落实到每天的课堂中；学校的办学特色，最终体现在教师的日常课堂上；学校对教师的评价和管理，依赖对日常课堂状况的了解；学校对学生和班级的了解，也主要通过常态课来实现。

听课，应该成为每位教师学习课堂教学艺术的主要方式。每所学校，每个教研组，都有一批出色的教师，每个教师都有自己的优势和特长。要想学习他人的长处，作为教师，没有比听课更好的方式了。

当你怀着一颗谦虚的心、带着敏锐的眼睛和耳朵，去发现和聆听的时候,你就会明白,许多同事都慧心独具,他们的课堂别具风采。每次听完后,你都会觉得,有一些东西值得你学习,有一些东西能给你启发。

被人听课,自然也该成为教师职业生活中的一种常态。

不要担心自己的课不完美,课堂教学原本就是缺憾的艺术。

华东师范大学的叶澜教授对好课提出的标准中,就有一条——"真实",她认为,有缺憾的课堂才是真实的课堂。

也不要担心批评意见,别人对我们的课能真诚地提出质疑、坦率地表达意见,是我们自我提升和完善的极好机会。

不要担心自己因此会留给别人不好的印象,你每天给学生留下什么印象,远比给同事和领导或客人留下什么印象重要。

如果你给学生的是快乐、充实的课堂,你就可以心安理得地欢迎每一位前来听课的人。

有的教师,对公开课重视有加,因为那关系着自己的职称或评奖,但对常态课并不看重。有教师自己的教学业绩不佳,领导表扬了其他教师,就会不服气地说:"要上课比赛,我随时可以奉陪。"因为这位老师在公开课中曾经得到过好名次。

也有教师,看到个别学生对自己的课评价不高时,很痛心地说:"我的课,老师们听了都觉得好,要不,我怎么能够成为教坛新秀呢?有的学生不懂评价,没办法。"还有的教师,当你用以生为本、因材施教等理念对他提出建议时,他会说,上公开课时,我一定可以让课堂气氛好起来,我一定会达到你提出的要求。

这反映出一些教师对公开课、常态课的作用和价值的认识不足。

公开课能够较好地展示和提高一个教师的业务素养。多上公开课,我们可以反复审视自己的不足,发现自己的优势,扬长补短,精益求精,达到"解剖麻雀"、举一反三的效果。不少名师就是通过公开课成长起来的。

但我还是要强调,常态课更值得我们重视。精彩的公开课诚然能让教师一时获益,扎实的常态课则可让学生终身受益。

如果教师能上好公开课,却对常态课掉以轻心或者漫不经心,这就异常令人担心。这无异于急功近利、沽名钓誉。须知道,教师的真正价值,终究是依赖平时的课堂得以实现的。

所以,我一再请求老师们多重视平时的课堂。不要苛求多么精彩,但要努力追求让每个学生——至少是最大限度地让更多的学生,觉得你每天的课堂有意义、有收获,而且有意思、有味道。

我曾听过一位特级教师的语文课,而且是一段时间连续不断地听。

刚开始,我有些疑惑:著名的特级教师,就是这样上课的?和我的课没多大区别呀,甚至课堂语言有的时候还不如我的生动风趣。

但听了一段时间,我明白了自己和他的差距。他的课堂,言语简洁而富有张力。他总是寥寥数语,就让学生陷入沉思,课堂上没有教师的自我表演,也没有热闹的氛围,却充满了思考的静谧、思维的力量和思想的魅力。

我明白了:他之所以成为特级教师,不是依赖一两堂精彩的公开课,而是靠着这样貌似平实实则智慧的课堂,长期修炼而成的。

我翻阅过这位特级教师的教科书,他几乎从不用课件,很少照本宣科,上课时也不大喜欢拿着书本,但他的书本上密密麻麻注满了各种资料。

他的这种功夫,让我非常钦佩。他就是这样一位大气从容、朴实自然的学者型教师,他从不拒绝展示自己真实、素朴、自然而深刻高效的常态课。

我又想起十多年前的一位教物理的同事。他上的课异常受学生的欢迎，虽然布置的作业少，学生的成绩却一直居年级前列。

他曾对我说："我上的每一堂课，记录下来，都是可以拿去发表的。所以我也不害怕人家随时来听我的课。"在外人看来，这位教师比较清高，甚至有些孤傲，好像难以有"大作为"。

他视课堂为生命，努力把每天的课当作公开课来上。不久前，他评上了特级教师。喜讯传来，我一点都不惊讶。我们平时如何对待自己的课堂，决定了我们最终将会收获什么和收获多少。

这些有着特级教师头衔的老师，课堂并非无懈可击，更谈不上完美。可是，他们努力做到精心上好每一堂课，真心在乎每一个学生，他们把每堂课都当作自己和学生共同成长的基地——虽不尽完美，但竭尽全力。

有了此种精神，我们就无须对被人听课心怀不安了。

是教师，不是"教授"

随着政府对职后教育的重视，中小学教师越来越多地返回大学，聆听教授的讲课——或者是参加各类培训班，或者是攻读在职硕士、博士。

他们的学识越来越渊博，视野越来越广阔，理念越来越先进。有几次参加名优教师的评审，在面试的环节，看到一些青年才俊侃侃而谈、妙语连珠，恍惚间，以为是在面对一群大学教授，不禁自惭形秽。有些中小学教师，其学术与口才，比起一些教授来，确实毫不逊色。

也有令人担忧的地方。中小学教师中，出现了一些"教授化"的倾向。他们不仅热衷于在学术上"独树一帜"，还喜欢在思想上标新立异，行事上特立独行，就是穿着上也要努力与众不同。

为一群高中老师做师德讲座。谈到教师仪表和气质，我说现在一些孩子，男孩不像男孩，女孩不像女孩，不是好事情。我们做教师的，要对此保持警惕并负起导引责任来。男教师，就得像男人，有阳刚之气，大气儒雅；女教师，就得像女人，有阴柔之美，端庄优雅。绝不能搞得男不男女不女的——男人打着辫子，女人留个板寸头，就容易让学生性别角色认知错位。

结果引得下面一阵哄笑。我不解，继续往下讲。待到结束，才发现，有个男老师，留着一头长发，从后面看去，就像一个身材稍显粗壮的中年女性。

吃饭时，进修学校领导带着爱惜的口吻告诉我，这是某学校的美术老师，颇有个性，也很有才气，带的学生经常获得省级和国家级大奖。虽然知道自己的讲话可能刺激或伤害了这位老师，但我不打算因此而懊悔。

有位名师，总喜欢穿一套唐装，一脸俨然，一副才高八斗、拒人于千里之外的样子。课堂上则是一副怀才不遇的样子，常愤世嫉俗，痛斥时世，而这痛斥，其实又非大义凛然的那种，通常是小题大做，偏激极端，对一切竭尽冷嘲热讽之能事。他的课自然深受那些感性而叛逆的年轻学生的欢迎，而且他这个班主任也同样深受欢迎。许多学生甚至对他崇拜有加。

这很正常，在任何一个社会，骂政府、骂当权者总是容易捕获部分人的心的，更何况他还是有那么些才气沾身的。他带的学生因此就有了一个鲜明的特点：目无规纪和尊长，怀疑和否定一切，凡是学校提倡的常常就反对，凡是学校批判的往往就声援，像极了这位才子老师。

还有位老师，打扮得极其性感前卫，戴美瞳，夹睫毛，露肩、露胸、露脐、露臀，今年流行什么，她就穿什么，总是走在时尚的前列，手指甲、脚趾甲都涂上了鲜红欲滴的指甲油，学生上课眼睛发花，不知道是盯着书好，还是盯着她的红指甲好，还是盯着她的肚皮好。更有女生也偷偷地涂红了指甲，戴上了美瞳，穿了低腰裤——大家哪里有心思去学习呢。

坦率说，我并不赞成中小学老师过分张扬"自我"，或者说，说话行事过分"任性"。这些在大学教授那里，或许还可称得上有"风骨"和"格调"，但在中小学里，总觉得和那些年少的孩子们格格不入。

我始终认为，中小学教师和大学教授当是有所不同的。

中小学教师,面对的是未成年人。他们尚未形成正确的人生观、价值观和世界观,身心尚未成熟,人格尚未健全,还缺乏基本的判断辨别能力。大学教授面对的是大学生,是成人,他们有较强的独立思考和鉴别能力。正因此,中小学教师要比大学教授格外多一些小心,少一些率性。

我接触过的大学教授中,有一位人称"怪杰",据说才华出众。刚读研究生时,他说,什么是研究生?就是抽烟喝酒,会烟会酒,然后研究怎么生育。接着就是一番关于优生优育的理论,诙谐幽默,惹得同学们一阵大笑。

有一位教授则风格张狂,刚开始讲座,就劈头盖脸问我们什么是历史。不待我们回答,他就自答道:"历史是婊子,他娘的谁有钱就上谁的床!"接着就开始上课。他上课喜欢骂"他娘的",喜欢骂政府腐败,骂领导窝囊,骂社会堕落。

这两位教授的确满腹诗书,也有些放纵张狂。但是,他们在自己所在的领域内确有建树,我们喜欢他们的那份才识和个性,觉得听他们的课,是一种享受。不像一些教授,虽然正儿八经,但是每次讲座就是讲一些永远正确的废话,毫无自己的思想,令人昏昏欲睡。但我们绝不至于盲目去效仿这些骂爹骂娘的做派。他们的精彩也断不在于这些方面。

汪曾祺笔下金岳霖先生,每天和一只斗鸡一起用餐,找学生谈话的时候,能一边捉出个跳蚤来摆弄,还"甚为得意";被称为"扫地僧"的中科院李小文院士,一头乱发,一撮胡子,一双布鞋,光着脚踝,不穿袜子,跷着二郎腿,坐在讲台上念稿子。这些派头,只有大学教授才能玩。而且,也不是那些胸无点墨、欺世盗名的大学教授能够玩的。

我们中小学教师,还是"规矩"些为是。这个规矩,倒不是否定独立思考,更不是排斥批判和创新,而是多给学生一些积极美好的东西,多给学生展现一些通向美好的道路——走向美好的信心和力量。

中小学教师不是不可以有个性。而是要努力防止因为你的个性和爱好，而过早把学生诱导到一条原本不该属于他自己的路上去，让学生不得不放弃了原本更好的自己。

李希贵就曾反对有的教师因为自己喜欢化学，就引导许多学生纷纷报考化学专业的现象。我以为这倒还是在学术上的，教师激发了学生的兴趣，是好事。但是，如果让学生认为除了化学，别的就毫无价值和意义，这就一定不是什么好事情。糟糕的是，我们的一些老师，把自己的并不十分正确和成熟的价值观，以诱人的方式或者隐蔽的方式，过早地灌输给学生，学生今后恐怕再也难以消除这种不良影响带来的后遗症了。这就是我担忧的原因。

有的教师却还为此沾沾自喜，觉得自己在学生中粉丝众多，一呼百应；而有的学生也还沉迷其中，不能自拔，认为遇见这样的魅力教师，乃三生有幸。殊不知，这样的教师，除了替自己扬名立万外，并不能真正给学生带来终身受益的教育，相反，容易给学生造成贻误一生的损害。

中小学教师理当拥有自己的个性，包括教育教学个性。但是，这一切，应当以引领学生走向正途，促进学生更好地发展为目的，而不是简单地以增强教师个人魅力或者学科成绩为目的。否则，这种个性难免会剑走偏锋，误入歧途。

中小学是基础教育阶段。宽打基础窄打墙。它的首要任务是打基础，基础不宽厚，不深厚，今后就难以有更好的发展。扎实的学识基础、能力基础以及品性基础，都是最为关键的。中小学教师无论从学识上还是人格上和个性上，乃至日常礼仪的细节上，都要努力给学生做出良好的垂范和引导，以此给学生提供更多的发展和选择的可能性，而不是过早地走上一条独木桥甚至死胡同。

教育不仅要维护和发展学生的个性，还要教会学生学着去适应生活和社会，让学生走入社会后能够更好地担负起促进和引领社会发展的责任来。好的教师，为学生打开一扇一扇通向外面美好世界的窗户，让学生未来之世界因此而更广阔和明亮。

如果我们所做的恰恰相反，学生未来之世界因此更逼仄和晦暗，未来之道路更狭窄和曲折，那么，我们就是罪人。

误把骂人当勇气，误把狂傲当个性，误把另类当风格，误把狭隘当深刻，误把自我当民主，误把人气当魅力，这样的教师，即便才高八斗，学富五车，能把一个个学生送进知名高校，又能真正履行多少可以称之为"教育"的责任呢？

从认识抱怨开始

何谓抱怨?

《现代汉语词典》的解释里有两种意思,一种是"心中不满,数说别人不对",另一种是"埋怨"。

总之,抱怨通常是表达对别人和环境的不满。

抱怨无孔不入。

在食堂,办公室,车里,家里,我们常闻抱怨;在学生面前,家长面前,同事面前,爱人和孩子面前,我们随时抱怨。

我们毫无顾忌地抱怨着我们所不愿见的一切。

这鬼天气,又下雨!

为什么总是遇到红灯?今天怎么这么倒霉?我都快迟到了!

你给班级扣了多少分了?你是不是故意和我过不去?

怎么又是开会?怎么这么啰唆,还不结束?

孩子又考砸了!花了这么多心思,可自己的孩子为什么还是这么不争气!

……

类似的抱怨,是不是很熟悉?

因为普遍存在,我们就习以为常、心安理得。

抱怨是个人内心需求的直接或间接的反映。从抱怨者角度看,抱怨可以适当宣泄个人的情绪,起到调节心理的作用。从人际沟通的角度看,抱怨可以让别人了解你的真实内心。从管理的角度看,听听抱怨,有利于改进管理。

倘若对抱怨的认识仅止于此,遗患不少。

抱怨,常折射出个人内心的失落和虚弱。一个内心平和且强大的人,乐意承认和接受世界的多样性和多变性。如果总觉得自己已竭尽全力,命运和环境却总和他过不去 —— 他可能某方面很优秀,内心里依然缺乏足够的安全感。他迫切需要借助抱怨,获得别人的理解和同情。他不敢,也以为自己无力去面对、接受或者改变令他不满意的现状。他只剩下唯一的选择,就是不停地抱怨,抱怨。

有的抱怨,是人挑剔与狭隘的个性使然。他不够宽容,爱计较,看似一个完美主义者和理想主义者,实则是一个个人主义者和悲观主义者。他觉得一切都是别人的错,一切都令人失望,难以忍受。他永远生活在不满意、不快乐之中,也生活在对别人的指责和批评中。

有一种抱怨,常伴随着一种潜意识的优越感。他总能在别人不在意甚至满意的地方,找出令他不满的地方来。比如,走到一家餐馆,当别人都坦然坐下来喝杯茶或吃饭,他却环顾四周,仔细考察,然后,很不屑地说:"让我们吃这种档次的饭店?你看天花板都掉漆了,又没空调。连电风扇都还是旧的呢!"或者,他在坐下来之前,先把桌子和椅子好好琢磨一番,掏出纸巾,细细擦了又擦,才皱着眉头,极不情愿地屈身而坐,接着是一连串的关于卫生条件的抱怨 —— 你知道,他无非要借此表明,自己是个有品位和身份的人,不是随便将就的普通人。

也有一种抱怨,看起来倒像是对别人的同情和声援。抱怨者深谙人性的弱点,一旦听到身边有一丝抱怨,就凑过身去,义愤填膺地数落在他看来应该跟着数落的对象。火是别人点的,却常常是他烧旺的。他并无恶意,却常怀着一种趋附心态。他自身也是一个抱怨的爱好者,只要他出现在人群中,就可听到四起的抱怨。他要么去迎合别人,要么努力获取别人的迎合,他不曾打算去损人,只是希望获得人际的好感而已。他不卑劣,只是世故。

与此相似却严重得多的是,有极少数人,打着公义和群众的幌子,以达到个人的不良目的。一些网络大V或所谓的"公知"就是如此,自己浑身疮疤,居心叵测,却爱以斗士和义士自居,俨然一副舍生取义的殉道士的样子。在中小学校园,此类人倒是难得觅见的,大学校园里却有不少。

更多的人,抱怨纯粹出于一种习惯,甚至出于潜意识。这就是《不抱怨的世界》中所说的"无意识的无能"。

他无复杂的意图,更无一丝预设的恶意。他只是随便说说,发发牢骚而已。发过了,就好了。之后,对别人照样友好,对工作照样认真,对生活照样充满希望。许多时候,他出于善良的愿望,就是希望别人或环境更好,他只是没有认真考虑过,抱怨除了些许的益处,究竟还会有什么危害。

抱怨的危害,的确少有人思考。

抱怨过多,对于集体来说,无疑是害处多多,它容易激起一种不良情绪,制造不和谐的氛围,让人失去理性的视角与平和的心态,变得浮躁不安。

抱怨的最大受害者,还是抱怨者自己。

抱怨如同抽烟喝酒,会上瘾。一个人如果经常抱怨,他就会养成一种弱者心态，会"习得性无助"，处处对他人、对环境抱有警惕和抵触，眼含哀怨和无奈，却又百般挑剔。

抱怨环境或者不在场的第三者，虽然暂时能够获得别人的附和，赢得同情与好感，但一旦与身边的人有矛盾，他的抱怨就会指向他人。

爱抱怨的人最缺乏的就是自我反思和担当。"躬自厚而薄责于人，则远怨矣。"爱抱怨的人却与此背道而驰。时日一久，他必会招致别人的"抱怨"。

由于他习惯于把不良的心态传染给别人，让空气变得沉重和烦躁，稍有生活乐趣或理性思维的人，都会厌弃这种"乌鸦式"的人物，这会让他变成一个不受欢迎的人——一个真正的"不幸者"。

我曾是一个爱抱怨的人。当班主任，我抱怨任课教师不配合；当部门主任，觉得学校领导不重视；当任课教师，又觉得班主任管理理念落后、能力不强。后来，我发现，一些我曾予以帮助的人，对我也颇有怨言。一个总对周围世界愤愤不平的人，是难以赢得他人真正的尊重的。

谁都爱抱怨，谁都不愿意成为被抱怨的对象。有家长给我们打来电话，抱怨老师批改作业时太粗心，经常出错，我们本能地感到委屈，竭力批驳家长的说法；而我们向家长抱怨他的孩子不听教导，家长也总是本能地为他的孩子寻找各种理由来辩解。看来，被抱怨，总不是件受欢迎的好事儿。

每次开质量分析会，总发现有老师抱怨某某学生不爱读书、成绩不堪入目，某某学生软硬不吃、好歹不分，某某学生三天两头闯祸、令人不得安宁。此头一开，常常应者云集。分析会往往变成抱怨会。一两个小时下来，除了宣泄一番怨气，扔出一大堆问题，什么办法和措施都没有想到和找到。

我们不得不定下一个原则：要多讲问题，更要多想办法。果然，会议的氛围和效果就好多了。

美国的牧师威尔·鲍温早就认识到了这一切。

他发起了一场不抱怨行动，全球数百万人参与其中，至于阅读其著作《不抱怨的世界》的，恐怕更多。

我们中的绝大多数人或许永远无法彻底告别抱怨。如果我们能从中获得一些关于抱怨的根源及其危害的认识，我们的抱怨、周围的抱怨，应该都会少一些。我们以及周围的人们，每天的笑声和笑脸，也一定会多一些。而这，无论是对我们的学生、同事、家人，还是我们自己，都是影响深远的。

本该结尾，却想起一种情况，该引起警惕。就是当我们的身边经常围了一群爱抱怨的人的时候，我们切勿沾沾自喜，以为人气旺盛，追随者众多。

威尔·鲍温牧师提醒我们，"察觉出你周遭有多少抱怨，有助于让你明白，你可能正借由自身的参与而引来抱怨，然后发出抱怨"。威尔·鲍温认为，是我们的抱怨习惯和嗜好，引来了众多的抱怨者同类围在四周。

抱怨说到底是一种情绪垃圾。当我们的内心装满了自己的和别人的各种情绪垃圾的时候，我们还能够用平静乃至轻松愉悦的心态去面对工作和生活吗？我们还能以欣赏的眼光和客观的心态去评判身边的世界吗？

公平感来自公平而有远见的心

你说,今年的奖金又比同龄同职称的同事少了上千元,更气愤的是比你小十岁的年轻教师也比你多三千元。

你还抱怨说,你比周围学校同类型的教师少了一千多元。

我没有对你表示同情,哪怕是客气的认同。

我问你:你有没有担任班主任?有没有在自己的教育教学岗位上做出比别人更多更好的业绩?

你不以为然地说,人家不也一样没当班主任吗?我还是骨干教师呢。

我依然不肯轻易地认同你的抱怨。我不能单以你的片言只语,对你所在的学校妄下结论。我也无权妄下结论。我只想和你谈谈,我对学校考评和分配制度的看法,希望对你能够有所帮助。

每到年终或学年末,学校考核结果出来,奖金分配结果知晓,总要出现一波不满情绪的浪潮。人难免在利益面前心潮起伏。

我常听到一些过激的言辞,比如,班主任为什么这里也加钱那里也加钱?全校工作都是班主任干的吗?领导就是好,钱多,他们整天就是开会、布置任务,他们在干什么?为什么我们学科老师的钱就比人家学科老师的少，难道我们学科不重要？为什么同样都是毕业班教师，他们就多，我就少了？……

有的抱怨的确有道理，一些学校存在分配极度不公的现象。有的学校过于突出一小部分人的利益，尤其是个别领导的利益；有的学校平均主义思想严重，无论你干什么，干了多少都一个样；还有的学校考核内容单一，分数至上，没有把一些老师，比如班主任老师在学生品性教育等方面的众多努力和成效纳入考核，导致看不到许多真正的"教育质量"；也有的学校考核机制本身缺乏科学性，导致出现了一些事与愿违的不合理。

但并非所有的抱怨都有理由。我这些年的体会是，越是制度看起来合理，越是坚持"多劳多得，优质优酬"的公平分配原则，抱怨往往就越多。

由于社会大环境的影响，许多老师习惯了吃大锅饭的传统。到年终，领导大手一挥，不管干多干少，干好干坏，干与不干，一律来个三五千。这样，至少在当时是皆大欢喜了，校内也一派和谐。但是，等到学校分配工作和任务的时候，等到日常工作中出现有人轻松有人辛苦，有人累死有人乐坏的情况的时候，问题就来了。

每学年开学，班主任没人当，校领导只好求着或者"逼着"老师们当；学校迎接各类检查评比，要搜集资料、整理档案，找人做，没人愿做；教研组长组织策划学科活动，找这个落实不乐意，找那个配合不愿意；学校里许多问题有人看到了，都会议论和指责，就是不愿意去担当和解决；学校布置工作，总想到那些老实人，而不愿找那些善于推脱和推诿的人……

总之，偷懒懈怠的，没有得到应有的经济上物质上的损失；勤奋踏实的，没有得到更多的回报。一笔糊涂账，换来表面的一团和气，却掩盖了一个团队精神面貌的涣散和成员们激情消失的事实。

这种平均主义分配的方法,对那些不思进取、只图安逸的领导班子是极有好处的。人是很奇怪的动物。虽然因为分配不公,平时内心里有些怨言,但这些人通常是干活多觉悟高的老师,他们的怨言不会持续多久。而那些自己轻松,又得了便宜的人,因为没有实际的损失,他们心里自然开心。所以,这样的学校的领导班子,通常在考核中看起来是最得人心的。

那些遵循并坚持"多劳多得,优质优酬"分配原则的学校,怨言却容易更多。为什么?

多拿的人,因自己工作多,贡献大,自然觉得心安理得。而少拿的,就不开心了。人的心理,往往难有自知之明,没有人会自认无能或自认无用。故一旦见他人比自己收入更多,就容易心理失衡。这部分人的怨气就来了——冲着制度,冲着有关领导,冲着那些多得奖金的老师。冷嘲热讽来了,愤愤不平来了,工作中的不配合、不支持来了。那些多劳多得、优质优酬的人,也被搞得心绪不定了。有老师就说,我宁可少拿几个钱,不要领导的表扬,因为拿了之后,日子真不好过。

受益的多数,往往是沉默的多数。而"受损"的少数,却常常是最容易叫嚷的人。这样,一个好的分配制度,反会比搞平均主义的不好的制度,招来更多的非议和怨言。领导班子也难免会遭受更多的指责,承担更多的压力。

我一直认为,那些敢于坚持公正的差异化的分配制度的管理者,是真正负责任、敢担当的教育人。

当然,上面那种怨气较多的情况终究是暂时的,尽管这个暂时可能是一两年,也可能是三四年。尤其在刚刚打破大锅饭传统的最初的两三年里,可能会持续出现,而且有时会产生一些激烈的矛盾冲突——这背后自然是新旧制度带来的利益冲突。

但是，假以时日，渐成传统，一切就会好转起来。在旧的平均主义传统下的生态平衡被打破之后，建立一种新的更加公正而科学的平衡，需要一个过程。这个过程结束了，人的内心便会逐渐恢复一种新的更高水平的平衡，真正可持续发展的生态平衡才会得以建立。

这种新的生态下，人人都明白，干多干少不一样，干好干坏不一样；人人都知道，有作为才有地位，有贡献才有尊严，肯奉献才有荣誉。在这样的校园里，工作中推卸责任的少了，拈轻怕重的少了，敷衍了事的少了，阳奉阴违的少了，弄虚作假的少了，推诿扯皮的少了，懈怠懒惰的少了。大家都想找到自己的价值和尊严，想要拥有一份属于自己的成就感。

于是，责任意识强了，担当意识强了，自律意识强了，自主意识强了。当然，精诚的团结合作意识也强了。学校各项工作都有人愿意去做，主动去做，甚至可能抢着去做，教职工的积极性和创造性迸发出来了。学校焕发出一种巨大的活力，学校工作亮点纷呈，处处闪耀着思想的光芒，如同一片生机勃勃、欣欣向荣的森林。

这样的学校，即使在一些领导眼里，成绩暂时还不夺目，甚至不够令人满意，但他们所做的一切，已经比一般的学校更接近教育本身；这样的学校必然比一般的学校，尤其是那些看起来还比较和谐、事实上却涣散松懈、一潭死水的学校，拥有更加广阔的发展空间，拥有更强的竞争力。它最终必将赢得更多同行的敬重与家长的好评。他们，更能够在教育上做一些并留一点富有价值甚至历史意义的东西。

而这，又为这个团队中的每一个成员，带来一种新的职业尊严感和学校自豪感。

有的老师在报出自己学校的时候为何那般缺乏自信？

因为他们的学校缺乏应有的地位。

有的学校校长为何不敢迎接同行的考察交流？

因为他们学校多年来的确可能做了许多工作，却没有真正值得同行们一双双火眼金睛审视的东西。

有的学校为何地处深山僻地，但无论是校领导还是普通老师，无论面对家长、学生还是领导、同行，都能够阳光自信、底气十足？

因为他们的学校拥有真教育的光芒。

学校如同一座森林，当你广袤丰富的时候，每个成员都变得富有；如同一轮巨大的红日，光芒四射的时候，它照耀下的每一样事物都散发着迷人的色彩。

在一所富有活力和差异的学校，你工作着，会有压力。但是，你会发现，你即使临近退休，也还有进步的余地和机会；你经常发现一些以前没有发现过的教育的智慧和灵感；经常感受以前没有感受过的教育的美妙和诗意。你发现自己居然可以成长这么迅速，这么持久，你可以做得这么出色和优秀。当你和那些缺乏竞争力的学校的同行走在一起的时候，你会发现自己在不知不觉中，已成为同龄人或同行人中的佼佼者甚至领头羊。

而你在那些看起来怨言少、压力轻的学校工作，虽然能够获得一时甚至较长时间的安逸，但如同温水里的青蛙，渐渐失去了活力，而自己却浑然不觉。当你有一日发现自己处于险境，企图挣扎的时候，已经丧失了蹦跳的力量。

一些教师朋友们，曾经怀有抱负，满腹才华。可是，由于长期过于安逸，逐渐江郎才尽，最后，即使发现自己需要逃离那个不公平、不公正、缺乏活力和希望的环境的时候，也已经力不从心了。他们就又成了那些自己不满却不肯干、不多干又不肯少拿的一类人，成了平均主义的忠实的维护者，在零零碎碎的抱怨中，所有的梦想和志向消散殆尽。

我不知道你所在的学校属于哪一种情况，我希望，我的这些未必成熟的看法，会对你有一些帮助。

我还想提醒你的是，如果你立志卓越，而且善于坚持，不轻易屈从环境，不盲目迎合舆论，那么，无论你现在身处什么样的环境，最终你会拥有属于自己的一方事业的天地的。

尤其重要的是，我希望你从此有一个良好的心态，不要动辄抱怨不公平。真正的公平感，来自一颗公平而有远见的心。

每个人都该是一面旗帜

母亲在老家院子里种了几棵葫芦和南瓜。葫芦花开得白嫩嫩的,但有一棵就是不结葫芦。

母亲说,别的葫芦都结了果,这棵葫芦怎么只开花不结果呢。

母亲想着要拔掉它。

我觉得留着好看。

葫芦藤爬满地,绿色的叶子匍匐着,在夏日的风中微微颤着,一朵朵的葫芦花,别有一种娇嫩。

"留着吧,不长葫芦,但也好看。"

"倒也是,花坛里的秋葵,不仅好当菜吃,这花也开得像样。"母亲改变了主意。

何止是秋葵,那紫色的茄子,绿色的叶子和紫色的花,都好看着呢。还有那西红柿,不独是绿中带黄的果子,那满株的浅绿,就别有风味。

的确,如果我们换个角度去看,这些蔬菜的价值,绝不仅仅只是蔬菜而已。

这些天住在老家,我每天起床就先看看这些蔬菜,看看它们的叶子、藤茎、各色的花、各式的果,只觉得赏心悦目,烦恼尽消。

母亲的菜园子,哪里是菜园子呢,分明就是一个花园。

学期结束,一位老教师愧疚地对我说:"教了这么多年书,成绩一直还不错,现在体力差了,成绩不如那些有水平又有干劲的年轻人了,真的越来越没有用了。真不好意思,没教好。"

听到这话,我心里涌动的是一种温暖和感动。这位老师一贯兢兢业业,为人真诚,做事务实,对工作一丝不苟。我经常看到他带着老花镜批改作业的身影。

我劝他放宽心:"你凡事那么认真,再过几年就退休了,依然坚持上好每一堂课,批好每一本作业,对学生这么细致耐心,对年轻教师毫无保留,把自己的经验都教给他们,这就是你的贡献啊,怎么会没有用呢?"

"校长这么说,我也感到欣慰了。"他如释重负。

如何评判一位教师在学校里的贡献或价值?

常见的做法是教学质量,说白了就是教学成绩。成绩不好,似乎一切都免谈。

在愈来愈以单一的成绩代替绩效的背景下,教师们的压力越来越大,而自我价值感和成就感却越来越弱。

无论从教师的使命,还是从教育的本质,还是从党和政府的教育方针来看,教师的价值,从来就不应该只是成绩。

多年来,我们对学校中年轻教师、中年教师和老教师有一个未必科学的定位:年轻教师要有好态度,谦逊好学,积极上进;中年教师要有好精神,勇于挑担,乐于创新;老教师要有好作风,敬业爱岗,顾全大局。我以为,有了这些,即使成绩上有些瑕疵,难以令人满意,每个教师仍然是有价值的。因为他在某些方面发挥了垂范和引领作用。

每个人的能力是多元的,其贡献也该是多元的。教师应当努力教好书、上好课,帮助学生提高学习水平和学习成绩。这是教师的基本职责。但教师成绩的优劣只是一个相互比较得出的结果。更何况,教师在学科教学中,往往还渗透着育人的因素,他的一言一行对学生的影响,都深深植根在学生心底,有些影响会持续一阵子,有些会持续一辈子。

教师的角色更是多样的。对学生来说,他是教师;对学校来说,他是员工;对老师来说,他是同事;对年轻同事来说,他是长者;对年长同事来说,他是晚辈;对家长来说,他则可能是朋友;对父母来说,他是孩子;对孩子来说,他是家长;对社会来说,他是公民。每个角色中,都有一份担当和责任,因而也就会有不同的贡献和意义。

教师的师德修养,应当是合格或优秀的。在这个基础之上,教师的能力倾向或多或少会有所不同,不能要求每个人十八般武艺样样精通。教师应当充分依据自己的实际情况,在学校工作中,充分发挥自己的才能。学校也要努力发现每个教师的优势,发掘他的潜能,帮助他实现自己的价值。有的老师教学上并不十分擅长,但在后勤服务方面有热情,让他去主管食堂,结果,把学校食堂管理得井井有条;有的老师课堂纪律无法掌控,让他负责实验室,结果,实验室打理得清清爽爽;有的老师班主任当得很艰难,可是在教学方面却独树一帜,把课上得漂漂亮亮。

总之,每个教师都该成为一面旗帜,都可以成为一面旗帜,在某些方面发挥其独特的引领作用,而不仅仅局限于抓出好成绩。教师存在的地方,都可以是他发挥价值的地方。

在我校,这样的例子有很多。比如有的教师爱读书,一学年读了大量优秀的图书，在他的带领下，办公室成员比过去更爱看书了，从来不看书的个别教师居然也因此捧起了书；有的教师喜欢搞科研，经常发表一些论文，在他的带领和指导下，教研组一些工作不到三年的教师也纷纷在省级及以上刊物发表文章；有的教师喜欢教育反思，在他的影响下，不少同事也开始学会了自我反思，遇事不再简单责怪学生，而是乐于自我批判；还有的名优教师，善于思考和创新，任何一些小问题，都会用研究的眼光来审视，他的许多观点令人耳目一新，他的许多做法也让人眼前一亮，他有较多机会向区域内外的同行介绍他的教育理念和教学思想，他的周围有许多粉丝，不仅包括校内的，还有校外的……

他们都是教师队伍中的佼佼者。他们给学校带来一点点阳光、一滴滴雨露。这样的阳光和雨露多了，学校就充满了蓬勃生机，尽管这些未必能够很快地就带来引人瞩目的成绩。但是，却可以久远而深刻地直接或间接地影响更多的学生。

人，只有对人的积极的影响，才是教育的根本任务。

每个教师的价值，不能简单依靠成绩来断定，我们要看他们的示范意义所在，即他们的存在，在哪些方面对学校起到了积极的作用。而作为教师，也应当在追求优秀的教学质量的同时，努力思考，自己除了成绩，还在别的哪些方面起了何种示范和引领作用。

而对于教育部门而言，则需要认真分析一位校长、一套班子以至于一所学校，除了升学率之外，还在哪些方面给区域教育提供了有益的经验和思路，带来了何种积极的示范和引领作用。

如果养成了这样思考和评判的习惯，教育或许可以变得更加从容大气。教育者和教育管理者，也会变得更加真诚优雅。

这样，我们教育的花园和菜园里，才会花繁叶茂，四季如春。

不要害怕麻烦

每到年底,学校就会下发一份表格,请老师们对自己本年度的工作做一个反思和总结。

有老师叫苦不迭。

"校长,这个表格太麻烦了,很花时间的。"

"大概多少时间?"

"如果每项都认真填写,最起码要一个小时,甚至可能要两个小时。"

"那你认为用多少时间做个反思比较合适?"

他一时语塞。

我告诉他,我填写这个总结表,花了将近三个小时。而过去,我每年年底写个人总结,通常要花上一整天的时间。

每到年底,学校总要让教师写年度总结。一些老师认真回顾自己的各项工作,找出值得自豪的成绩、进步、经验,还有留下遗憾的缺陷、失误、不足,还有那些尚待进一步研究的困难。常有老师,对此漫不经心,以为这只是应付领导的一项工作而已。随意写点东西,凑足字数,或者找同事的总结做个参考,甚至从网上下载,变动几个字就上交。一个总结,通常不过半小时。

近年来，我们决定改变这种没有意义的方式。我们设计了一份表格，包括团队合作、教学成效、教育科研、师德垂范、学生关爱、创新和特色、不足和缺憾等内容，有针对性地让老师们做一个自我小结。

一些老师觉得新奇，说，这样的方式比总结更实在，更利于促进自我反思。

自从担任学校领导以来，老师们上交的总结，不管是什么形式的，我都会认真阅读。有的总结如同一篇完整的论文，你可以从中看到老师的严谨与认真；有的总结富有情感，你可以从中感受到作者内心的喜悦和自得；有的总结重点突出，内容详尽，你可以从中发现这位老师一年来做了大量工作而且富有成效与创意；有的总结显然是草草了事，你可以从中看到这位老师对自我反思、自我完善的淡漠与忽视。

我始终认为做一番自我总结是极有必要的，哪怕麻烦一点，哪怕领导未必会认真阅读。因为总结，首先是为了促进自己的工作，而不是为了其他的目的。我自己，每到元旦前夕，总是要静下来，细细地回顾自己这一年的经历和得失，写下自我反思，然后再对照前一年的总结，看看这一年来自己哪些方面有进步，哪些方面停滞不前甚至在不断退化。这样，就会明白自己今后的方向和重点，减少许多不必要的迷惘，大大提高工作的效率。

每学期，我们都给老师发一本书，然后请他们写读书报告。自然，也有抱怨声，害怕麻烦。教科室把部分优秀文章送到省里参评后，获得了很好的成绩，多位老师获浙江省教师读书征文一二等奖。这让一些老师喜出望外。可见成功通常就在付出的点滴汗水之中。

教师论坛是教师展示和交流思想、经验的好机会。我校有班主任论坛、组长论坛、名优教师论坛等多种形式。有的老师被安排去论坛发言，惊恐不已,忙不迭拒绝。有老师告诉我,虽然发言时间只有十五分钟左右,但她不怕麻烦,花了整整两个星期去准备,几个晚上都失眠。后来,这位教师在论坛上获得了同事们高度的评价,也因此在教职工中提高了自己的威信。我主持过多次班主任论坛,一位班主任把论坛上发过言的稿子稍加修改,结果在《思想政治课教学》上发表了,这位班主任后来一发不可收拾,他把承担过的区级、市级论坛发言稿或主题班会展示课教案整理成文章,在其他核心期刊上都得以顺利发表。

我校开展小班化背景下的任务型生本课堂探索和研究,要求老师们合作开发学习任务单,老师们一开始也怕麻烦,但后来发现,一旦积累了一定的任务单后,备课、教学反而更加轻松了。更令人惊喜的是,许多老师以我们倡导的"任务型生本课堂"为切入点,以相关理论为依据和支撑,写论文,做课题研究,结果获奖和发表,也比过去容易多了,而且等次也更高了。社会组的市级课题"初中思品'学生自我导引'范式探索"获得了2014年宁波市基础教育教研课题优秀成果一等奖。艺术组何奕老师的个人论文《初中美术任务型生本课堂教学策略探究》获得市一等奖,还被推荐到省里参评。她说,这是她从教二十多年来从来没有想到过的。而更多的老师,在区级、市级甚至省级研讨会上开设了公开课,大大增强了专业自信。课改初期,虽然麻烦了许多,但是,现在,老师们却深切感受到了由此带来的种种成长和进步。

知名特级教师褚树荣老师告诉我,他年轻的时候,组里有什么公开课,别的老师不愿意上,他都欣然接受,不怕麻烦,全力以赴。结果,每上一次,他都感到有了长足的进步,而且,他把公开课的教案稍加整理,就能够得以发表。

英国北爱尔兰一所学校的客人要来学校开展结对交流活动。我们紧急召开了全体教职工动员大会，布置了相关任务，包括礼仪接待、环境卫生、交通安排、学生教育、课程安排等。临近期末，自然增加了不少负担。令人欣慰的是，老师和同学们毫无怨言，大家细心准备，迎接英国客人，向客人们展示了我校师生的良好精神风貌，也展现了我校教育的品质和特色，获得了客人的高度好评。这个过程中，一些老师上出高水平的研讨课，一些学生展示了流利的英语，一些班级的班级文化设计令客人们赞赏不已。还有老师指出，这次来客人，学校的许多卫生死角，比如天花板、水沟、标示牌等许多地方，都得到了很好的清理，校园干净漂亮多了。

总结会上，我对老师们说，这次我们付出了些劳动，多花了些心思，但是，却很有成就感。我们家里来了客人，我们把家打扫得干净点，整理得整齐点，装扮得漂亮点，这是应该的。某种意义上讲，如果长期不来客人，我们的家，很可能会凌乱不堪，但我们却不会感到别扭和不自在。虽然客人来了，我们麻烦了些，但这也是对我们工作的一次促进和提升。

马上就要开运动会了，我们希望各班级把运动会当作凝聚班级情感、提升班级精神的载体，要求精心组织，合理分工，而且要特别重视入场式，做到班班有特色。一开始，有的班主任不理解，觉得开幕式按部就班入场就行了，没有必要搞什么节目。后来，当他们看到绝大多数班级的入场式创意迭出、精彩纷呈的时候，看到同学们全力以赴、志在必得的时候，他们明白了。明白了重视入场式和不重视入场式的结果是不一样的，怕麻烦和不怕麻烦的效果是不一样的。

每当学校布置一些临时工作，或者推出一些新措施时，就会有老师怕麻烦，认为这是瞎折腾。他们害怕那些需要花时间和精力去思考的事情。

古人说："不自反者，看不出一身病痛。不耐烦者，做不成一件事业。"自我反思和总结有利于发现自己的"病痛"，而不怕麻烦，则有利于静下心来，扎下根来，把事情做细做深做好，这样自然更能成就事业。

通常就是那些看起来麻烦的事情，能够很好地锻炼我们的定力和能力；也恰是这些看起来麻烦的事情，更能够增长我们的经验和智慧。

问题即进步的机会

家里的灯,出现了问题。

是客厅和餐厅的羊皮灯。

仿佛垂垂老者,有气无力,发着灰暗的光。

这两盏灯,从2009年后,从未出现过问题。

现在,它们面临着维修或更新。

可我一无所知。

马上就要过年了,找谁来帮忙呢?

没办法,自己动手。

我搬来餐桌,再加一把小方凳,搭起"梯子",颤颤巍巍地登上去。仰着头,经过一番摸索,好不容易把大大的灯罩给卸了下来。

四根灯管,哪根不亮,一看便知。问题是,这灯管和以前的日光灯不大一样,该如何拆卸?

我又开始琢磨,这头试试,那头摸摸,居然给拆下来了。

我拿着灯管到灯具店更换,重新安上。依然不亮。

看来是启辉器不行了。妻子说。

我大吃一惊。拆下灯管,已然不容易。启辉器不行,我该怎么办?

没办法,我这个在家里连洗衣机都不会开的懒男人,只好开始研究启辉器了。

站在"梯子"上,仰头又是一番研究、摸索。费了好一番周折,终于把启辉器给拆了下来。又把启辉器给换上,用黑色的电胶布,连接好电线。

一按开关,家里亮堂多了。

你今天又学会了一样本领。妻子夸我。

这个夸奖,我倒是心安理得地领受了。

我曾经换过几次灯管,但是以前的房子是吸顶灯,很简单的那种。现在的复杂了。而换启辉器,在我则是从来没经历过的。

此后,家里厨房、卫生间里的各式照明灯,都先后出现了一些问题,甚至壁灯都要整个更换了重装,我都依靠自己一一完成 —— 包括拆卸厨房和卫生间的吊顶灯及铝扣板等。

这些事,在一些人看来,微不足道,但在我这个平时基本不碰电器的人来说,却都是新问题、新挑战。

看来,任何问题,只要你乐于挑战,善于思考,都不可怕。

在教育中也是一样。如果我们碰到了没有遇见过的新问题,不必害怕。用过去的经验不行,那就去学习、讨教,然后,思考、研究,尝试从新的角度去解决。如果不行,再尝试新的途径,你总会找到一种方法。尽管可能一开始不完全顺利,而后,会逐渐运用自如,解决方案会越来越好。你的智慧和能力自然得到了锻炼。

学习和进步,就是逐步掌握我们不会的本领。

刚担任班主任,第一次主题班会、第一次家长会,都不知道该说些什么,心下恐慌,找老教师讨教,查有关资料,然后整理已有的一些信息,认真备好课，最终都能从容应对。

第一次面对学生在课堂上和你顶嘴，第一次面对有学生说自己"天生"不会背书，第一次面对智力低下、生活都无法自理、家长却不管的孩子，第一次面对心理脆弱、动辄闹自杀的孩子，我们同样会手足无措。

不用怕，这些问题，都是来考验和提升我们的。静下来，好好去研究这些挑战，调动一切已有的经验，借用一切可以借用的资源，借鉴一切可供学习的方法，你一定会发现，自己开始变得胸有成竹。

两个班级因为年级篮球赛发生了冲突，互不相让，吵着要请校长出面"主持公道"。班主任显然没有处理过这种群体性的冲突，政教主任也没有。他们做了许多工作，两个班级的学生依然群情激愤，认为对方班级不道歉，学校不处理，他们就无法安心学习。

事情就交到我这里。

我也是第一次面对这样棘手的问题。

我答应他们，我来处理。但是，要给我一小时的准备时间。

我在这一个小时里，向体育老师了解了冲突发生的前因后果，向两位班主任了解了本班情绪最激烈的几位同学和本班同学中最有威信的几位"领袖"人物及其整体表现，了解了班级学生的关键诉求。我也向政教处了解了两个班级在冲突前后出现的一些过激的行为和良好的表现。

我在网上查阅了群体性突发事件的处理原则和策略等方面的文献资料，确立了基本的步骤和策略——我称之为"五个关键"。

立足关键事件，即把冲突的前因后果、是非对错等问题搞明白，说清楚，就事论事。

抓住关键人物，即把在本次群体冲突中起到关键作用的人物教育好，和他们沟通，解决好他们的思想认识问题，晓之以大义，告之以利害。

解决关键诉求,即把双方学生的最关键的合理的诉求解决好,一些无关紧要的情绪化的或者不合理的诉求则忽略或撇开。

解决关键矛盾,即把双方诉求和意见中对立的部分协调好。

坚持关键立场,即就事论事不扩大,相互宽容不计较,维护友谊不对立,学会妥协不固执,适可而止不纠缠。

我找来冲突中最关键的几个学生,进行面对面的沟通、协调和教育引导,然后由他们在班主任带领下,向全班同学传达学校的意见。一度僵持不下、不断升级的班级对立事件,就这样得到较好的解决。

此后工作中,我遭遇过多次类似事件,都能够运用这次事件中积累的基本经验,予以妥善应对。

我在政教处工作的时候,校长把校庆的文艺节目编排、教育局领导的讲话稿以及礼仪学生的选拔和训练等任务都布置给了我。当时我急得睡不着觉,上了火,口舌生疮,几乎无法说话,因为这些根本不是我的专长啊。而且我也从未接受过这样的任务。我认真讨教、学习、钻研,依旧顺利完成任务。这些经验,在我担任校长后,举行相关的大型活动中,同样发挥了重要作用。

不经一事,不长一智。遭遇一些新问题、接受一些新任务,可以很好地锻炼和提高我们的能力。

"用进废退",不仅仅适合我们的躯体,还适合我们的大脑。接触一些新的问题时,我们的大脑的一些潜能,会被前所未有地激发出来,让我们自己都不相信能够做得这么好,能够做好这么多事。

一些年轻的老师,面临一些困难就害怕,不敢面对,不敢前进。殊不知,就这样错失了一次次学习和进步的机会啊!

在我们竭尽全力之前,我们真的不知道自己可以做多少事,可以做到何种程度。

我们的奔头在哪里?

暑假前,给老师们发了一本书——《你在为谁工作》。

开学初,我们组织了读书交流活动。

尽管发言的老师认真准备,不乏精彩之处。遗憾的是,还是有一些老师没有好好地去读这本书。不读没关系,但每个人都要思考这个问题,要明白其中的道理。

工作是我们一生中付出最多时间和精力的社会性劳动,如果连工作的目的和意义都不曾认真思考过,就只能在忙忙碌碌却空虚无聊中度过本该最有价值的数十年的人生。

这个问题我已经谈过多次了,但还是觉得有必要继续谈谈。

没有工作的时候,我们多么渴望工作。对多数人而言,寒窗苦读十数年,就为找到一份好工作。

那时候,我们明白,我们需要工作,对,是我们自己需要工作。

而我们需要工作,是因为我们需要用工作来养活自己和证明自己。

在就业形势异常严峻的今天,得到一份比较稳定的工作成了数百万大学生梦寐以求的目标。

但走上工作岗位多年之后，甚至可能仅仅三五年后，我们就开始忘了我们为何而工作。我们抱怨好久没有涨工资，抱怨工作太辛苦，抱怨老板要求太严厉，抱怨考核太严格，抱怨客户太挑剔，抱怨工作条件不够优越等等。不仅是教师，各行业的人都不乏这种抱怨。

为什么越来越多的人患上各种心理疾病？为什么条件越好，幸福感却越来越差？为什么医患之间、家校之间、干群之间的矛盾冲突愈来愈多？或许，这和我们习惯抱怨有关。过多的抱怨背后，是人们对于工作的意义和价值缺乏认识和认同。当工作成了一种折磨，各种精神和生理的疾病乃至社会问题就会纷至沓来。

教师工作是良心活儿，它更依靠教师个人的自觉性、责任心和事业心。教师对待工作的认识及态度，直接决定了教师的工作质量和他自身的生活质量。

当我们忙忙碌碌一天之后，回到家里，却发现自己不知道究竟为何而工作、为谁而工作，因而倍加沮丧或愤懑的时候，不妨坐下来，静静摊开陈凯元先生的《你在为谁工作》这本书。

它告诉你，我们为什么要努力工作。它说，工作是需要用生命去做的事。你选择什么工作，如何对待工作，从根本上说，不是一个"关于做什么事和得到多少报酬的问题"，"而是一个关于生命的意义的问题"。因为工作是施展自己才能的舞台，除了工作，"没有哪项活动能够提供如此高度的充实自我、表达自我的机会，以及如此强的个人使命感和一种活着的理由"，所以，它主张我们"要为自己而工作"。

它告诉你，工作背后不仅仅是薪酬，更是成长的机会。"公司支付你的是金钱，工作赋予你的是可以令你终身受益的能力。"一个人如果仅仅把薪酬当作工作的唯一回报，那么，他就很容易因为觉得工资不理想，而丧失对工作的责任感和激情。他也因此丧失了提升自己专业素养和能力的机会，从而变得平庸甚至落后，最终让自己失去了社会价值。

它告诉你，比尔·盖茨为什么还要工作，斯皮尔伯格为什么还要工作，已经63岁的美国Viacom公司董事长萨默·莱德斯通为什么还要在别人看来可以安享天年的时候疯狂工作，有时甚至一天24小时都不休息。原来，工作，远不仅仅是用来养家糊口的，而是用来寄托人的精神和情感、用来实现自己人生价值的。一个人只有提升需要的层次，不仅仅停留在生理需要和安全需要等物质方面的满足，而是进入一个更高的"自我实现"的层次，他才能让自己焕发出巨大的激情和才能，让工作变得可爱而富有成就感。

作者告诫我们，"应该牢记，金钱只不过是许多种报酬的一种，你所追求的是自我提高，所以要保持积极的工作态度"。

有了以上的认识，当我们明白了是为自己而工作，是为了自己有保障、有尊严和有价值的生活而工作的时候，我们就可以拥有崭新的工作态度。

我们就会认真工作，并且认为这是"真正的聪明"，而不是把敷衍了事、拖拉偷懒作为一种聪明的选择。认真工作是提高自己能力的"最佳方法"，认真工作的员工，不会为自己的前途操心，"因为他们已经养成了一个良好的习惯，到任何公司都会受到欢迎"。所以，"无论你做什么工作，无论你面对的工作环境是松散还是严格，你都应该认真工作，不要老板一转身就开始偷闲，没有监督就没有工作"，"如果你能够认真尽到自己的职责，尽力完成自己应该做的事情，那么，总有一天，你能够自如地从事自己想做的事，赢得自己想要的体面"。

　　我们就会少些抱怨。不会觉得自己每天在做毫无意义和价值的事情，不是整天在"为他人作嫁衣裳"。我们就会有积极的工作态度，会加倍珍惜自己的工作机会，我们对自己的工作会像当初求职时那样，始终心怀感激。我们就会用心去对待每一件必须做的事情、每一项必须面对的任务。如果能够这样用心地打理自己的后院，就会发现，原来，钻石就在那里。原来我们可以很富有，可以每天都充满收获。

　　我们就会把敬业当作自然而然的工作态度。我们绝对不会依照领导的态度来决定我们自己的态度，绝对不会怀着敷衍的态度来对待任何一项工作。不会得过且过，不会牢骚满腹，不会自甘落后和平庸，不会放任自己徒随年岁增长而专业智慧却每况愈下或者原地踏步。我们也就不会感慨怀才不遇，不会感叹"人老珠黄"，不会愤懑"只有苦劳没有功劳"。我们就会明白，"一个人的工作，是他亲手制成的雕像，是美丽还是丑恶，是可爱还是可憎，都是由他一手造成的"。

　　我们就会坦然接受"工作的全部面目"，不仅接受它的成功，接受它给予的回报，我们还会接受它带来的挫折和磨难，接受它的平淡和琐碎，接受它的艰难和复杂，不会在自怨自艾中陷入沉沦。

　　我们对工作的认识转变，工作心态就会跟着转变，工作状态就会焕然一新。我们每天都会心情愉悦，会得到更多的来自上司和客户的各种肯定和回报。我们就会从平庸走向优秀，从优秀走向卓越。我们会大有作为，从而拥有我们以前所没有的受人尊敬的地位——而就我们教师而言，这种尊敬更多地来自学生、家长和同行发自内心的认同和赞赏，而绝不仅是职位、职务的提升和金钱的增加那般简单。

　　当然，除了这些，这本书还告诉我们一些高效工作的方法。

比如我们要拒绝拖延，尽量在今天完成工作；比如要挑战不可能完成的任务，不要害怕各种艰难的任务；比如拒绝借口，勇于担当；比如要主动工作，要比别人多做一点点；比如要自觉发现和克服自身的坏习惯；比如要学会合作，有团队精神；比如要勤于学习，不要故步自封，更不要躺在昨天的荣誉和成就里裹足不前。

和老师们一起谈话时，我时常听到这样一些声音：没意思，没奔头。

的确，如果单纯从职务、职称、薪酬等角度来考虑，作为一名教师，干多干少，干好干坏，没有太多的差别。我们再努力，也不可能家财万贯；再拼搏，也不可能平步青云。换句话说，我们不可能发大财，也不能当大官。我们好像毫无奔头。但是，如果从工作对于我们自身生活的幸福、生命的价值实现这个角度来说，工作，每一天的工作都是一座丰富的宝藏。只要我们用心去挖掘，就能天天有意外的惊喜，天天有可观的收获。

或许，这就是这本书对于我们这样容易丧失了方向、陷于迷惘的教师的最大启示。

不妨以该书序言中的最后一段作为结尾：当你开始推诿责任，当你丧失工作激情，当你对工作产生怨恨的时候，请暂时停下手中的工作，静静反思一下这个简单而又包含着深刻人生意义的问题——"你在为谁工作？"

那些被数字掩盖了的

那些被数字掩盖了的

和校长朋友们谈起办学问题,时常感慨万千。

一位校长说,他克服许多困难开设五十多个社团,让每个学生在学校里快乐学习、优雅做人、学有所长,自认用心良苦,却有领导轻描淡写地说,关键还看成绩,成绩出不来,老百姓不会认同。

这位校长在当地有较大的影响力,接管一所老校后,有声有色,同行竞相来学习。但是,由于布局调整,该校又是农村学校,生源以民工子弟为主,成绩的确难以和城区学校比。

这位校长悲愤地说:"民工子弟的孩子,或许上不了好大学,但是,他们一样可以自信地自立于社会,这就是我的追求。我有错吗?我不需要领导多鼓励,但是,当我在努力做点真正的教育的时候,希望领导能够且慢批评和打击。"

闻听此语,似曾相识。

教育改革,历来雷声大雨点小,不是一些领导没决心,就是一些领导没勇气。当然,也有真正立志改革的有识之士。但是,他们通常被这些平庸自保的官员们,以"老百姓"的名义,用数字捆住了手脚。

我所在的学校，自办学以来，也有过一些困惑。我们班子一起认真分析学校的定位和发展方向，在教职工的支持下，推出了一系列的改革措施，收到了较好的效果。最明显的一点是，老师们都感受到学校的学风明显好了，学生在课堂中的学习状态更好了，游离于课堂、初三时候趴下一片的现象少了。

我对老师们说，评判教师的教学，首先看课堂，而不是成绩。看课堂，有多少学生在学习，用了多少时间在学习，学了多少东西。就学校而言，如果课堂中，即使到了初三，也少有学生趴在桌上睡觉或者神游于物外，那么，我们至少获得了初步的成功。

来校蹲点或考察的同行问起：你们的教学质量怎么样？提升了吗？我说，别急，这个问题我也不好回答，成绩提高不是立竿见影的，更主要的是，你看我校的校园生态和课堂状态好不好。

我历来反对坐在办公室里，看一串数字，然后判定一所学校的好坏优劣。这是最简单也最粗暴的教育评价方式。

教育有着活生生的现场。

到现场看看，不要打招呼，随时走进去，看看学生和老师的状态，看看校园，看看课堂，看看校园里的一草一木。懂教育的人，就可以感知到一所学校的办学品质。

数字背后，有着复杂的因素。比如，生源起点、师资队伍甚至班子配备、学校历史、办学条件等等。

可惜的是，一些领导不喜欢，恐怕也真没时间去学校突击走走。他们对教育的真相不感兴趣。他们只对数字感兴趣。决定他们命运的上级领导，可能也爱看数字，那些看起来影响他们仕途的"老百姓"也好像只爱看数字。

习近平总书记说，要把满足老百姓的需要和教育引导老百姓结合起来。教育既然是一门专业，就不能单纯以"老百姓"的感性认识和某些领导的功利评价来代替对学校教育的专业评价。这样的做法，不仅不客观，也不公正。教育官员，如果心底没有一分对教育本质的认识，没有一分对教育良知的坚守，没有一分对教育规律的坚持，没有一分对教育责任的担当，那么，他即使侥幸能够成为官场上的红人，最终也将难以成为真正令教育同行们敬重的领导。

没有分数，万万不行。如果我们的命题是科学的，那么，分数无疑是一种能力。我从来不否认分数和成绩是对一个人综合素质的某种评判。但是，评判学校，远比评判个体来得艰难而复杂。不懂这点，就谈不上懂教育管理。

有校长告诉我这样一所"名校"——那是一所在当地颇有影响力的学校，凡事总要争第一，美其名曰"追求卓越"。校长在大会上明确要求：无论老师还是老师带学生参加比赛，不拿第一，就不符合我们的要求，就是不合格的教师。在这样的高压之下，各种荒唐的行为就出现了：有的教师在优质课比赛中，明明技不如人，却千方百计要"争""夺"第一，或者找人说情，或者找准评委或者活动组织中的一点细微的疏漏，反败为胜，"终夺第一"。在这样的"追求卓越"的一贯"校风"下，学生自然也是如此。不拿第一就对不起老师，就对不起校长，就对不起"今天引以为豪"的"名校"。于是，在运动会中周密分工，派人紧盯其他竞争对手的任何一丝的犯规行为，一旦超越自己，就告状，而自己则千方百计钻漏洞。听说，有一次，该校承办市运动会，在掷铁饼的比赛项目中，眼看着人家的成绩要超越自己了，该校当学生志愿者的同学就特别"配合"，努力将皮尺拉直，拉直，直至将其拉断。因为这样，对手的成绩会差一点。

这样不择手段"追求卓越""永争第一"的学生，今后到了社会上，会成为什么样的人？这位校长问我。我不敢回答，甚至，不敢想象。

看看我们的四周，在成人世界中，早已经充满了这样的令人生畏的"卓越者"了。他们为了达到目的可以无所不用其极。而另一些，因为发现自己最终无法"卓越"，实在"输不起"，就选择种种极端的做法——今天有人冲杀学生，明天有人引爆公交车，后天有人杀人全家，或者就是自我毁灭以逃避"失败"。这样的悲剧还少吗？

诸如此类，种种怪相，已经足够让我们忧思了。但一些教育者，借"对学生负责""让家长满意"的名义，还在为这样的浊流推波助澜，这不能不令人悲哀万分。

有的学校，每年的成绩看似在上升，但这个成绩如何来的？就是从挖掘了他人的优质生源而来的。今年挖五个，明年挖十个，后年挖二十个，这样，步步为营，造就了一所"连创佳绩"的名校。

有的学校，学生五点半起床，十一点熄灯，周末只休息半天，音体美课只挂在课表中，学生除了学习，不知道生活有何乐趣，心理问题多发，却也成了领导和"老百姓"心中的好学校。

有的学校，在领导眼中一直是不错的。为什么？因为，关键数字好看。关键数字是什么？就是考上重点高中或重点大学的学生的人数。只要去年5个，今年6个，明年7个，就是好学校。其他的几百个学生，甚至上千个学生的成绩，并不重要。因为"老百姓"也认为这就是好学校了。他们不知道，还有许多老百姓，那些被忽视的绝大多数学生及其家长，其实，并不知道自己和孩子收获和失去了什么，甚至，有时候，自己的孩子成了陪衬，成了他人的"殉葬品"，还浑然不觉。殊不知，所谓的"老百姓"有时候也是很好被专业人士欺骗和误导的——我始终认为，专业人员不能坚守专业精神，不能正确引导社会舆论，片面迎合所谓的"民意"，也是一种变相的欺骗乃至戏弄。

当然，还有更糟糕的，一些学校，除了关键数字漂亮外，一无是处。学生自私自利，忙着给老师送礼请客，忙着请老师额外"照顾"做家教。教师呢，刚上班就盼着下班，上完课，就盼着回家看电视，甚至准备晚上做家教。一个年级，靠的就是几位名优教师在拼命用劲，"为校争光"，而且只用在几位关键学生，即在所谓的"苗子"身上就行了——如同我们的体育，举国体制，专门培养几个人才，就总能在世界体坛上获得"奖牌数第一"了——这样，自然能年年得到领导的夸奖。领导还会认为这样的校长"善于抓关键""可干大事"。

奖牌大国，并不代表体育大国；体育大国，并不代表体质强国。学校教育不也同样吗？

总之，数字背后，被掩盖和可掩盖的东西太多了——一些学生，分数是高了，进入大学或社会后，损人的损人，自损的自损，甚至出现了李启铭、药家鑫、马加爵、朱海洋这样的学生，更是令人痛心。可在一些人看来，这不足挂齿：教育的事情，当然看今天了，明天的事，谁知道呢？大学的账，怎么能够算到中学头上呢？

是的，明天，有多少人，仔细想过明天的事呢？

他们就要今天的数字，却不去思考，数字背后，遗失了多少不该被遗失的东西，又遗弃了多少不该被遗弃的孩子。

写此文，我并无意去打击和讽刺那些名校。当今社会，要办好学校，当好校长，凡教育中人，都知道是件不容易的事。上要获得领导认可，下要获得百姓认同，不容易。脱离"实际"的教育，再美好，也无法存活，谈何理念与责任？这是我每每想到，就感到悲哀的地方。

但我依然希望，我们的教育官员们，我们的校长们，能够减少一点对数字的癖好。教育的使命是立德树人。或许，当我们对分数背后的东西关注更多，对分数以外的东西关心更多的时候，离教育的目的和本质才能更近。多少年后，当你从教育管理者的岗位上退下来的时候，便可以自豪地说："我是真做过教育的人，是做过真教育的人。"

中等"师"同样不可忽视

秋日的中午。

吃完中饭,刚好吕老师从食堂走出来。

我请她和我一起在田径场散步。

我想和她谈谈课堂问题。

她那节课有四五位学生趴在桌上,无所事事,而她却没有看见,或者说看见了却习以为常、不以为意。

她是个负责的老师。但比起众多老师,她并不出色——她没有名优教师的头衔,也没有骄人的成绩;她不曾担任过什么引人瞩目的工作,也不在最早进教室和最迟离开学校的人群之列。

当然,她也很少给学校、给同事添麻烦,不会和谁发生口角,也不会和某个部门发生冲突。

她就是这样一位默默无闻、按部就班、来去匆匆、沉默寡言的极普通的教师。

我不想批评她,只是想适时地给她提个醒。

没想到,话没有说几句,她就眼眶发红,泪水汹涌而出。

她说，从工作开始，几乎没有得到过领导的肯定。以前，她也担过班主任，也早出晚归很拼命，甚至放弃照顾孩子，可从来没有得到过什么荣誉。这些年，她不做班主任，也没有担任什么职务，同样早出晚归，同样克服孩子没人照顾等困难，同样从来没有请过假，可是，同样没有得到过领导的一次表扬和表彰。

"我同样身体不好，许多疾病，我同样家里有许多困难，我同样经常找学生辅导，我同样经常和家长联系。只不过，我可能不够出色，也可能我从来不喜欢到处宣扬自己，我也从来不喜欢到领导这里来叫苦叫累提条件。我就是一个被忽视的人，我怎么做都没有人肯定，都得不到肯定。"

听到她的倾诉，我深感自责。尽管我自认是务实和勤奋的，也自认对老师是了解的，可是我发现我对她或者说"她们"的了解太少了——特别是对老师工作之外和成绩背后的东西，了解得太少了。

或许，我可以不必去了解太多，我只需要了解她的工作业绩就够了。可是，为学校做出贡献的，不仅仅是那些业绩出色的人，还有那些业绩并不出色的人。他们可能成绩并不耀眼，可他们以自己踏踏实实的努力、默默无闻的陪伴、真诚善良的举动，让一个个学生感受到了做人和做事的责任，并维持着这个校园的安宁与平和。

不是每个人都要登台做演员，更不可能每个人都成为出色的演员。那些在舞台背后布景的人们，那些在舞台下面鼓掌的人们，那些为这个舞台挖土铺路的人们，那些为这个舞台清扫尘垢的人们，都同样有着不可忽视的价值。

这些看起来毫不起眼的老师，多么像那些常被忽视的中等生：成绩中等，相貌中等，才华中等，努力程度也中等，性情同样中等；他们从来不会有惊人之举，也少有恼人之处；他们不多事，不惹事，老师无须顾忌他们；他们不会给班级带来巨大荣誉，不会为老师和学校"增光添彩"，老师无须顾及他们，因而，他们常常处于被漠视的窘境中。

多年前，在高中当语文老师的时候，我的学生写过一篇文章——《我是一名中等生》。大意是说自己多年来，就如同教室里的一张桌子，摆放在某个角落，不声不响，没人过问，没人关心。对他来说，同学和老师很重要，因为他不知道除了来这里，还能去哪里。而对同学和老师来说，他却是个多余的人。其内心的孤独，从文字中窜出来，尖锐而冰冷。看完之后，我的内心久久无法轻松。

"没有花香，没有树高，我是一棵无人知道的小草……大地啊母亲把我紧紧拥抱。"

我突然想起这首老歌，对它有了一种别样的理解，眼眶不禁湿润。

那些中等生、中等师们，何尝不是这样平凡？但他们真的没有烦恼、没有忧愁吗？他们何尝不渴望被人关心和关爱？

哪些老师容易获得关注和重视？

首先，那些肯担当、能奉献的人，常获得重视，因为他帮助学校承担苦难，解决难题，是学校的功臣；那些能力强、业绩好的人，常获得重视，因为他们是教师的标杆；那些有追求、有理想的人，常获得重视，因为他们是教师队伍中的先行者和思想者。

其次，那些善表现、会宣传的人，常得到重视，因为他们只要做过一些工作，就能让所有人知晓；那些有活力、善交际的人，常得到重视，因为他们能够让所有人都成为他的朋友，替他说话。

再其次，那些会抱怨、会吵闹的人，会被重视，因为他们的意见如果得不到重视，会给管理者带来麻烦；那些会叫苦、善叫累的人会被重视，因为他的苦累大家听得见；那些爱计较、善提条件的人会被重视，因为不重视他就不做事。

当然，能够获得关注和重视的人，还有很多。

而那些什么都平平淡淡的人，那些中等之资的老师们，却常常坐在被遗忘的角落里。没有灯光，没有舞台，没有鲜花，没有掌声，自然也没有刀光剑影。他们同食堂里的厨师一样，永远都躲在里面，你每天享受他制作的菜肴，却很少去过问他是谁，他是怎么烹饪的，他有什么样的愿望和诉求，他面临着何种困难与苦痛，他是否获得过关心和理解。

不能否认的是，我们的学校里，的确有许许多多这样一些看起来并不出色的人。他们从来不会给学校带来压力、制造麻烦，他们也很少有引人瞩目的才华和业绩。可是，他们却是学校的基石，无声地支撑着学校和他人的辉煌和光亮。

无视这些人的内心，学校就很难扎实和稳固。

更主要的是，漠视本身，就是对他们的不公平。更不必说，一个或者一群长期处于被漠视状态的老师，时日一久，同样会把这种漠视带给他的学生，带给更多的人。

作为校长，我们时常会呼吁老师们关注那些容易被忽视和被漠视的孩子们。可是，我们却时常忘记了去关心和关爱那些更容易被忽视和漠视的老师们。

无论如何，只要存在教师的切身感受被忽视或漠视的现象，这就不是完好的教育，也不是完好的学校。

叩问教育的保质期

"你认为,什么时候举行毕业典礼更合适?"

在参加校长培训班的间隙,我向几位校长抛出了问题。

"当然早点好。"一位不假思索就回答。

"为什么呢?"

"夜长梦多。"

"能解释一下吗?"

"还需要解释吗?"

大家笑了。

的确不需要解释了,大家都懂的。

中学六年,是学生学习任务最重、心理压力最大的时期。中考、高考一结束,他们压抑已久的情绪,会一下子释放出来。经历过多年的应试压力之后,他们需要放松,甚至放纵。一些学校里,考后出现了学生撕书、烧书、砸热水瓶、踢门板、敲玻璃,甚至打架斗殴等行为。

明智的做法就是,尽早让毕业生离开学校,减少事故的风险。一旦学生怀揣毕业证书,跨出学校大门,学校就可松一口气,不必再提心吊胆了。

否则，一旦发生学生违法或安全事故，无论是社会舆论、学校考核，还是法律责任认定，恐怕都和学校脱不了干系。

有位校长就说，那年高考完后，他们马上举行了毕业典礼，给学生发放了毕业证书。就在回家的路上，两位男生为了一个女生，各自叫来朋友进行"决斗"，其中一位男生被砍了十多刀，重伤住院，另一位男生被派出所抓了进去。

"幸好那天毕业典礼开得及时！"他心有余悸，而又万分庆幸。

我完全理解这种选择背后的无奈。

学校承受了太多的压力：只要孩子在未毕业前发生任何事情，无论发生在校内还是发生在校外，不管学校是否有责任，只要多带点人到学校闹一闹，总是能够争取到些许好处的。学校和教育局，一般都害怕家长把事情闹大，影响"稳定"大局，所以，即便自己没有法律法规认定的过错责任，也愿意忍气吞声，多出点钱，大事化小，小事化了。

在法制尚未健全、理性尚不发达的社会里，稍有些风吹草动，都容易让学校提心吊胆的。"离柜概不负责"，就成了时下学校的唯一选择。

但这终究不是我们想要的教育。

我们一直在强调，教育要"面向未来"，要着眼于孩子们明天的生活；我们一直在倡导，"为学生的终身发展服务""为学生的幸福人生奠基"；我们更清醒地认识到，教育是有迟效性的，现在的教育，往往要在未来较长时间内才会显现出效果来。

所以李希贵曾说，教育要管二十年。

所以朱永新教授说，要教给学生一辈子有用的东西。

可是,看看我们当下的教育,有过多少对学生长远利益的考虑和考量?

不必说是学生毕业后,学校不必担负起什么责任来了。就是学生在校期间发生的种种或残忍或不幸或荒唐的事件,又有多少学校真诚地做过深刻的自我检讨和反省?

马加爵、药家鑫、林森浩、郭力维,一个个本该在学校里安分守己读书,顺顺利利毕业的大学生,却纷纷走上了杀人的不归路。而更多的大学生,则选择了自杀,一条条鲜活的生命,因为内心的脆弱,而过早地夭折在了本该绽放的土地上。我们在为他们唏嘘叹息的时候,也惊讶地看到,他们所在的大学,何曾拿出足够的勇气进行过真诚而深刻的反省?

或许,在这些母校看来,自己的学生杀人或自杀了,是不光彩的,所以对此话题避之唯恐不及;或许,更因为在他们看来,大学生是成年人,具有完全民事行为能力和完全刑事责任,所以这一切都和他们无关。他们有充足的理由选择沉默和逃避。

至于我们看不到他们的中小学校长和老师站出来反思,甚至连他们的中小学母校的名字都无从得知,就更不必大惊小怪了。

或许,是因为没有勇气;或许,更是因为觉得没有必要。不是怯懦,就是冷漠。

可是,我们可以很乐观地展开想象。如果,如果他们幸运地成了院士,或者再幸运点,获个诺贝尔奖,那么,我相信,他们的母校,不必说大学了,就是中学、小学,甚至幼儿园,还有教过他们的"恩师"们,都会一个个从"地底"下冒出来,在媒体上畅谈自己的"教育贡献"。而这些"杰出校友"的光辉事迹,则一定会永远留在学校的校史馆里。

其实,连想象都是多余的。因为现实早已是如此,而未来也依然将会如此。

某位著名官员是华东某著名中学的著名校友。该官员在落马前,该著名中学一直对其敬若神明,将其"光辉"事迹供奉于校史室。该官员贪污事发,身陷囹圄之后,该校从此就对该著名校友的名字讳莫如深,急急忙忙"毁尸灭迹"。而在另一个现代化都市中,某知名大学,在其知名校友爆出性丑闻尚未锒铛入狱之际,就反应敏捷,迅速拆除了该校友捐资兴建的大楼上的名字。

他们都急于和这些曾经引以为豪的校友划清界限。他们从来不曾反思:假如我们的教育是真正对学生的未来持续有效的,那么为什么会发生这样的事情?事情发生后我们今后在教育上做哪些努力,才可以减少或避免类似悲剧的发生?

我们很遗憾地看到,我们一直用最动听的词语赞美的学校,我们寄予充分厚望的教育,竟然比众多制假售假、唯利是图的商人更加急功近利,怯于担当!

走进超市,你从货架上随便拿件食品下来,都有明确的保质期。比如"安慕希"希腊酸奶,常温下保质期是 6 个月;而"涌优零尚"风味酸奶,在良好的贮藏条件下,保质期是 14 天;"巨树牌"家常辣腐乳,常温下保质期是 24 个月。

在这规定的保质期内,产品的生产企业对该产品质量是否符合有关标准或明示担保的质量条件负责,销售者可以放心地销售这些产品,消费者可以安全地食用。

走进药店,同样可以发现,每种药品都有其保质期,通常称之为有效期。药品的有效期是指药品在规定的贮藏条件下质量能够符合规定要求的期限。据说,这个期限是指药效损失 10% 所需的时间。如"来立信"乳酸左氧氟沙星注射液,有效期为 2 年;片仔癀为 5 年;"一洲"清开灵片为 3 年。

而在建筑工程方面,国家同样规定了一定的保质期,这里称之为"保修期"。

国务院的《建设工程质量管理条例》第四十条规定:"在正常使用条件下,建设工程的最低保修期限为:(一)基础设施工程、房屋建筑的地基基础工程和主体结构工程,为设计文件规定的该工程的合理使用年限;(二)屋面防水工程、有防水要求的卫生间、房间和外墙面的防渗漏,为 5 年;(三)供热与供冷系统,为 2 个采暖期、供冷期;(四)电气管线、给排水管道、设备安装和装修工程,为 2 年。"

看来,只有教育没有保质期和有效期了。

我不赞成对教育法律责任的任意扩大化。教育已经囊括四海、包揽五湖,不堪重负了。你看看那些动辄被人指指点点的校园安全事故的案例,就知道,校长和教师已承受着多大的压力。

但是,教育需要勇于担当。我们虽然不能在法律责任上大包大揽,但是,在教育的社会责任感和历史使命感上,要勇于担当。即,学校理当勇于担当道义。

有位班主任,在他的班级里,有个学生在中考后那个暑假中不幸溺水死亡。家长通情达理,倒也没来"闹"。尽管学生已经毕业,他却一次次去看望家长,每次看过后,总是觉得非常内疚。他私下对我说,虽然自己没有失职,放假前该提醒的提醒了,甚至放假后,他还特意给孩子的父亲和奶奶都打过电话,提醒他们不要让孩子擅自出去游泳。可是,这个孩子溺死后,他总是感到自责,总觉得如果和这孩子再多打几个电话,可能就不至于发生这种事了。"他很可怜,五岁时父母就离异了,一直是他奶奶带大的。他父亲虽然在家,可很少管他……"

当他满怀内疚地谈起这个学生的时候,我真切地感受到了什么是教育良知,什么才是真正的担当。

教育要勇于担当,而不仅仅只是尽法律责任。只有学校具备了浓厚的道义色彩,教育才会具备撼动人心的力量。

该在考评机制上,真刀实枪地做些改进和变革了。

比如,我们能不能把对小学的评价延伸到中学?能不能把对中学的评价延伸到大学?能不能把对大学的评价延伸到毕业后的五年甚至十年、二十年?

浙江省建立了高校新生体质健康测试数据通报制度,把大一新生的体质健康测试情况纳入对各地及各高中的教育质量调查和评价中去。这个举动是难能可贵的。希望这样的探索能够再多些,内容上可以更加全面些,力度上可以再大一些。

和当前只重视"当下"成绩和表现的评价体系相比,这样延后的跟踪评价,自然繁杂得多,也困难得多。但是,如果"百年大计"真的以"教育为本",这样的繁杂和困难,也值得我们去尝试。

如果我们的教育,太过功利,太过精明,它就无法承载太多的东西。教育上的功利和短视,一旦形成惯性,远比现实生活中的豆腐渣工程和伪劣产品更加令人忧惧。

专业尊严来自哪里?

最近,河北涿鹿县教科局长郝金伦的辞职报告走红网络,读来令人唏嘘感喟。

在县教科局局长任内,郝金伦在部分学校、部分学科、部分班级推行了"三疑三探"课堂教学模式、思维可视化技术、学习力课题、元认知心理干预技术等新方法。这些与传统的课堂教学有所不同。

郝金伦的努力得到了一些教育界业内人士的肯定,但也引发了当地部分学生家长的强烈反对。他们认为课改后课堂上教师讲课不足,希望恢复到"满堂灌、题海战术、考试排名"的传统模式上去。最后当地政府下令停止这些探索。

他无奈,只有愤而辞职。在接受澎湃新闻网采访时,他说:"'三疑三探'这种模式很好。北京十一中学李希贵校长……所有内行的人都觉得很好,外行人充满了焦虑。打个比方,做一个肿瘤的手术,这个是非常专业性的,但是病人家属都在要求怎么做怎么做,这是在干预。很可笑。这是非常极端的比喻,但是很恰当。"

我不知道这件事最后是否会出现"剧情反转",我也不敢说他的所有主张和措施都是科学合理的,但从他的辞职报告中,可以看出他对教育的理解是深刻的;从他采取的一系列课改措施看,他的做法是专业的;从他经常下基层学校去调研和指导课改的新闻看,他的态度是务实的;从他不畏非理性的质疑和非议,力行改革的决心看,他对教育是有真信仰和真追求的。或许可以责备他在和家长沟通方面做得不够到位,或许可以责备他作为局长不够稳健和慎重,但是放眼全国,像他这样能够怀揣理想、深入一线、勤于钻研、大胆探索、勇于担当的局长能有几个?

当地十万家长中,仅仅有部分家长反对,就匆匆停止了业已取得良好开端的课改探索。而且是全面停止!

我相信,如果没有数百名家长的告状和上访,如果一切都平静而平和(但任何改革不可能风平浪静,尤其是改革之初),河北涿鹿县政府一定不会做出这样的非专业的决定。因为这一决定无疑将浇灭那些对教育还抱有真感情和真追求的教育人的激情和梦想。

而且,我深信,这件事,无论如何,将会成为教育史上一件同课改一样值得讨论的典型事件。

教育的专业尊严,再一次跪在了非专业的"暴力"面前。

这样的事情,早已不是第一次了。

随便百度一下,就可以找到一些新鲜活泼的例子。

有位校长说,校长和老师在家长面前根本没有面子。他的学校发生过多起家长集体来"闹"的事件。或者因为某教师普通话不够标准,或者因为某班级班主任是体育教师,或者因为教室里没有空调,或者因为部分重点班的教室和普通班(在家长看来是"差班")的教室距离太近,或者因为学校坚持让学生到毕业前夕还做值日,甚至因为某个教师怀孕了请了几次假。

他语带讽刺地说:"现在,我这个校长,最好不用做任何决策,凡事请家长来决定就行了,甚至老师们如何上课,也请家长来指教一番才安全呢。"

还有一位校长说,家长动辄向教育局和县长、市长或者厅长写信。只要对学校的作息、作业甚至一些兴趣小组的活动安排等有一点点不满意,就去投诉。或者就在论坛上,不负责任地乱发帖子,制造轰动效应,以引起领导注意。而上级部门呢,收到投诉信或看到"舆情",就要你限期答复。有些问题,学校反复答复了多次,家长还是无理取闹、纠缠不休。比如,有个家长为了达到给自己的孩子更换班主任的目的,先后写信投诉十来次,学校疲于解释和沟通。

而到了年终,因为家长投诉,不管三七二十一,教育局就给学校扣了考核分。

"因为要让'人民满意',而且要人人满意,我们这样的大型学校,有五千多名师生,我甚至不需要做什么事情了,只需在办公室回复家长投诉,或者接待家长来访就够忙的了。"他苦笑说。

当然,这些其实还算好的。有的地方,甚至还发生家长辱骂、殴打老师和校长甚至致残致死的事件。这样的事例虽然极端,但也绝非个案。为避免教育者更增绝望,在此不一一列举。

是的,校闹,虽不至于像医闹那般激烈,但是,一些家长们对学校和教师的非专业的干扰,在各地普遍存在,大家早已司空见惯。

有的校长说,我们越来越觉得自己不像校长和老师了,我们是"孙子"。可是,孙子,怎么去做人家的老师,怎么去教育人家呢?师不尊,道何严呢!

"师道尊严",仿佛已经丧失殆尽……

时下,"教育越来越难办了""老师越来越难当了",不仅仅是感慨,更像是在哀叹。

时代在飞速前进,社会民主化程度水涨船高。作为教育消费主体的家长和学生都开始觉醒,家长的综合素养和学生的知识结构、信息渠道不再像过去那样处于弱势地位。

教师和学生不再是简单的传授和被传授的关系,教师和学校的知识权威、道德权威、职业权威都被弱化。师道尊严,不再如过去那样不容置疑。总体而言,这是时代发展之必然,也是社会进步之标志。

但师道尊严还是要追求的,说到底,这是对专业尊严的一种捍卫。

我们在呼吁社会对教育、对教师多些理解与宽容,多一分尊重和善待的同时,首先要加强自己的专业建设,提升素养。

专业的尊严,来自专业的服务态度、服务水平和服务质量。医生的尊严来自医德的高尚和医术的高明,教师也同样。你对学生的态度、你为学生的成长和进步提供了多少具有专业水准的支持和帮助,决定了你在学生和家长心中的地位和尊严。除此之外,任何人都不要奢望他人理所当然地给予你特别的"敬重"。

人必自尊,而后人尊之。人必自侮,而后人侮之。

一些教师不思进取,得过且过,课堂枯燥,僵硬生涩;一些教师态度冷漠,傲慢无礼,颐指气使,唯我独尊;一些教师热衷于"创收",大搞有偿家教,还巧立名目,暗示家长送礼;一些教师趋炎附势,对学生冷热不均,区别对待,还动辄拿亲友的私事求家长帮忙;一些教师流连于麻将桌和酒桌,从不看书,不学无术;一些教师擅长说教和训斥,自己却纵情任性,师德尽失;一些教师忙于结交权贵,追名逐利,开口必谈谁谁有钱、谁谁有地位;一些教师陷于怨天尤人,愤世嫉俗,总抱怨工作太苦、收入太低。

如此种种，如何指望学生和家长因为你是"教师"，而对你心生敬意？

我们教师如果不能从心底里对职业产生真正的自爱、自尊、自信、自强之心，就很难真正做到既敬业又专业。只是把老师这个职业当作饭碗，甚至当作累赘和负担。不以当老师为荣，反而时常以当老师为耻。对待工作的态度不是热爱和专注，而是抱怨和敷衍。这样的教师自己都缺乏应有的职业自尊，让学生和家长怎么敬重你？

学校同样如此。如果自身管理方面漏洞百出，缺乏科学精神、专业态度和严谨作风，就不可能赢得社会的尊重和领导的信任。

由于教师发生车祸，我校曾临时更换一位初一教师到初三代课。家长代表十多个人来校长室找我。我接待了他们。我先让他们畅谈想法。他们七嘴八舌地提出一系列反对变动的理由，最后说："反正，我们全体家长不允许你们更换老师；否则，告到市里，告到省里，都要去。"

面对他们这种不容商量的态度。我表示，完全理解他们的心情和顾虑。但我也坦率地告诉他们：《教育法》第二十九条规定学校"按照章程自主管理"，第三十一条规定"学校的教学及其他行政管理，由校长负责"。《义务教育法》第二十六条规定"学校实行校长负责制"。《教师法》第五条规定"学校和其他教育机构根据国家规定，自主进行教师管理工作"。学校和校长是有办学自主权的。而我们根据学校的实际困难，适当做出临时变更教师的决定，虽然事出无奈，但也是有法律依据的。如果你们认为我们违法违规办学，我欢迎你们监督，到各级部门举报。

我斩钉截铁地告诉他们："你们可以表达自己的担忧，和学校好好沟通协商，但绝没有权力干扰和阻止学校依法做出的决策。"

接着我向他们详细介绍了学校做出临时变更的背景、我们面临的困难、我们为保障他们孩子的利益而采取的一些相关举措等。家长们最后冷静下来，和我们真诚沟通，彼此达成了一致意见，很好地解决了问题。

这几年中，我遭遇过因为个别教师成绩不佳和不善沟通而导致家长集体来校要求更换教师的，也遭遇过因学生之间打架而导致双方家长都来"讹诈"学校的，还遭遇过家长因为担忧学校改造后环境不合格而集体上访的。

每一次，我们都既没有害怕压力，一味退让；也没有寻找借口，推卸责任。我们在充分理解和尊重家长的关切和忧虑的前提下，在扎扎实实做好自身的各项工作、保护好学生的合法权益的基础上，以专业而理智的方式，很好地解决了矛盾和冲突，赢得了家长的认同和理解，甚至最后赢得了支持和赞誉。

当然，自己有专业底气，还是不够的。还需要自上而下，营造一种尊重专业的氛围，尊重专业，就是尊重科学。这些年我们能够有礼有节、不卑不亢地解决一些家校冲突和矛盾，离不开上级政府部门的开明态度和大力支持。

而在不少地区，教育行政部门，总拿"稳定压倒一切"来说事儿。只要稳定，就不要真理和原则，不要科学和发展。一旦家长群情激愤（甚至只是部分家长胡搅蛮缠），就匆忙向学校施加压力，甚至草率做出撤回、撤职等决定。而一些学校，也崇尚迎合，不擅引领，一旦领导和家长有些意见，就惶恐不安，逼迫教师让步甚至认错。专业尊严，经常这样让位于非专业的威压。

做教师、办学校的，要想拥有真正的专业尊严，除了自己要自尊自重外，还需要各级政府部门真诚而坚定的"尊师重道"的支持。

否则，要想不跪着办学，不跪着教书，都很难。

有一种误区叫"敬业"

昔有医人,自媒能治背驼,曰:"如弓者,如虾者,如曲环者,延吾治,可朝治而夕如矢。"一人信焉,而使治驼。乃索板二片,以一置地下,卧驼者其上,又以一压焉,而即殪焉。驼者随直,亦复遂死。其子欲鸣诸官。医人曰:"我业治驼,但管人直,哪管人死!"呜呼,今之为官,但管钱粮完,不管百姓死,何异于此医哉?

每每读到这个《庸医治驼》的故事,就忍俊不禁。这庸医,其方法之愚蠢、态度之蛮横,实在是令人捧腹。

这样的庸医,生活中不少。

父亲曾经因为被蛇咬伤,右臂肿胀如腿,肤色发紫。到了医院,医生进行了一番检查后,就决定,要给他截肢。

父亲决意不肯:"我是个下地做生活的农民,六十岁了,没有了右手,我还干什么活儿?"

母亲无奈,四处托人找医生。后来,打听到医院附近有一位土郎中,对治疗蛇毒颇有研究。他给我父亲一些消肿的药膏,敷在创口上,又开了个方子,让父亲服几剂药。

不到一周,父亲的臂膀就消了肿,肤色渐渐复原。

父亲还算幸运的,没有被庸医截下一只手臂来。

如果当初听从了那位庸医的建议,他就只能艰难地学着用左手吃饭、用左手砍柴,他将在空荡荡的右袖中,在摇摇晃晃的走姿中,度过风烛残年。

遭遇庸医,花了不少钱,吃不少苦头,病却治不好。而一旦遇见好医生,仅仅几帖药,区区几百块钱,就把病治好了。更糟糕的是,有的庸医,本可治好的病,还会把你治死或者延误了治疗时机。

庸医害人,人人都深恶痛绝,因这危害是显而易见的。

但庸人做教育和办学校,却不容易让人一眼识别。

他们往往会带着令人敬仰和感激的崇高色彩。

某地一位初中班主任,她非常敬业,每天最早下班级,最迟离开学校。她在三年中,多次到学生家里家访。有时候,她会在晚上十点多到学生家里家访,检查督促学生完成作业。

她非常严厉。每天要求学生争分夺秒地学习。学生除了上厕所,下课时间不允许在校园里奔跑;如果犯了错误,学生会被罚抄课文十遍二十遍;她骂起学生来惊天动地,让人汗不敢出。学生背地里称她为"灭绝师太"。她的班级,课堂上总是鸦雀无声,成绩总是遥遥领先,考核总是名列第一,每年考上重点高中的人数总是最多。她几乎每年都被评为优秀教师,是学校里获得荣誉最多的班主任。

但据她的同事说,她的每届学生中几乎都会出现一些心理问题比较严重的。曾有多名学生离校出走,还有一名成绩出色的孩子曾经跳楼致残,有一名学生多次割腕自杀,后来不得不辍学送医。还有一位学生在进入异地一所知名高中后,不到一个月的时间就在寝室里服毒自杀了。

但领导对她依然器重有加,家长仍然喜欢把孩子送到她班里,因为她好像总是能够在学习上把人点铁成金。

在校领导和家长们看来,这样的老师非常敬业,爱校如家,爱生如子,甚至比父母还更"爱"他们的孩子——你看,有多少父母能像这位老师那样关心他们自己孩子的学习啊。

奇怪的是,当我把这个故事告诉培训班的校长和老师们的时候,老师们说,这样的老师,哪里都有。江苏的一位教师则说,在她们当地一所以教改出名的学校里,几乎每个教师都是这样"病态"的。

他们并不喜欢这样的老师。

他们说,这样的老师,如同那个治疗驼背的庸医,只是把"成绩"抓上去了,但是,却把学生的"精神"和"活力"抓死了。

著名杂文家、江苏省语文特级教师王栋生在《不跪着教书》中郑重告诫这类教师:"最需要反省的还是教师。请问:你一生从事教学,你知道学生一生将会如何回忆你?如果他只记得你'狠',能'狠抓死揪',连课间十分钟都利用足,甚至不让学生去解手,当时家长一片叫好声,后来有人自杀了,有人拖垮了,有人到了成年一无所长,那就是你的种种不是了。"

这是教育人自身特有的清醒。

我庆幸,还是有教育的清醒者在的。

但是,这样的清醒者,也并不是太多,而且,即便有,也依然不得不做着庸医那样误人子弟的事。

这样的教师,自然有其坚实的土地和广阔的市场。

他们在领导和家长眼里是有着极高的威望的。因为他们具有"乐于奉献"的敬业精神,又因为他们的学生成绩纷纷提高了,所以,出几起学生事件,哪怕是自杀事件,是可以原谅的。更何况,心理问题,能怪老师吗?……

因为敬业,她们就被誉为"蜡烛",显得高大神圣,完美无瑕。

善良的人们不明白,或者说,也不愿意明白,对于教育而言,真正重要的不仅仅是敬业,更要专业,真正的专业!

教师之于孩子,如同医生之于病人。如同不恰当的治疗造成的伤害,不恰当的教育也常常比没有教育更可怕。

正如教师们所言,那位班主任也是受害者,她可能是自觉的或不自觉的受害者。她的背后,有学校的校长,还有一整套评价制度,还有一个牢不可破的教育体制,还有一个缺乏理性的庞大的家长群体,还有一种无处不在、威力十足的社会舆论。

总之,她一定并不孤独,因为荣耀和掌声,还会继续光顾,巨大的成就感,还会鼓舞着她再接再厉、精益求精。

很多校长,就是她坚定的支持者和"垂范者"。

比如,为了抓升学率,特别是那几个重点生,你把体育课省去了,我就把体育、艺术课都减掉;你把学生留到晚上六点,我就干脆开设晚自修;你动员学生周末去补习,我干脆把尖子生拉到学校来补课;你高二开始补课,我就高一开始偷偷补课;你暑假补课半个月,我就暑假补课一个月——当然,是借着"兴趣小组"与"自愿""自学"或"免费指导"的名义的。

又比如,为了多出几个名牌高中或大学的毕业生,你到我的地盘来挖生源,我就到你的学校墙脚下来挖几个名优教师。

……

在这成者为王败者为寇的丛林法则下，校长们不得不牺牲自己的健康、家庭和生活，全力以赴，投入教育的"激烈竞争"中去。

自然，这种敬业精神，会赢得广大家长和上级领导的高度评价。一些地区，每年给各中小学排名，优秀率、合格率和后进生率等，排名甚至准确到各校的各个班级。那些优秀的学校，校长往往可以登台亮相，光荣地领受奖金和奖牌。

但是，我们也看到，这样一来，整个地区的教育生态就失去了应有的平衡。

学校面临竞争压力，发奋向上，不甘落后，这是对学生负责的态度。但这竞争，如果不按照教育自身规律和教育政策法规出牌，总是钻空子、出怪招、走偏门，就不值得提倡，甚至要旗帜鲜明地反对。

因为这个失衡，带来的是部分学生、部分教师与部分学校的功成名就——当然，还有部分校长的步步高升或者光芒四射，但最终遭殃的却是整个地区的众多孩子与家长。

他们一方面因为被升学率狂热误导而挤破头皮要进这些"好学校"，为此不得不动用各种资源请家教，托人走关系。另一方面，即便是那些挤不进"好学校"的孩子们，他们所在的学校，也从此失去了本该宁静安详的教育氛围，孩子们无法自信而快乐地学习、生活。

所有的学校，都被裹挟着去争抢那几个漂亮的数字。

有的学校定下目标，今年两个考进重点高中，明年四个，后年五个。至于这些孩子之外的另外的数百个孩子，则是无暇顾及的。也有的学校，特别重视所有学生的成绩，但是，至于成绩以外的东西，比如学生的良好习惯、健康心理、思维能力、社会公德、合作品质等等，则是不屑一顾的。

上有所好，下必甚焉。

于是，所有的学校都被迫奔着几个数字而去，挤压了本该自由与自主的办学空间，放弃了本该坚守的教育常理，删减了大量本该开设的"副课"，忽略了众多本该开展的"花哨"活动，牺牲了大量本该属于孩子们的从容休闲的时间。当然，也牺牲了大量本该属于校长和老师们自己和家人的幸福时光和健康生活。

实在不忍心指责那些敬爱的教育同行。

从教师到校长，谁愿意过着苦行僧般的日子？

但是，这种敬业精神并不值得大力提倡。

教育是成全和成就，绝不是伤害。任何一种对教育者和受教育者造成伤害和痛苦的教育，都不值得大力提倡。我固执地认为，学生不快乐，教师不幸福，教育就一定不会太健康。

我们需要敬业精神，而且要理直气壮地倡导敬业奉献的精神。我们无法容忍教师队伍中的南郭先生和撞钟和尚，也无法欣赏那些锱铢必较、精于算计的行为。但教育是严谨的科学和博大的艺术，它更需要一种正确的理念、科学的方法、艺术的手段和规范的行为，即专业的态度和行动。

仅仅依靠一腔热情，是无法做成好教师、办出好学校的。

校长和教师对分数的追求，断不是罪恶。但我们对分数的狂热已经远远超过了对分数的应有的理性态度。这种狂热在导致学生发展上的严重同质化同时，也带来了严重的分化和异化。近年来层出不穷的学生厌学、怕学、逃学、仇师、恨母、妒友以及自杀和杀人事件，不能不说是它结出的恶果。

教育难以回避竞争，但竞争不该成为教育的主旋律和全部。"二桃杀三士"式的竞争,更像是一种阴谋和谋杀。

承认并服务于人的差异发展,是教育的责任所在。对分数和升学率的崇拜,导致教育背离了自己的使命,也扼杀了众多孩子们的天性。让鸭子上树、让鸟儿下水的竞争机制,即便你如何敬业与奉献,也不值得称道。当教育背离了正确的方向,教育者越是努力,越是"敬业奉献",对教育的危害就越大,更多的孩子们受毒害或损害的风险就越大。

作为教育者,在应试教育的土壤上,我们或许无法完全超脱,我们或许被迫随波逐流,但是,我们决不能为此推波助澜,我们更不该成为兴风作浪的那位。

如果我们过分尊崇"成者为王,败者为寇"的丛林法则,那必将导致教育上的不择手段。

可许多人却依然乐此不疲。

校长考评不该缺了谁？

接到上海大众打来的电话，向我了解当地大众4S店在售后服务方面的质量问题。

上海大众非常重视顾客的意见，他们通过总部检查、"神秘客户"检查等方式来监督经销商的服务质量和执行公司制度的情况，并以此对各地经销商进行考评。

爱人从淘宝上购物，每次拿到实物后，总要在网上对物流服务、服务态度以及产品本身的质量等进行评价，淘宝以此作为评定各卖家的重要标准。

用户第一，顾客第一，是众多企业和商家的核心理念和原则。

陶行知先生说："校长是一个学校的灵魂，要想评论一个学校，先要评论它的校长。"

校长（含领导班子）考评是教育评价的重要内容。

学年结束，或者一届任期结束，教育局总要到学校教职工中进行民主测评，以此作为考评校长的重要依据。

对照大众和淘宝网的做法，我们不禁要问：校长的态度、能力和贡献如何，究竟谁最有评价的权利？

无须思考，我们可以得出结论：学生。

学生喜欢这个学校，学生在学校里过得快乐且富有成效，学生认为他们的校长敬业爱岗、可亲可敬，并以他们的校长为荣。那么，这所学校和校长，自然应该是不错的。

如果说教育是服务行业，那么，服务对象是谁？

自然应当是学生。

教师是服务产品的提供者，校长通过领导和管理教职工，向家长和学生提供和保障教育服务。

学校教学质量好不好，校长办学好不好，学生即便不是最权威的，也应该是最有发言权的。

奇怪的是，对校长队伍的考核，很少看见学生的身影。

仅仅让教职工考核校长和领导班子，缺陷是显而易见的。它易导致两种极端情况的出现。

一种情况是，教师和校长站在同一阵营内，共同维护"校方"的利益，和学生形成对立。因为不想得罪相关教职工，校长对于教职工中那些侵害学生权益、损害学生发展的行为，选择视而不见或避重就轻；校长也不会对教职工中那些懒散、松懈、效率低下的行为采取有力的措施加以制止。这样，学校内部就出现了大人们针对孩子的集体性"护短"。而一些学生和家长极为厌恶的现象，例如日常教育的失职或渎职、教育公权的私用或滥用、学生考评中的不公或不正、家校交往中的不敬或不净等等，在教育行政部门那里，却几乎无法看到和听到。他们只看重"校长"本人在教职工中的"威信"和"群众基础"，却忘了，真正该关注和考评的是校长带领和督促教职工们为孩子们做了什么、做得怎么样、如何做的。他们因此不能发现学校真正的问题，也听不到真正关键的"群众"——学生的真正意见，因而无法通过教职工测评来帮助校长改进工作。

另一种情况是，校长坚守良知，尽心竭力，克己奉公，对教职工严格管理，向学生提供了优质的教育服务，却引起部分（或与其他校长比相对较多的）教职工的反感和抵制。那些富有理想、坚持原则、作风严谨、敢于负责、勇于开拓的校长，他和他的班子在一段时间内就相对地难以赢得教职工的普遍好评。他们往往更容易招来批评和指责，更容易引起争议，甚至招致非议。他们即便一心为公、鞠躬尽瘁，在多方面取得显著的成绩，在教职工中也难以像那些无所作为、巧于迎合、八面玲珑的校长们那般"民望甚高"。

考什么就学什么，是学生学习价值取向方面的潜规则和明规则。

谁评价就迎合谁，也容易成为校长们工作价值取向的潜规则和明规则。

教师和学生的根本利益，应当是一致的。但事实上两者的利益并不总是统一的。教和学、教师和学生是矛盾的对立统一体。学生对教师的服务态度和服务质量要求越高，教师的负担就会越重，压力就会越大。反之亦然。

校长，是其中的关键人物。校长的职责，是调动和激发教职工的工作积极性，充分发挥教职工的才华和能力，并有效制止或控制教职工中的失职、渎职等消极行为，从而为学生提供最优质的教育服务。校长理应坚持"学生第一"的立场。

苏霍姆林斯基认为，校长"一个最主要、最重要的品质（不具备这个品质，就不能当校长，就像不是任何人都能当教师一样）就是：深深热爱孩子，有跟孩子们在一起的内在需要，有深刻的人道精神，有深入到儿童精神世界中去并了解和觉察每个学生的个性和个人特点的能力。"他说："我竭力做到使居于我这个校长工作首位的，不是事务性问题，而是教育问题。"他认为校长的重点工作之一就是研究学生，他说："科学地研究儿童——这是科学地领导学校和科学地管理教育过程的主要条件之一。"

在他看来，校长的重要使命就是热爱孩子、研究孩子、支持和帮助孩子获得良好的教育，实现健康活泼地发展。因而，我们评价校长，自然也应当侧重于这些方面来考量。

在"以生为本"口号喊了多年的今天，在课改进行了一轮又一轮后，许多地区的校长考评中，依然看不见学生的身影，依然听不见学生的声音。这不能不说是一个巨大的缺憾。

有人认为，校长是为教职工服务的，教职工是为学生服务的，好像校长和学生之间是隔着教职工的，校长的唯一对象和关键对象就是教职工。

这个说法并不妥当。

校长要为教职工服务，且要尽一切努力支持教职工改善教育和提升自我的愿望和行动。但校长远不仅是为教职工服务的，他更该是为学生服务的。学生是学校和所有教职工的首要和最终的服务对象——尽管这是一种特殊的服务。

校长为教职工服务的重要目的和方向保障，是学生。准确地说，是为了学生的健康成长和卓越发展。"服务于"教职工，只是校长工作中的一部分。校长更多的工作是支持、帮助、领导和督促教职工为学生提供优质、高效的教育服务。这也是国家和政府交给校长和学校的责任和重托。离开这个目的和方向，校长对教职工的"服务质量"就会大打折扣，即便教职工对校长"满意度"极高。

学生理当是校长和学校的考评主体。这个考评主体缺位,必然会导致校长考核的不公正、不科学和不真实。

一个负责任的校长,必须采取措施支持教职工的积极努力,同时,旗帜鲜明地约束、反对甚至批评和惩戒那些与此背道而驰的行为。这会导致那些思想态度不端正、业务能力不合格、理念观念不合时的人们的反对。对校长的工作评价,单纯依靠教工,容易让校长陷于成人之间复杂的人际关系旋涡中,空耗精力。

我就曾见过一些富有才华和干劲的校长,最终因为这种考核制度,变得畏首畏尾、八面玲珑,虽换来一团和气,但却从此无所作为了。他们在人际周旋中,渐渐变得世故和圆滑,最终放弃了自己的教育追求,甚至最终放弃了自己的原则和担当。

评价中如果主体缺位、错位或者倒置,就难以获得有效和可信的评价结果。

浙大党委副书记郑强到贵州大学担任校长后发现,贵大的风气实在令人担忧。比如,有的老师在学校里开餐馆,却从来没有交过水电费;学校八年来都没有对老师进行过考核,有的教授一年一篇论文都不写;举行考试的时候,学生在下面翻书,监考老师却坐在讲台上玩手机。

他下大决心,花大力气,进行整顿和改革,加强考核与监督,使贵大从校园环境到师生的精神面貌以及办学成果等各个方面,都有了明显的改善和提升。这自然引起了争议。他被称为"愤青教授",也被称为"最受大学生喜爱的校长"。喜欢他的人,认为他特立独行,勇于改革;不喜欢他的人,认为他哗众取宠,热衷炒作。

据《新京报》报道,郑强在贵大可谓毁誉参半。在一次学校教职工代表参与的民主选举会上,郑强票数垫底。有退休教师说他"就会吹牛","哪里像个大学校长的样子,分明就是一个小品演员"。

而学生们却用年轻人特有的方式表达对郑强的敬和爱。据说,在贵州大学,"校长表情包"广泛流传,"有时候,他开会时的表情、发言稿里某一句有趣的话,都会被脑洞大开的同学们制作成图片"。

在学生们看来,郑强才像一位真正的校长,"没有架子,真实。""那些反对'强哥'的人,太保守了。""学生有什么问题,可以给校长信箱写信,甚至可以直接跑到校长办公室反映,一般很快就得到回复。但把问题反映到二级学院,回复得就很慢,效果也不明显。"

在这些纷乱复杂的声音中,到底哪些声音更值得倾听?到底哪些声音更接近事实本身?到底哪些声音更接近教育的本质和使命?

恐怕做出判断,并不是件艰难的事。

什么样的人适合当老师?

有个教育论坛邀请我参加。

主持人请我谈谈什么样的人适合当老师。

这是个颇大的话题。因为在现实的教师培养和遴选机制中,很少有人考虑过这个问题。

好像只要考上师范大学,考出教师资格证,就可当老师了。好像只要站在讲台上当着老师,就是适合当老师的。

至于教师自身的人格特质、性格特点是否适合当老师,仿佛无足轻重,因而我们通常也难以看到有这方面实质性的现实考量。

在我看来,只有那些精神丰富的人,才能成为称职的教师,或者说,才适合做教师。

我特别强调"精神丰富"这四个字。具体而言,精神丰富应该包含以下内容:

首先要有淡泊的情怀。这个淡泊,不是对事业追求的淡泊,而是对名利,尤其是物质财富和政治地位的淡泊。这个问题和个人的价值观、人生观有紧密的联系。教师注定是一个发不了大财、当不了大官的职业。要当教师,就要杜绝那种过于追逐名利、地位的念头。只有那些懂得自己的人生价值不在于赢得多少的物质财富和权势地位,而在于对他人的生命做出多少有益的帮助的人,才适合做教师。一个人如果过分迷恋物质财富,是无法安心做教师的,即使做了教师,也会变成一个热衷于有偿家教、倾心于收受学生家长礼物的市侩型的甚至是道德品质低下的教师。相反,一个真正对物质有着淡泊情怀的教师,才可能、也往往会在精神方面有着明确、丰富而坚定的追求。他们是务实的理想主义者,他们有自己的理想国。这个理想国,比现实世界更美好,更单纯,更富有。他们为此孜孜以求,并乐此不疲。

其次要热爱教育。他必须能够清醒认识并真正理解教师这一职业不同于其他职业的价值、尊严和快乐所在,在此基础上,发自内心地喜欢这个职业。我们不能要求所有教师一开始都如此,但至少在成为教师之后,能够逐渐爱上这个职业,使自己成为职业生活的热爱者。这点很重要。只有热爱教师这个职业,才会去热爱所在的学校,更关键的是,才会去关爱学生,并热衷于研究如何帮助学生更好地成长。教师是平凡而辛苦的职业,需要付出大量额外的时间和精力给学生。只有那些真正热爱它的人,才能享受到它的快乐。

第三要有责任担当。我们常看到这样的现象,一些人,得到领导的表扬或者最近加了工资或奖金后,积极性大增,但是过了一两个月甚至更短,马上又恢复了懈怠的状态。教师工作具有较强的自主性,也有较大的弹性空间。这就需要教师具备更好的职业良心。这个良心,在我看来,最关键的就是责任心。教师工作无法过多地依赖外在的监督和调节,也不能过多地依赖教师个人的积极性,它应该建立在一种强烈的使命感和责任感的基础上。教师性格特质中的那份责任感,也即凡事"认真"的态度,往往是成就教师事业、也是成就学生人生的关键因素。我们经常碰到这样的老师,你交给他任何工作,他都会尽百分之百的努力去完成,并且不单追求完成,更追求做好。当然,也有这样的教师,你交给他任何事情,他都会抱着敷衍的态度去做。我认为,这和教师个人的性格有关,和他从小开始接受的一贯的教育有关,和他个人的自我教育和自我反思精神有关。

第四要善于沟通。教育很大程度上是交往的艺术,因为任何知识的传授、能力的培养、品德的培育都是在师生交往中实现的。交往就需要沟通交流。一个性格孤僻、不善沟通的人,即使内心多么善良,也是不适合当教师的。因为这样的人习惯将自己的世界封闭起来,也拒绝去理解和主动关心、关爱他人,走入他人的精神世界。那些善于沟通的教师,通常深受学生喜爱,师生关系亲密,他的教育教学也通常更加积极有效。我这里还想强调的是要积极主动地沟通。中小学生是未成年人,作为教师,要学会放下身段,蹲下来,主动去和学生交流、沟通,去了解学生,亲近学生,理解学生,最终达到感化学生、唤醒学生、激励学生、发展学生的目的。值得指出的是,教师的职业幸福和成功,往往和师生间的交往的成功息息相关,有着真诚而良好的师生关系,教师的教和学生的学,会形成周而复始的良性循环。

第五要细腻敏感。中小学生的内心是无比丰富、细腻而复杂的,有时候甚至是非常脆弱的。这就要求教师必须有一颗细腻敏感的心灵。教育本来就是小题大做的艺术,教师要用心面对教育生活中的点点滴滴,关注学生成长中的一些细小的问题和变化。那些以为只要成绩好,安全不出问题就尽到责任的教师,不是真正意义上的合格教师。真正的教师,必须每天去关注师生交往以及教育教学中的一个个细节,并用爱的名义、教育的方式、艺术的手段让这些细节充满情味和趣味,成为学生成长过程中的一块块健康的基石。我始终认为,粗枝大叶、作风粗糙的人,是不适合做老师的。

好教师的标准,有许多条。而精神丰富这一条,是含义极广的,绝不局限于以上五点。这五点,只是我针对当前教师队伍中一些现象的有感而发罢了。

我始终认为,中国的教育问题,有着许多深刻而复杂的外部的环境因素,但也有着深刻而复杂的内部的教育因素。在这内部的教育因素中,教师自身就是一个关键因素。教育的许多问题,也是教师自身的问题。并不是拥有教师编制,就是一个合格的教师;也并不是走在校园里,学生恭敬地叫你"老师好",就证明是一个真正的老师。"教师"这一称谓所代表的意义和境界,远比我们所理解和所实践的深刻和博大。

而当前的教育,还是太浅近、太逼仄,我们展现在学生面前的教育世界,还不够广阔和丰富;我们呈现在学生面前的教师形象,还不够鲜活和富有。华师大李政涛博士认为,"教育最可能发生的事情是:孩子的宇宙因为教育而变得越来越宽广,教师的宇宙、教育者的宇宙却变得越来越狭窄和封闭"。

真担心这是一个无法扭转的现实。

除了成绩,你还有什么?

"为什么我这样的都轮不上先进?你知道的,哪一年我的成绩不好?还有,我还是我们学科唯一的市级优质课一等奖获得者呢……没有先进,我怎么去评高级?……"

苏老师是曾和我共事过的一位中年教师。

她在十年前调入另一所学校。这次回校来看我,聊起近年来在学校的处境,颇有些愤愤不平。

因为共事过,对于她,我还是有些了解的。

她是个要强的人,在教学方面,的确是有些水平的。上课精致生动,颇受学生欢迎,教学成绩自然也不错。她还常能在刊物上发表几篇论文。就教学而言,我认为,她是一位优秀的老师。

但人际交往中,她总担心自己会吃亏,或者说,从来不肯有半点吃亏的思想。每逢教研组或学校里有涉及某些利益的事情,她难免要和别人争抢一番。属于她了,觉得理所当然;轮不到她,就觉得不公平。她给人的感觉是争强好胜、唯我独尊。因而,在同事中其实并不受人欢迎。

我向来认为,受人欢迎,未必是一个人为人成功的表现,人缘并不能代表人品；在众多的人忙于媚俗的时候，那些追求卓越或者高雅的人，自然容易受排挤。

但于她却好像并非如此，她时常恃才傲物。当别人成绩比她好，她会说，这些都是死抓硬拼出来的，有本事的人就是依靠课堂效率；当别人获得他人的好评时，她会说，只会迎合讨好别人，八面玲珑，没有个性。总之，在她看来，只要像她那样，教学成绩好，上课水平高，就是好老师了。至于其他的，她都颇为不屑。她从来不肯主动为教研组或学校承担点额外的任务。如果要承担，她也喜欢提条件，事先进行一番讨价还价，否则，她就觉得自己"白干了"，"划不来"。

她其实还有一个特点，在稍显空闲时候，除了谈"钱"，对别的几乎不感兴趣。"好久没发钱了，我们怎么过日子啊！""今年的奖金怎么还是和去年的一样呐，没看见房价都噌噌噌往上涨吗？""干得这么辛苦，还不如人家朝九晚五的公务员，我们是奴隶吗？""我每次监考比人家都多半个多小时，是不是奖金也该高一点？"……

说实话，在我眼里，她是个快言快语直性子的人，并没多少心机和恶意。如果能够更好地认识自己的局限，进行勇敢的自我完善的话，她可以成为非常出色的教师。

但多年来的经验让我不敢轻易开口，我不知道该如何安慰她。我只是实话告诉她：你是一位能教学的老师，但是，当老师，并不是成绩好就行了。

当老师，还不是为了教出好成绩？难道学生成绩不好才是好老师？

她反问，以她一贯的咄咄逼人的风格。我相信，这样的老师，的确是难以获得别人的认同的。

我又告诉她，事情不是对立的。把成绩教好，把课上好是基本要求，但我们还得教学生欣赏别人，懂得感恩，还有如何快乐而善良地生活。这些都是老师的职责。作为老师,我们的价值一部分存在于和学生的交往中,还有一部分存在于和学校同事的交往中,此外,还存在于和学校外的部门和人们的交往中等等。教师的价值,是一个庞大的体系,决不仅仅局限于成绩和课堂。

"难道你们当校长的不靠这些成绩好的人为你们争取政绩吗?你们不是拼命给老师压力,让老师们抓出成绩来吗?"

见她依然如此激动,我明白,我所有的话语,恐怕都是多余的。我只好点头笑笑,不再言语。

但我还是忍不住,努力用最温和的语气,小心翼翼地问她:"我想,你是不是应该思考一下,除了成绩,你还有什么?"

我想,或许,这样的反问,能够激发她一些思考。

想不到,她倒真的一时无语了。

我也耳闻或目睹过一些恃才傲物的老师,他们自恃是教学名师,有着出色的"成绩",顶着这些光环,到哪里都会受人"膜拜"。所以,在学校里,他们把自我当成个性,把苛责当成正直,把斤斤计较当成见义勇为,自身利益没满足就说"不公平",个人愿望未实现就说"不合理"。他们看不到别人的优点和成绩,也看不到别人的付出和努力。在他们眼里,只有自己的能力和成绩。说到底,他们的心中除了成绩,还没有在乎过什么;除了自己,还没有真正装下过别人,更别说真正为学生、同事和学校的整体和长远利益考虑了。

对他们而言,教师就是教书,教育就是教学,质量就是成绩。此外,别无目的和要求,也别无责任和担当。你不用指望他们能够为学校承担什么,也不用指望他们能顾全大局、合作互助,当然,也不用指望他们真正领会什么叫教书育人,什么叫立德树人,什么叫为人师表、以身垂范。

这样的老师,自然就成了同事乃至管理者心中敬而远之的人。

说实话，这样的老师，没有获得先进，我一点都不感到奇怪。

教师，首先是一位老师，他性格可以不完美，但是人格上必须追求自我完善。

著名哲学家康德曾说过，"人是唯一需要教育的一种存在"。他认为，教育的目的就是"使人成其为人"，它的使命就是"人的完成"。这里的"人的完成"，显然不仅是生物意义上的自然人，更意味着让人成为社会意义上的人、文化意义和文明意义上的人。

故教师首先就是教"人"的，是让人成为人的，而非是教"书"的，让人记住书的；而教育首先是以人教人的，而非以书教人的。所以雅斯贝尔斯说"教育是人的灵魂的教育，而非理智知识和认识的堆积"。

失之毫厘，谬以千里。如果教师在这一些最基本的常识上，发生了偏差，那么，他在工作中，就会偏离教育的轨道，越走越远。

这样的教师永远只是一个教书匠，一台生产成绩的精致的机器，甚至，永远只是一个"失魂落魄、怀才不遇"的牢骚者。

我从来不否认成绩的重要性。我认为，上课受学生喜欢，且能够有较好的效率和成绩，是优秀老师的关键素质。但是，在我看来，仅让学生喜欢，能够出成绩是不够的，还要真正让学生受益，即从你这里获得做人和生活的教益。如果，你自己是一个时常愤愤不平、感慨怀才不遇的"愤青"，你如何让学生成为受人欢迎、对社会有贡献的公民和人才？

当然，那些连最基本的书都教不好的人、把课堂上成一种折磨的人，是应该好好学习一下如何提高自己的教学能力。他们需要时常问问自己：如果我不能给学生成绩，我还给了学生什么？

具有这样的反思精神的老师，不仅一定能够给学生以良好的成绩，更能够给他们以良好的关于人生和人性的教益。

莫让安全囚禁了教育

一向认真负责的朱老师向我大倒苦水。

她的班级有名学生,学习成绩原本班级第一。自从高二以后,就出现了心理问题,厌学逃学。即使每天在课堂上,也随意离开教室,到校园里闲逛。

因为担心出现意外,她多次派课代表去找,都找不到。班主任则告知:你不必找,他自己会回来的,其他课也如此;你不必对他提要求,安全第一。

班主任如此正告,朱老师自然更加不敢轻易多管。作业爱交就交,上课爱听就听,从不过问。

这名学生在最近一次的考试中,英语只写了作文,得了十多分。语文呢,考试时一直趴在桌上睡觉,直到最后半小时,才奋笔疾书,居然也考了五十多分。

"这孩子很聪明,而且,也很懂礼貌,平时见到,都会向你鞠躬,灿烂地笑着问好。我真不知道他怎么会有如此严重的心理问题,究竟是什么让他变成这样……他高一的时候多么优秀啊。就是现在,你轻易也看不出他有心理问题啊。"

看着这样聪明、有礼貌的孩子变成这个样子,她感到很痛惜,很多次都有种冲动想找他谈谈。不是为了学习,只是想多关心他一下。她说,现在,老师们都像害怕瘟疫一样,不敢惹他,生怕一不小心刺激了他,使他做出什么出格的事情。

据说他患的是抑郁症,而且,家中有个亲戚就是因为抑郁自杀身亡的。

她总觉得这样对他很冷酷,"几乎没有人关心他,或者说,是不敢关心他,他真的很可怜。"

我能够理解这位老师慈悲的心,一方面想去帮助自己的学生,另一方面又害怕因此"害"了他,出了安全事故,自己又承担不起。

我也遭遇过类似的困惑。

我教过一名学生,患了重病,还做过化疗。据知情人说,大约只能坚持几年了。

即使是夏天,这个孩子也戴着帽子,苍白的脸,蜷缩在教室最后的那个角落里。他还是认真听课,也努力做作业,只是不说话。如此深重的灾难真不该降临在这样年轻的生命身上。

我每次上课见到他,就心情沉重。我每次上课讲话时都小心翼翼,生怕不小心触及他脆弱的内心。

一回,班主任告诉我,这孩子回家后发了很大的火。原来,我在他的作业本上写下了一段话,肯定他作业认真,最后,我以八个字勉励他:相信自己,可以做到!想不到,就是这几个字,他认为我给了他学习的压力。他觉得自己无法做到和其他同学一样。

我只是鼓励他不要把自己当成一个病人,我也努力想让他感受到我没有把他当成是一个"病人"。但他敏感的心灵显然感到了压力。回家后,他情绪失控向父亲怒吼,说再不读书了。他父亲明白原委后,给班主任打电话,请她转告我,不要对他的儿子提任何要求了,只当他不在,少管他,凡事随他就是。

这次事件一度让我震惊和自责:我们这些成人,要走进一个年轻然而不幸的心灵,有多么艰难啊;而这颗年轻脆弱的心里面,究竟装了多少的疼痛和困苦啊!

我不再管他,也不敢去关心他,我甚至不敢轻易和他说话。一个学期后,他不再来读书。后来,听说他离开了这个城市,至今,都不知道他怎么样了。

安全责任,从来没有像现在这样被重视。看看手机,就知道,一年下来,教育局和学校下发的安全检查和提醒的通知究竟有多少。谁都害怕出安全事故,谁都害怕担安全责任。

有个学生,明明自己患心脏病,在学校田径场突然晕厥后死亡。家长带着人冲进学校,围住校长和老师狠狠打了一顿。当地公安机关的警察睁一只眼闭一只眼,不敢阻拦。最后,学校只好出了一部分钱,作为"补偿"。

如果有学生患了严重的抑郁症,在家里跳楼,写张纸条,说自己"压力大",家长必定要抬尸到学校来闹一闹。即使不闹,也有记者会上门采访,总想找出学校或者教师的"原罪"来。

安全问责制度,已经让安全这个基础性的责任,变成了限制发展的天花板。而这种问责,通常被家长和社会舆论绑架,即使缺乏法律依据,学校和老师也总是要被打几板子。

因为安全问题,众多学校不敢组织郊游;因为安全,问题有大学居然在晚上军训;因为安全问题,老师们见到学生违反纪律,不敢再大胆管理;因为安全问题,即使某个学生的身影如何孤独凄凉,我们也不敢轻易施以援手。

安全，已经让学校与家长之间，教师与学生之间，树起了一道戒备森严的高墙。即便要尽教育的责任，也要三思而行，三思而言。更不要说，教师出于真诚的爱，去做一些额外的事情了。

正如美国的芬斯特马赫和理查德森指出的：对高风险问责制的强烈关注很难让大家觉得，教室是一个教师培养学生道德品质、审美情趣、民主特性的地方，是一个学校行政管理人员会因为营造了有助于教育目标实现的氛围而会受到奖赏的地方。实现这些目标需要和谐的教室，在这里，大家能够彼此尊重、互惠互利，能为了共同的利益而追求同一目标，从而增进师生关系和同学关系，正是在这样的环境里，我们才能进行道德、审美以及民主的启蒙。[1]

安全是学校的首要责任，事关学生生命健康的安全问题，再怎么重视都不为过。学校理当竭尽全力，严谨周到地为学生提供一个安全、安宁的学习和生活环境。

不仅是教育，其他任何行业都必须把安全放在第一位，作为开展任何工作的基础和前提，以避免对他人造成不必要的伤害和损失。但安全不是学校教师的唯一责任，也不该成为最高责任。把底线当作宗旨，显然是从另一个角度，让学校和教师可以更加心安理得地放弃了许多原本属于自己的责任和使命——那些更崇高的使命和责任。

当前，最大的问题是安全责任不明。虽然有教育部和公安部的《校园安全事故处理办法》等法规作为依据，但在执行过程中，依然普遍存在学校安全职责的定位不清、校园安全事故处理的法律边界不明等问题。而

---

[1]　[美]马修·桑格，理查德·奥斯古索普. 师德教育培训手册[M]. 刘玉琼，译. 北京：中国青年出版社，2015：20.

上级领导在处理安全事故时的滥用问责及暧昧态度，已经让学校和教师汗不敢出，爱不敢说，责不敢尽。

许多人看到魏书生、李镇西、任小艾等著名班主任带着学生到水库游玩，带着学生到郊外踏春，带着学生坐飞机，惊叹作为教师，可以这么"自由"。现在，这一切于他们而言，已经成为奢望。

莫让安全驱离了教育责任，更不要让安全囚禁了我们的教育。

正视教育者自身的疮疤

"教育的大问题是教育者的问题,教育者的大问题是不肯或不能面对和解决自身的教育问题。对学生而言,一位好教师胜过一所好学校。不能自我教育者,也不能教育他人。"

有感于这些年为教师和当校长的经历,我在QQ空间里写下这段话。写完,旋即后悔。

我知道,有人会感觉很不舒服——这不是说"本届人民不行"吗?

不出所料,立马有一位年轻的教师朋友在下面留言:换位思考,将心比心吧。

我知道,这位教师朋友已经对我这个话心生不满了,一定认为我作为校长把教育责任往教师身上推了。她没想到,我自己也是教育者。

我知道,如果把这条评论继续留在空间,或许会招来更多的是非。我赶紧把它删除了。

其实,那种痛彻肺腑的遭受攻击的感受,我多少是经历过的。

我曾写过关于教育是否允许失败的文章,写过不要把校长当官做的文章,在引发众多思考和讨论的时候,在获得众多支持和好评的同时,据说也得罪了不少人。有校长在私下骂我是书呆子,不懂世故。

有好心的朋友正告我:"你还是少写批评文章吧。"他还提醒说:"你可以和许多教育人一起骂教育不好,批判教育问题。但是,千万要把这些责任往官员身上,往社会身上,往家长身上,往环境和体制上推,当然,更可以往历史文化方面去推。这样,你会赢得许多人,特别是广大教师和校长的支持。你批判学校自己的教育问题,审视学校校长和教师的教育问题和责任,只会自讨没趣。批评是有艺术的,不讲艺术是有风险的。"

他的正告,不乏真诚和睿智。

在这个世界上,各行各业都有自己的各种潜规则,这些潜规则是永远不能捅破的。否则,你就成了那个利益群体的叛徒。

娱乐界、文学界、政界、商界、出版界、房产界,都出过这样一些"叛徒"——有的揭露导演对演员的潜规则,有的揭露作协内部的黑幕,有的揭露官场的残酷生态,有的揭露食品生产厂家的无耻行径,有的揭露房地产业复杂的利益链。

这些"叛徒"赢得了一部分富有正义感和反思精神的人们的声援和支持,但他们从此再也无法在原有的业界继续生存下去。至少,他们遭受了业内众多看见和看不见的黑手的排挤和伤害。

作为明智的人,最好的方式就是"揽功诿过",即多唱本行业尤其是周围同行的颂歌,多骂行业以外的人群,把所有的责任至少大部分责任往外推脱,你就一定会获得众星捧月般的待遇。

你和教研组长一起,一定要多讲教务处不好;你和班主任一起,一定要多讲德育处不好;你和老师们一起,一定要多骂校长不好;你和校长们一起,一定要多骂教育局不行;你和局长们一起,一定要多骂厅长和部长们不行;你和教育厅长和部长们一起,一定要多骂其他厅长、其他部长不支持，骂政府不够重视，骂社会风气不行。实在没什么好骂，就骂我们的民族劣根性，我们的传统历史文化不行。

总之，这样的骂，既无伤大碍，又迎合了骂人的需要，迎合了人内心的宣泄怨气的需要，非但不会让身边的人不爽，还会让他们感到你是自己人、正直、体贴且识趣。

农民种庄稼，种不好，他不会怪地不好，不会怪种子不好。他会反思自己，会去问人家是怎么耕种的——什么时候施肥，什么时候松土，什么时候打虫，什么时候除草。

工人制作产品，制作不好，总出次品，他不会去怪制作的工具不行、厂房太热，他一定会反思：是不是我自己水平不行？是不是我哪个环节的技术没有掌握好？他会去研究如何提高自己的技术。

餐馆生意不好，老板不会怪顾客太挑剔，也不会怪天公不作美，他一定会反思自己的经营能力和服务质量是不是有问题。

学生学习不好，上课听不懂，作业做不来，也不大会抱怨老师不行，他们通常会反思，认为自己不够努力。

可是，我们的一些教育者呢？

我们教不好，总是有太多的理由——怪学生不好，怪学生的家长不行，怪学校不行，怪领导不行，怪社会风气不行，怪国家体制不行，甚至怪我们的老祖宗传下来的历史文化不行。

你看，这就是我们的教育。

我们的教育永远没问题，我们的学校永远没缺点，我们的教师永远没缺陷。有的问题、缺点和缺陷，一定是教育之外的东西，是学校和教师以外的因素。

具体点说吧。

有的教师每天叫苦喊累。你让他看世界那些五百强企业的老总的日常工作,他们大都每天清晨七点之前,甚至不少是六点多就到单位。他会说,这些老总领的是什么工资,我们是什么待遇!

有的教师总说自己的负担沉重,每周十三四节课,忙死了。你告诉他,美国许多教师都65岁退休,而且每周上课25节以上,甚至达到30节。他会说,他们作业没我们多,他们上课很放松,以活动为主。

有的教师抱怨学校要定期检查课堂。你告诉他,进课堂巡课,不仅是为了检查,更是为了了解情况、促进教学。他会说,这是隐私,课堂是属于我和学生的。

有的教师抱怨学习机会太少。你让他周五出去学习,周六或周日回来,他又前来请假,说,周末是属于自己的日子,为何还要去听报告?

有的教师抱怨没时间锻炼身体。你规定每天可以锻炼一小时,但是不能和学生的体育课冲突,不能抢占学生的锻炼设施和场地。他就问:老师重要还是学生重要?没有老师的健康,哪来学生的健康成长?

有的教师抱怨家长不理解教师。你让他去家访,他就觉得学校不人道,平时上班忙死,还要利用下班时间和周末时间去家访,现在一个电话、一条消息就够了,还那么费时费力干什么?于是纷纷以电话短信代替。

有的教师抱怨学生不肯学习,不善于独立思考。你倡导把课堂还给学生,让学生多学,教师少讲。结果他又抱怨:学生哪里会学啊,小学的时候没教好,不会学,初中哪里能够自主学习和合作学习呢?

有的老师感慨自己老了跟不上学生和时代了。你让他选了书学校出钱购买,并让他做个读书交流报告,以促进学习和提高。结果,他大声叫苦,或者上网下载交差,或者就干脆不交,也不说。"工作都累死了,哪有时间读书？"

总之，你找出一千种努力做好教育的办法，有的人就会想出一万个无法做好的理由来。

有的人总抱怨说学生不善学习，爱找借口。还有的总强调教育不是万能的，认为有的学生就是无法教育的，孔子不是说过"朽木不可雕"吗？

可是，我们的一些教育者呢？我们自己何尝不是如此？

教育者对学生的影响，是显而易见的。

有的班主任总抱怨自己班级的生源不好，学生家庭背景不好、学习习惯不好，总之是难以管好，难以教好。换了一个班主任，班级就面貌一新。学生的目光单纯了，学生的笑脸灿烂了，即便不和他们说话，你也可以从他们的坐姿中，从他们在课堂上的神态中，从他们打扫卫生的态度中，感受到一种来自心灵深处的改变。好的老师，总是能够给他的学生打下良好的精神底子。

有的老师上课，学生如沐春风，既能思想自由、畅所欲言，又能科学严谨、富有效率；学生不仅从课堂中学会了学习，更学会了思考，学会了合作，学会了自信和自律。而有的老师上课，既不能吸引人，又不肯放手让学生自己学习，按部就班，味同嚼蜡，学生度日如年。学生不仅没学到什么，还失去了思考和探究的兴趣和欲望，久而久之，变得厌学、叛逆、怠惰、玩世不恭。

百年大计，教育为本。教育大计，教师为本。习近平总书记在和北师大师生座谈的时候指出，一个人遇到好老师是人生的幸运，一个民族源源不断地涌现出一批又一批好老师则是民族的希望。他号召全国广大教师做"四有"好教师，即有理想信念，有道德情操，有扎实学识，有仁爱之心。

平心而论,教师队伍的整体素质和其他许多行业比,是高的。老师们的奉献精神、敬业态度、责任感和使命感等,是好的。但教师队伍中也的确存在理想失却、道德失范、责任失守、能力不足、学习不勤、价值迷惘等众多问题。这些问题,直接给教育事业特别是教育改革事业的推进,带来了重重阻力和困难。我们教育者自身,如果不能或者不敢正视这些问题,对自己身上的疮疤总是讳莫如深,那么,任何从外部推动的教育改革,最终都是毫无意义的。

教育的许多问题,说到底还是需要教育者去面对和解决。教育的改革和发展,最终还是需要教育者自身的改善和进步。没有教育者的觉醒和觉悟,绝不会有教育的希望和改变。

教室里的真相

我有一个习惯。

外出考察或听课的时候,总爱看看教室里的环境。

教室是最经常也最能够发生教育的地方,当然,也是最能够发现教育真相的地方。

中部省城的一所知名中学,初二年级的一个教室里悬挂着名人像和名人格言。其中有鲁迅的"横眉冷对千夫指,俯首甘为孺子牛",还有邓小平的"教育要面向现代化,面向世界,面向未来"。

且不论格言的纸面已经陈旧不堪,斑斑点点,毫无美感,单看这个内容就令人匪夷所思。前人的教导,自然要牢记。可教室是什么地方?是学生学习、生活的地方。教室文化的建设主体和服务对象是谁?是学生。对学生讲教育的三个面向,是不是有些莫名其妙?

更让人感到不明白的是,鲁迅有那么多的格言,比如"时间就像海绵里的水,只要愿挤,总还是有的""我好像是一只牛,吃的是草,挤出的是牛奶、血""愿中国青年都摆脱冷气,只是向上走,不必听自暴自弃者流的话""哪里有天才,我是把别人喝咖啡的工夫都用在了工作上的""无端地浪费别人的时间,其实是无异于谋财害命的"……这些都是适合学生并易于领悟的。为何非要选这么一句生僻至极的?

我问学生,你们理解鲁迅先生的这句话吗?

他们看了看鲁迅先生,摇摇头,一片茫然的目光。

稚嫩的孩子们如何能够理解"横眉冷对千夫指"呢!

即便理解了这句格言,又能够对他们当下以及未来产生多大的帮助呢?学生需要去横眉冷对谁?让学生俯首甘为谁的孺子牛?

再好的格言,也须看对象和场合。否则,信手拈来,挂在墙上,而且,一挂就数年,总归有些让人惊讶。

这个教室里还有一个奇怪的现象。

地面污迹斑斑,水泥铸的讲台已经有多个缺口,但在教室里却不仅安装了电子白板,还有摄像头。

我问学生,这个摄像头,是不是考试的时候用的?学生说,是用来看他们是不是特别吵闹的。

且不管这所学校安装摄像头的目的是什么。有钱安装摄像头,却没钱去修补破破烂烂的讲台,也还是让人觉得有些诧异的。在学生看来,摄像头是用来监控他们的,是不是有些别扭?

我又看了该校的其他一些教室,一个教室里,除了达尔文、爱迪生等污迹斑斑的陈旧的名人画像外,还悬挂了两块崭新的社会主义核心价值观的板子,一模一样,一块在南边,一块在北边。

此外,就是校训。

此外,就没有别的了。

这里,你除了嗅到一点最新的政治气息外,更多的恐怕就是陈旧霉腐的味道了。

这所学校对外宣称培养了许多国家的栋梁，还宣称是与时俱进开展了许多"国内领先"的教育改革的。

在教室里，我看到的，却是另一种令人压抑的风格。

"不比基础比进步，不比聪明比刻苦，不比阔气比志气。"

在当地的另一所学校的教室里，我看到由班主任拟定的班级口号。

但是呢，三句话旁边，分别用铅笔做了批注"呵呵""才怪""不可能"。

这一批注，就成了："不比基础比进步，呵呵""不比聪明比刻苦，才怪""不比阔气比志气，不可能"。

主旨大变！

看那业已淡褪的字迹，可以推测，班主任在完成这个班级口号的张贴之后，大概是从来也没有好好看一眼的。而那些任课老师们呢？那些多少曾经来这里听过课的学校管理者呢？是不是也从来不曾认真看过教室里的一行行文字？

这个班级据说还是某分管德育的校长任教的，是由一位优秀教师担任班主任的。

这所学校一直宣称重视精细化管理，重视细节教育。不知道，这样的细节，究竟向我们展示了什么样的管理与教育？

而在华东沿海一所以诗意教育闻名的学校里，同样从教室里可以看到些意味深长的东西。

该校的宣传册中声称要给学生自由的、宽松的、愉悦的、有尊严的、有选择的教育，宣称要唤醒学生，解放学生，不唯分数，不唯成绩。可当我走进高二年级的教室里，看到后墙上贴着一张奖状，赫然写着：期中考试优秀生数量进步班级。走到高一的教室，我同样看到类似不少期中考试或者月考班级名次进步的奖状。而奖状的落款就是学校，盖着鲜红的校章。

这里，也不难看到学校诗意教育乃至全部教育的一些真相。

教室是一个不会骗人的地方。

至少，在许多人还对此未能予以足够重视并以此产生足够的"骗术"之前，我认为这样说，还不至于误人子弟。

从教室里，你不仅可以看见一个班级、一群教师，还有整所学校的教育真相。

假如我之所言过于偏激。那么，我是不是至少可以说，从教室里，我们可以看到一位班主任对教育的理解、认识以及态度？

有个班级，黑板报上刊出了一期以热爱班级为主题的内容，然后是全体学生的签名。结果，上面的签名千奇百怪，有奥特曼，有李宇春，有周杰伦，还有小怪兽，有奥巴马，还有一些看起来莫名其妙的网名。

还有一个班级，黑板上专门设立了一个每日格言的栏目。

可是，坚持不到一个月，就中断了。

一位同学写了一句格言后，直到下一学期期中，几乎过去了大半年，还没有擦掉，没有更改过。这个教室里，稀稀拉拉地贴了三张奖状，可是，一张缺了角，早垂下来了，一张则是破损了。

这两位班主任每天进出教室，却浑然不觉。这两个班级学生纪律涣散，学习松散，各方面表现都不理想，任课教师常抱怨学生学习不认真、不积极，作业迟迟交不上，即便交上了，也存在许多抄袭的现象。找班主任谈话，两位都自谓操碎了心，还诉苦差点常常被学生气死。

看看教室，你不难明白个中原因。

有位德育主任告诉我一个故事。

他们那里有所知名高中，生源并不好，但高考升学率总是位居本地区前列，学生的升学压力巨大。一日凌晨，该校某生爬到教学楼顶，一跃而下，年轻的生命就此陨落。

他在事故发生一周后，借机到该生所在班级去看，发现教室里，除了国内外知名高校的校训和历年录取平均分，除了班级学生的历次成绩排名和高考目标及决心栏，再也找不到别的东西。比如，学生考前心理调适、饮食健康知识、健身休闲指导、班级活动和学生个人或家庭的照片等等。

这是学校的一个重点班，成绩是全校最好的之一。班主任也是一位资深教师，历年来就是带实验班的，爱校如家，爱生如子，早出晚归，几乎把所有的时间和精力都给了他的学生。自从这位学生自杀后，这位教师深受打击，一病不起。

这位德育主任告诉我，走进那个教室，他感觉不到丝毫的温暖，有的只是冷冰冰的成绩和沉重压抑的空气。他说，他从教室里就可以明白，那位自杀的学生为什么会来自这个班级。

他的话，或许不尽全面，他也无意去指责那位班主任。但我们也无法否认，一个充满了丛林法则却毫无人性温暖的班级，是难以使学生的心底，生长出热爱生命的种子来的。

忽然就想起一本关于批判哈佛的书，书名叫作"失去灵魂的卓越"。

忽然就想起那所连走廊都用铁栅栏封闭起来，以防学生跳楼的全国高考牛校！

我们很难在较短的时间内，全面而完整地了解一所学校的全部内涵。但是，我们可以从它的存在形式中，它每天闪烁着的明示和暗示中，获得一些被人忽视的真相。

教室角落里的一堆扫把如何摆放，书柜里的书如何挑选，班训如何拟定，墙上的格言如何选择，地面的卫生如何保持，文化栏目如何应用和运作，设施设备如何更新维护，都在向学生提供一种明示或暗示。

这种明示或暗示，就是文化信息。从严谨中学会严谨，从整洁中学会整洁，从真诚中学会真诚，从诗意中学会诗意，从深刻中学会深刻，从务实中学会务实，从高雅中学会高雅，从民主中学会民主，从敷衍中学会敷衍，从粗糙中学会粗糙，从浮躁中学会浮躁，从官僚中学会官僚，从低俗中学会低俗，从迂腐中学会迂腐，从势利中学会势利，从冷漠中学会冷漠。

如同雷夫·艾斯奎斯《第56号教室的奇迹》中的故事那样，教室，理应是个干净、美丽和温暖、富有创意和诗意的处所。它不仅仅是供学生使用的地方，更该是让学生享用和受用的家园。今天的教室，是什么样子的，学生对未来的家庭、未来的社会与生活的期望，就可能会是什么样子的。

教室，应该成为学生生命中的一个驿站，一个样板。教室里的一切更像是孩子天天在咀嚼的家常菜。教室里的一个角落、一种风格，最终都会被学生的精神之躯消化、吸收，最后成为他生命的一部分。

教室是一个孕育美好的地方。但是，如果我们对此没有足够的重视，教室很可能就会变成一个诞生悲剧和小丑的地方。

真经未必都在名校

朋友问我："你能不能推荐一所名校？我想让老师们去考察一下。"

我问："你要什么样的名校？"

他说："教学质量出色、办学经验丰富的。"

我说："这样的学校可多了——你自己的学校如何？"

他说："我们学校教学质量不好，生源不好，老师们感到没奔头，我想让他们去长长见识，学点精神和经验回来。"

更深的意思他没说：他想通过转变老师们的精神面貌，把自己这所薄弱学校建设成一所优质学校甚至名校。

有追求的校长，都抱着类似的美好愿望。

我建议他不妨找几所升学率不怎么显赫但特色明显的、在同行中声誉良好的学校走走。

我说，如果你的学校家底并不丰厚，我不建议你去考察家底丰厚、"战果辉煌"的名校。否则，你和你的老师们，会徒增烦恼，事与愿违。

他听从我的建议，找了几所学校去考察，果然觉得收获颇丰。

依旧痴迷于到名校去考察的校长不在少数。所以，国内的那些名校

"取经者"可谓络绎不绝。有的学校为了挡住那些狂热的粉丝,不得不采用经济杠杆,收起了"门票"。

校长们带老师们考察一所所名校,一次次谈体会、学经验,自己的学校照旧默默无闻,既没有发生喜人的蜕变,也没有产生任何想象中的"教育奇迹",当然也没有像那些考察过的名校一样"闻名天下"。

适合的真经并不总在那些名校。

甚至可以说,一些自我标榜的名校,并没有太多的真经可取。

坦率地说,有的名校不是校长们"办"出来的,而是县(市)长们"造"出来的。

君不见,不少地区性"名校",并非一步一个脚印自己"走"出来的,更非经过艰苦卓绝的奋斗"闯"出来的,而是近乎一夜之间横空出世"造"出来的。

政府领导强力推动,房地产商背后驱动,其他各类利益相关方蠢蠢欲动。学校未造,广告早已打出,声势浩大,用词极其"精准"——皆为"最好""唯一""名校""名师""领先""国际化"等最能扣人心弦、抓人眼球的东西,层层铺垫,反复渲染,狂轰滥炸,令人应接不暇。

接着是倾其所有建设高端气派的校舍。继而招兵买马,打出"百万薪酬"招聘几位名优校长和教师,然后从周边学校中挑选一些口碑不错的教师——师资队伍自然就"强"了;然后,把招生政策"翻转"一下,遴选全县甚至全市最优秀的生源——生源自然也有保障了。

其间,自然要召集宣传部门和各大媒体,重点关注这所"金牌"学校,隔三岔五地宣传其高端大气上档次的办学"追求"与办学"品质",特别是跟踪宣传其迅速见效的"卓越"的办学成果。

三年未到,甚至学校尚未投入使用,该校早已成了老百姓心目中的

"名校"。三年后,结果毫无悬念:首届毕业生成绩优异,创造出当地教育界的数个"第一",史无前例。

办学成就"立竿见影","百姓"自然趋之若鹜,"取经者"自然络绎不绝。

三年,甚至不需三年,就成功打造出了一所"品质卓越"、市内外甚至据说省内外闻名的"名校"。这样的学校,成长不可谓不迅速,质量不可谓不优异。

可是,经验呢?

自然是有的。

成者为王,败者为寇。有了漂亮的升学率,说出来的,自然都是成功经验。有人就说了,"成绩好了,你说什么人家都信你、服你;成绩不好,你怎么说人家都不信。"——谈起办名校的经验,不仅是名校的校长,就是上级领导也都能说出个一二三四来。说实话,这样的名校、政府领导,而不是学校校长,更适合谈"经验"。只是这样的经验,并不适合校长和老师们学习罢了。

一旦谈经验,和许多薄弱学校总要谈生源和政策问题相反,他们忌讳谈生源和政策。他们大谈创业时是如何的筚路蓝缕,学校的管理是如何的民主宽松,教学是如何的轻负高质,学生是如何的生动发展,成果又是如何的全面丰富。他们可以把时下最先进的理念和最动人的精神都化为己有。这些足以表明他们并非依靠太多的先天优势,而是依靠正确的办学理念和科学的办学路径以及卓越的精神追求走向成功的。

一些不明就里的"取经者"大惑不解:你说的这些成功"经验"我们都已经实践多年了,怎么就没有这么神奇的成效和丰硕的成果呢?

他们不明白,成败不在学校,在乎"山水之间"啊。

他们更不明白,在当地,为了成就一所这样的好学校,是以牺牲了众多的老学校、好学校甚至已经颇有历史的"老名校"为代价的。

诚如一位老校长面对当地行政部门领导做教育布局调整时所直言的：我们这些年来，总是办一所新学校，就毁掉几所老学校，是折腾，也是罪过啊。

情况就是如此，一些名校既不是千淘万漉"苦"出来的，也不是自己点石成金"化"出来的，而是当地政府把当地所有学校里的"金子"抽走，集中在一块儿，"端"出来的。虽然金光闪闪，令人羡慕，可是，事情并不复杂，并无什么稀奇的东西。那些走马观花的信徒们，取不到真经，情理之中。

相反，那些地位"卑微"，在一些部门领导眼里聊胜于无的学校，倒说不定有一些真经可取。如同那些没有家庭医生伺候着、历经苦难却居然长寿的老人，如同在悬崖边上挣扎着生存了百千年的苍松或老藤，他们有更多的更动人的"故事"，值得一听。

在教育布局大调整中，听过不少校长悲慨不已：政府要毁掉一所好学校很容易，要办好一所好学校却很难。

此言差矣。在一些地方，政策之手，翻手为云，覆手为雨。学校之"名"与"不名"、"优"与"不优"，全在于部分甚至个别领导的一念之间。要毁掉一所好学校轻而易举，但要成就一所"好"学校也轻而易举——只是这样的好学校，缺乏真正打动内行的真经罢了。

至于我们自己——众多非名校的校长和老师们，也不必自惭形秽。

我们可以也应当用心去研究自己这所先天条件不佳、后天优势也不多的学校，真心去善待每一个看起来不够"优秀"的孩子。虔诚地探索一些适合学生和学校的方法与路子，做一些他人未曾做的、未能做的抑或未敢做的，然而对于师生和学校却大有裨益的事。

如此，我们即便默默无闻，甚至"一无所有"，其实已经非常富有——我以为，当前的中国教育，最缺乏的不是那些如何才能熠熠闪光的经验，而是一些在悬崖边挣扎、在沙漠里绽放、在草丛里歌唱的勇气与智慧。

后记

写一本有痛感的书

写完此书，恰值八月中旬。

也正好是我毕业从教二十周年。

二十年前的今天，我从浙江师范大学毕业，分配到磐安中学。

二十年前的此刻，我刚刚从焦急的等待中解脱出来。我被告知，我们这届毕业生，二十多人，一律分在我的母校磐安中学。心中的石头终于落地。

在磐安工作几年后，2003年8月，我来到宁波镇海龙赛中学。2011年，又被安排到立人中学任校长。

二十年的韶光，我从一个青春勃发的大学生，变成一个头发花白的老教师。

二十年的教坛生活中，我亲历了多个学校，亲见了许许多多的同事，也亲闻和亲读了许许多多教育同行的故事。

我本不是个热爱教育的人，为师从教纯属偶然。但凡事认真的天性，让我努力做好每一件事。而记录的习惯，让我及时留下了我耳闻目睹的一些人和事，并从这些人事中，多少获得一些有益的思考。

这本书首先记录的是我自己的事,其次是我的众多同行的事。

如果说,这些年,我在教育上获得了一些成长,那么,这首先归功于我多年来养成的自我批判的习惯。我每天都要记录自己工作中的那些值得我反思的现象和事件。从那里,我察觉到了自己的肤浅、狂妄、无知、自私、任性、狭隘、怠惰、粗鄙、庸俗,并努力挣扎着,逐渐远离这些为我所厌恶的东西。

我感谢我自己这二十年来的真诚反思,也感谢我的众多同行朋友们,是他们让我更好地对教育迷失之路警觉,以寻找教育美好之途。当然,我也得深深感谢我的爱人和孩子,我的这些文字大都是在家里完成的,是他们给了我宽裕的时间和宽容的空间。

我对教育是真诚的。我犯过的错误,我说过的错话,我做过的错事,无一不从各个角度烙下我真诚思考和探索的印记。

我对教育的批判和对一些教育行为和现象的批评,同样是真诚的。

我总担心,教育不敢自我批判,教育者不肯自我批评,我们的学校里,永远只剩下抱怨、谎言和借口。如同我们自己,如果从来不知道照照镜,从来不肯去洗洗澡,混乱是自然的,污浊是必然的,恶臭也是难免的。

没有教育者的自我批判,就不会有教育的自我否定,就不会有教育自身的进步。

进步的途径有两种:选择正确和告别谬误。

教育之好和不好,则主要集中在两个方面:为和不为。

好的教育为所当为,不为所不当为。不好的教育为所不当为,不为所当为。

还有一些,则是不知道正确与谬误、当为还是不当为的误区。有些看似正确实则谬误,有些则看似谬误实则正确;有些看似当为实则不当为,有些看似不当为实则当为。人们常认为多数人的判断和选择都是对的。我们需要明白,多数人做的判断和选择,或许是正常的,但正常并不能代表正确——如同"气壮"不代表"理直","人多"不代表"理真"。

现在,教育类的畅销书,都是一些教人如何为所当为的书,即指导正确的书。这些书看起来简单易学,又读着舒服,所以颇受欢迎。而另一些书,批判不当为、批评不作为的书,即批判谬误的书,则相对寥寥,也少人问津。

一则作者大都不敢写,怕因言获罪(这样的事可真不少);二则出版商不愿出,怕不受欢迎,赔了本。人呢,总爱听好话,不喜听批评;总爱吃甜点,不喜喝苦茶——这点,我还真佩服和感谢宁波出版社,他们毫不犹豫地接纳了它,也接纳了我。

但教育要健康发展,实在不能只有关于"有为"和正确的勉励和指引,还应该有关于"不为"和谬误的提醒和忠告。

说到批判,方式有两种,批判和自我批判。

批判是容易的,但自我批判却是艰难的。如同批评是容易的,自我批评却未必容易。

教育是批判和批评的声音最多的地方。一是外界对教育的批评,二是教育对外界的批评(或者说是抱怨?),三是教师对学生的批评。

但是,最关键的自我批判缺失了——教育的自我批判和以教师为主体的教育者的自我批判。

教育界不缺乏批判,也不缺少赞美,最缺的还是来自内部的真诚而深刻的自我批判。这种声音,长期以来,由于多种原因,总显得那么微弱,如同秋虫的低唱。多年来,我们依然羞于自我窥照,怯于自我观照,耻于自我对照。

我们"理直气壮"地批评学生不好,"义正词严"地指责世道不好,"痛心疾首"地抱怨"体制"不好。可我们还是没有太多的勇气站出来说,我们教育自身还不够好,我们教育局自己还不够好,我们校长自己还不够好,我们教师自己还不够好,我自己的每一天都还不够好。

哪一天,教育的自我批判的声音洪亮了,教育者的自信和底气,也就真的强大了。

在这个追求快感的时代,我们恰需要一些有痛感的文字。它们提醒我们,什么时候偏离了轨道,什么时候会碰到地雷,什么时候已陷入圈套,什么时候将跌入深渊。

这种提醒不会是痛快的,而会是痛苦的。如同你不小心触碰了电流,不小心撞到了墙角的钉子,不小心闯了红灯被扣分罚款,不小心踩到了西瓜皮跌倒在地,不小心踏入沼泽陷入其中差点不能自救。

但这种痛感的经历,会让你保持清醒和警觉,从而更加勤勉地进行自我总结和回顾,更加深入地加强观察、学习和思考、分析。

我知道,写这本书本身,就是一个寻找和战胜自己痛感的过程。我也相信,这本书,可能会给一些读者带来痛感,从而最终又给我带来更多的痛感。我的本意,就希望这是一本直指教育痛点、触动读者痛觉、唤醒人们痛感的书。

教育者如果一味回避痛点,教育的阵痛期就会越加漫长,而更多的孩子们将会生活在我们漫长而痛苦的挣扎之中。

既然,痛,是人世间不可避免的经历——而教育生活中也绝无躲避它的可能,那么,就让我们含痛而生,向痛而立吧。我相信,痛过之后,会迎来更大的快乐,那才是真正的痛快!那是教育涅槃的痛快!

守护教育的良心

2013年7月15日,我在《中国教育报》发表的《教育清醒:从唤醒和维持痛觉开始》中,有这么一段话:"教育的许多问题诚然是由外界的因素造成的,但更多的问题是由教育者自身造成的。教育必须敢于触及自身的痛处,才会有真正的改革;教师必须敢于触及自身的痛处,才能有真正的深刻。教育的真正变革及其希望,乃至教师生活的幸福感和成就感,或许都应当从教育者的自我解剖和批判开始。教育不敢面对自身的过错,教师不敢面对自身缺陷,教育和教师的春天就不会真正来临。"

到现在,我对这段文字所传达的思想和观点,都是满意的,没有丝毫改变。

2015年5月,我又先后在《人民教育》《中国教育报》发表《'不允许失败'已成为教育改革的绊马索》《教育改革真的不允许失败?》,同年底,又在《人民教育》发表《莫拿校长当官'做'》,都直指教育中存在的"正常"和未必"正确"的观点和现象。这三篇文章发表后,获得了大量的转载,也得到众多有识之士的支持和认同。但令我意外的是,有朋友却告诉我,你这几篇文章发表后,有的人多次在不同场合骂过你。该朋友正告我:以后还是少写这样的文字吧,少些麻烦。

我还是感受到了沉重和悲凉。我的文章,从来没有针对任何个人的攻击和伤害之意图,唯有就一些教育现象和问题,真诚而善意地思考和探讨教育之现状和未来。但这样的"骂声"也并不意外。业内的潜规则和家中的丑陋,一旦被自己人揭示出来,自然是要冒出一些恼怒的骂声的——这也算是对我这个教育者的批评吧,我自当坦然受之。

我更感到上述观点的正确和无误:没有教育者自身对陈规陋习的敏感和抵制,没有教育者自身对美德智慧的崇尚和追求,教育改变,只能是空中楼阁。

期望变革者,必先从自己开始。

期望教育进步者,必先从教育者进步开始。

这本书并非为所有教育者而准备,而是专为那些能够真诚而勇敢地直面教育和教育者自身的人们准备的。

文中一些文字,或者失之于粗陋;文中一些观点,或者失之于偏激。这是难免的,在教育探索和教育批判之路上,我只是一个真诚而粗浅的跋涉者。

敬请各位读者批评指正。

当然,最好是真诚而善意的批评。

2016 年 8 月 15 日